Jiang Jieshi
and
Sun Liren

蒋介石

与

孙立人

程舒伟 —— 著

团结出版社

图书在版编目（ＣＩＰ）数据

蒋介石与孙立人 / 程舒伟著. —— 北京 ： 团结出版
社，2019.3
　ISBN 978-7-5126-5909-4

　Ⅰ. ①蒋… Ⅱ. ①程… Ⅲ. ①蒋介石（1887-1975）
—传记②孙立人（1899-1990）—传记 Ⅳ. ①K827=7

中国版本图书馆 CIP 数据核字（2017）第 306418 号

出　版：团结出版社
　　　　（北京市东城区东皇城根南街 84 号　邮编：100006）
电　话：（010）65228880　65244790　（出版社）
　　　　（010）65238766　85113874　65133603（发行部）
　　　　（010）65133603（邮购）
网　址：http://www.tjpress.com
E-mail：zb65244790@vip.163.com
　　　　fx65133603@163.com（发行部邮购）
经　销：全国新华书店
印　装：三河市东方印刷有限公司

开　本：170mm×240mm　　16 开
印　张：18.75
字　数：294 千字
印　数：4045
版　次：2019 年 3 月　第 1 版
印　次：2019 年 3 月　第 1 次印刷

书　号：978-7-5126-5909-4
定　价：58.00 元

目录
Contents

四 分歧：内外有别

五 决裂：政见不同

一　天缘：殊途同归

舒城书香世家，溪口盐商门第
孙立人、蒋介石少年均立从军志

美国，哥伦比亚大学编著的《中国名人传》中赫然列着两个人的名字：蒋介石、孙立人。蒋介石，国民党"总裁"，是中国现代史的重要人物。孙立人，《中国名人传》记载："孙立人出生于安徽省舒城，在接受传统和现代课程的完全训练后，他进入了清华大学。他留学美国弗吉尼亚军校，回国后加入国民革命军当陆军下士。"

是什么把蒋介石与孙立人联在一起？一位哲人的说法最能说明问题，他说："国家最优秀的公仆，不论是军人或政治家，很少是最能顺从的人物，杰出的人物一定具有杰出人物的心灵和魄力。"孙立人和蒋介石虽算不上这样的人，但他们都是非常有个性的人。

孙立人、蒋介石均出生在清末，此时，爱新觉罗的子孙已失去了祖先彪悍尚武的精神，他们为一己之享乐、幸福，甘愿向侵略者屈膝称臣，而把亿万中国人抛入了痛苦的深渊。为了取悦洋人，巩固统治，他们又不得不实行新政。而新政则培育出蒋介石、孙立人这批清政府的叛逆者。

孙立人和蒋介石相识于20世纪20年代。蒋介石和孙立人两人籍贯不同、家庭背景不同、经历不同。蒋介石是军人，更是政治家；孙立人则是纯粹的军人，由于同处半殖民地半封建的中国，两人同受传统文化熏陶，身上都充满了民族主义色彩，都具有坚强的意志和倔强的性格，都效仿班超投笔从戎，正是英雄惜英雄，才使两人互相认同，走到一起。

孙立人（1900年~1990年）字抚民，号仲能，祖籍安徽省舒城县，1900年出生于安徽省庐江县金牛镇山南村。蒋介石，乳名瑞元，谱名周泰，学名志清，后改名中正，字介石，1887年10月生于浙江奉化溪口镇。

舒城位于合肥西南，汉代曾置龙舒县，清代属庐州府，为宛北重镇，是三国名将周瑜的故乡。清代李鸿章合肥系的骨干多出于此地。孙立人一家是舒城望族，祖父孙炳炎，经商成巨富，生三子。父亲孙熙泽，光绪年间举人，官外务部主事，山东登州知府，山东全省审判厅厅长。伯父孙泫泽，光绪年间进士，官广西贺县知县，台湾沪尾海关监督。叔父孙春泽，经营贸易。

　　溪口镇，在剡溪之北，南距奉化县城约15公里，依山环水，风景优美，在山水之间，点缀着桑园、水田、樟木树，蒋氏家族世代居于溪口，相传为周公旦第三子伯龄之后，自唐末蒋显算起，其十四世孙蒋仁杰，于元朝末年始迁溪口。蒋介石系蒋仁杰第十五代孙。溪口蒋氏成员自明末以来，均不为清朝当官，祖父蒋玉表以经商为主，开办玉泰盐铺，父亲蒋肇聪精明强干，能说会道，办事总要占三分便宜，镇上人们给他起诨号，叫"埠头黄鳝"。蒋肇聪继承父业经营盐铺，重振家业，还有土地30余亩，家道日益富裕。他还以嘴巴会说的特长，常出面给镇上人们调解讼事纠纷。

清末奉化溪口镇旧影

　　正是江南这片广袤的土地，深厚的文化氛围，才养育出了孙立人与蒋介石这样的人。孙立人与蒋介石的家庭是不同的，在他们的成长道路中，家庭无疑是一个极其重要的社会化因素。孙立人的家庭是舒城望族，他的父亲孙熙泽在清末任山东登州知府，伯父泫泽跟随刘铭传到台湾参与政务，因此家境优裕，无被侵扰凌辱之忧。孙家又为书香世家，父亲、伯父是清代举人、进士，家庭中文化氛围浓厚，父亲孙熙泽注重正统文化教育，1905年，在孙立人幼年时，即聘师上门，让孙立人在家里念私塾。开学那天，孙熙泽亲

蒋介石的诞生地——浙江奉化溪口镇玉泰
盐铺老宅原址

捧一方戒尺，很尊敬地送给宋执中先生，意思就是说：我把孩子交给先生，请先生严加管教，那种严肃的场面令孙立人及其弟孙衡人面面相觑，捏一把冷汗。孙熙泽对孙立人管得很严，一天到晚，很少有自由活动时间，白天念书，只准晚上出来和家人见见面，晚上睡觉也在书房里，主要读四书五经。在近于严酷的教育下，孙立人很有长进，基础很扎实，兴趣也浓厚，身上更多地带有知识分子的味道。

蒋介石则相反。蒋介石父亲为盐商，处于社会生活的中下层，不追求功名，也不愿做清朝的官，比较追求实际而不是理想。蒋介石甚顽皮好动，他6岁上学，1893年、1894年曾从周有能、蒋谨藩读私塾，学习《论语》《孟子》等，仍贪玩好动，常充任群儿之首，舞刀弄棒，带兵打仗，镇中儿童多畏惧他，称他为瑞元无赖。1895年7月，父亲蒋肇聪病死，其母王采玉带二男二女孤门度日，无父亲管教，蒋介石越发横行。4年后，蒋兄锡侯即与其母分家另过，蒋锡侯分得玉泰盐铺家产，蒋母只分得自住的一幢小楼，名叫丰镐房。分家后，蒋介石家境从社会生活中下层沦落到底层。蒋母及子女备受族人的欺压与排挤，田产被夺，被诬告于公庭，生活十分艰难，蒋母往往饮泣吞声，无可申诉，备受屈辱。蒋母于逆境中一生自强不息，希图振兴家室，将希望寄于儿子蒋介石身上，对蒋介石竭尽全力教导，促使其努力学习、刻苦自强、做大事业。然而蒋介石并未如蒋母所愿，生活日艰使蒋介石难以适应前后反差，众人的白眼使他顿生反抗、倔强之志，他要改变现实，要出人头地，他已无心学习、求得功名利禄。1899年至1902年，蒋介石虽从姚宗元、毛风美、毛思诚等读私塾，学习了《易经》《尚书》《左传》，但他心思已不在学习上，其"狂态不可一世"，"每当打闹时，以讲舍为舞台，以同学为玩物"，大有玩世不恭、愤世嫉俗之态。1902年，蒋介石到奉化县城考秀才，见考场苛虐场规，清吏凶横，遂弃考扬长而去。从此与功名绝缘的蒋介石虽不愿求取功名，但中国传统文化却对他影响很大。

孙立人与蒋介石虽家庭背景不同，学习态度不同，但他们在少年时代便显现出共同的发展方向。1905年孙立人从父居于青岛。青岛原是一个渔村，经宋、元、明的发展，清初形成商业集镇，乾隆年间设胶州税关，它是一座美丽的海滨城市，三面环海，一面临陆，绿树葱茏，无数的红瓦楼房错落有致地镶嵌在青山翠绿之中，是避暑胜地。然而这美丽的地方，却成了德国人的势力范围。1907年孙立人入了当地的德文学校，这是一所高等小学。1909年一个春天的下午，孙立人和一个小朋友在海边玩耍，忽然看见几个德国孩子围着一个中国孩子嘲笑辱骂，孙立人生性爱打抱不平，不畏强暴，他挺身斥责德国孩子不该欺人太甚，那些德国孩子见孙立人理直气壮，相顾失色，这时站在一旁的一个德国大孩子，突然气冲冲走过来，给了孙立人两个耳光。孙立人没有流泪，眼中只有复仇的火花。而对这一侮辱，孙立人苦思了一夜，后来他明白，中国是半殖民地，外国侵略者在中国总是以主人自居，欺压中国人民。这两个耳光，不仅是个人的耻辱，更是国家、民族的耻辱。

蒋介石曾在此读书的凤麓学堂旧影

在孙立人幼小的心灵中，希望建立一个强有力的、能保护人民的政府，他忽然有了从军习武的愿望，他决心去学习军事，做一个争取国家独立、民族自由的战士。

孙立人感受到的，蒋介石也感受到了。1903年，蒋介石到新式的凤麓学堂学习，因向校方提改革建议、领头闹学潮而被迫离校。1904年，蒋介石入箭金学堂，其老师顾清廉鼓励学生出国学军事对蒋介石影响很大。蒋介石在校又读了《革命军》等反清书籍，遂决定学习军事，使中国自立自强。1905年初，蒋介石转到奉化龙津中学读书，村中甲首因他家孤儿寡母好欺负，便额外多派差粮，蒋介石不满，拒不交纳，竟被传到案，勒迫认交。蒋介石此时痛愤乡里土豪的横行，目击国家遭受帝国主义压迫，百感交集，这促成其为国雪耻自强，为家自立之志。蒋介石出国留学、学习军事的愿望更坚，母亲也大力支持他，并为他东渡准备费用。3月，蒋介石剃去发辫，决心东渡赴日本，4月，蒋介石东渡日本，拟入军校，但因无清政府介绍而不得入，心中惆怅，便进入东京清华学校，主要学习日文。这年冬季回国。

一个就读清华大学，一个就读保定军校
孙、蒋各自造就了不同的世界观

求学时代是孙立人、蒋介石人生的关键时期，这一时期奠定了他们各自的世界观和行为准则，决定了他们今后的人生走向。

1911年10月，辛亥革命爆发。从秦始皇起，中国的封建帝制延续了两千多年，到1912年清朝皇帝下台，终于结束了。

辛亥革命的暴风骤雨未能冲刷掉几千年沉积的封建污垢，资产阶级的中华民国最终还是走样了。然而封建的城墙再厚，也拦不住欧风美雨的侵浸，封建的高墙逐渐破损、坍塌了。新鲜的空气从打开的门窗长驱直入，深入中国人生活的各个方面。

1912年1月，孙中山由沪至宁，举行了大总统受任典礼，宣告中华民国临时政府成立。2月，清帝被迫宣布退位。在胜利的欢呼声中，1912年，

孙立人全家从青岛迁到古都北平。其兄孙同人进入北大念书，孙立人一时无合适学校可进，就在家里念私塾，学习国文、英文、算学等。不久，清华学堂招生，孙立人听说清华学堂好，就准备报考。1914年，孙立人、孙衡人回安徽安庆参加清华学堂的入学考试，与千余名学生共同竞争5个名额，孙立人一举夺魁，考取正取第一名，孙衡人考取备取第一名。孙熙泽亲送孙立人到北京，去见清华学校周贻春校长。孙熙泽对周校长说："请你把我这个孩子就当你的小孩子，有什么事情就打，打死了我都不心疼。"周校长说："你放心，我绝不会对他们客气。"

孙中山出任中华民国临时大总统时的挂像

清华学堂所在地位于北平西北郊，离北平约20里，附近有颐和园和圆明园，康熙年间建园，叫熙春园，咸丰年间改名为清华园。1909年8月，清政府将它拨给游美学务处。1911年2月，游美学务处和游美肄业馆迁入清华园，改名为清华学堂，清华园占地约450亩。

孙立人一到清华，顿感清华别有洞天，仿佛进了另一个世界，一切都新鲜，都令人好奇。孙立人突出的感受是清华园弥漫着异国情调。清华园的建筑从外形到内部都极力欧美化，讲究阔气，由美国人设计，建筑材料花重金从美国购买，地板、座椅、玻璃、书架、运动器械全使用美国货。清华学堂的教育目标是培养留美预备生，更远大的目标是造就领袖人才。根据这个方针，在学制、课程、教材、教学法、体育、兵操、课外活动等方面，全部照搬美国学校那一套，英语取代了汉语作为主要通用的语言文字，教学上是英、美式自由教育。学校课程分西学部课程与国学部课程。西学部课程在中等科主要为英语训练，高等科主要学习美国大学的基础课。课程中渗透着美国的影响。与之相比，国学课程光景惨淡，仅中国地理、博物、国文等三四门。学校规定，学生国学课不及格，西学课及格可以毕业；反之，则不能毕业。学校的行政会议、布告、出版的级刊、年刊、校长训话、中外名人讲演、学生演讲会、辩论会、戏剧、歌舞演出大半也用英文，连早期的校歌也是美国女教师编写的英文歌词。学校还大力提倡学生组织各种社团，以习惯资产阶级政治生活。当时最普遍的组织是级会，级会活动无所不包，演讲、开运动会、出级刊。级会多模拟资产阶级议会政治，搞三权分立，相互牵制。清华的美国式的民主气氛给孙立人的思想打上了深深的烙印，在不知不觉中，孙立人的思想观念已发生质变，其不再是传统意义上的中国知识分子，而是摒弃了旧有封建思维模式，具备了资产阶级新思想的新人。他不仅具有民族主义思想，而且还具有民主主义思想，眼界更高、更开阔。

孙立人在校时，正是周贻春（1913年~1918年）任校长。周贻春是清华最有作为、最热心办教育的校长之一，他严格管理学生，为妥善安排学生的食、宿、游、息等课外活动，他成立斋务处，任命陈筱田为斋务长，对学生实行管理和奖惩。陈筱田管理也很严格，为制止学生违规，斋务处制定了奖惩制度，奖励有物质和名誉奖；惩罚按情节分训诫、思过、记过、开除等。思过房间内地势低洼，冬天冷夏天潮，室内空无所有，旁边还有斋务处人员监督。学生一入思过室，就有入监狱之感。学生均惧畏之。但这种严格的管理使孙立人获益匪浅，这对他养成军人素质奠定了基础。在清华期间，孙立人的一大收获是锻炼了强健的体魄，为从军打下了基础。刚入校时，孙立人身体不太好，也无运动基础。马约翰先生到校后，大力提倡体育运动，体育活动才认真开展起来，学校规定每天下午4点至5点必须为运动时间，一到时间，学校就将图书馆、教室、宿舍等锁起来，学生都要到操场参加运动，学校还规定体育不及格不能留学。马约翰先生常向学生说："你们要好好锻炼身体，要勇敢，不要怕，要有劲，要去干，外国人打棒球、踢足球，你们也去打、去踢。不要出去给中国人丢脸，不要人家一推你，你就倒；别人一发狠，你就怕；别人一瞪眼，你就哆嗦。"在马约翰先生的鼓励下，孙立人对运动有了浓厚的兴趣。他在1916年二年级时成为班上足球、篮球队员；1917年三年级时入选中等科足球队；1918年四年级时被选为中等科五项球队队长，外号"站人"；1920年入选校篮球队队长，并获华北各大学冠军；1921年又入选中华篮球代表队；于5月30日至6月4日在上海虹口公园参加第三届远东运动会，与队友团结苦战，先后战胜日本队、菲律宾队，夺得远东运动会篮球项目冠军，以流泪、流汗的代价，为中国人争了光。

1919年，孙立人经历了一次爱国运动，就是中外闻名的"五四运动"。1919年，中国在巴黎和会上外交失败，美、英、法、日、意在《凡尔赛和约》中把原德国在山东所强占的一切特权全部让给日本。此奇耻大辱激怒了中国人民。5月4日，北京城内学生举行了游行示威，这一消息迅即传遍沉静闭塞的清华园。孙立人的同学闻一多连夜抄写岳飞《满江红》词，贴在饭厅门口，表示收复失地的决心。5日早晨，高等科和中等科的科长（级长）立即召开全校社团联席会议，决定成立清华学生代表团并召开全校同学大会。孙立人想起儿时在青岛所受的耻辱，积极投身运动。9日，孙立人与清华全体同学在体育馆前举行"国耻纪念会"，全体同学当场庄严宣誓："口血未干，丹诚难泯，言犹在耳，忠岂忘心。中华民国八年五月九日，清华学校学生，从今以后，愿牺牲生命以保护中华民国人民、土地、主张，此誓。"6月3日至5日，孙立人与同学一道进城宣传，参加天安门游行，高呼"收复失地、废除二十一条"等口号。"五四"的洗礼，使孙立人更成熟。他在实践中表现了民族主义精神。孙立人还在清华《癸亥级刊》上发表《守财奴》，短短二三百字，活画出江南江北两个富翁对穷人的不同态度，彰显了他对真善美的追求，对不义财富鄙视的情操。就在1919年，孙立人遵父母之命，娶了门当户对的举人龚彦师之女龚夕涛为妻，但他对于

"五四运动"时青年学生的"良心救国血书"

妻子没有感情，两人也没有生育子女。

蒋介石回国不久，就实现了当军人的愿望。1906年夏，清朝陆军部设保定陆军速成学堂，蒋介石报考，被录取为炮兵科学员。奉化到保定约2000里，蒋介石走了一个多月，一路上他耳闻目睹中国城乡人民受欺凌的生活，激发了他富国强兵的愿望。进军校后，通过学习，蒋介石在军事技术上有收获，但思想观念的发展受限制。学堂仍把忠君列为首位，法令上公然规定学员"每逢元旦及恭逢皇太后万寿"，均宜"行三跪九叩礼"，对所谓"妄论时政，私著邪说者"一概禁止。这表明清政府办陆军学堂的教育思想，仍未跳出洋务派"中学为体，西学为用"的范畴。蒋介石不具有民主主义思想，但民族主义思想却在增长。有一次，日本军医教官上卫生课，把一块泥土放到桌子上比喻中国，说这块泥土有四亿只微生虫，就像中国的四亿人口一样。蒋介石一听这话，就马上离开座位，急步走上讲台，把那块泥土分成八块，送到日本教官面前，大声说："日本有五千万人，是否亦像五千万微生虫，寄生在这八分之一立方英寸泥土中？"日本教官被惊得目瞪口呆，不知所措，就找总办赵理泰，要求严办蒋介石。赵理泰知道错在日本教官，便只是申斥蒋介石一番了事。

留学美国弗吉尼亚军校，留学日本士官学校
孙、蒋开始了各自的军事生涯

走出国门的孙立人、蒋介石，置身亚洲、美洲不同的国度中，经中西文化的冲击，最终形成了不同的世界观，为其军事生涯奠定了思想基础。

经过9年苦读，1923年6月，孙立人从清华毕业，并考取公费留美。孙立人心中高兴，当即准备改学军事，但孙父认为他适于学医，而不宜学军事，况且孙立人原在清华学工科，赴美深造以追求本科成就为上，不宜中途而废。孙立人尊重老人的愿望，乃决定先学工科，以后寻机学军事。

6月17日，清华癸亥级举行毕业典礼，同级的同学梁实秋、吴文藻、吴国桢、时昭涵、浦薛凤、赵敏恒、罗隆基、王适时、潘光旦、梁思成、翟

桓、王国化、王化成、张忠绂、齐学启、孙国华、徐宗涑、吴景超、熊式一、李先闻、李迪俊、吴大钧、孙清波等90余人集聚一堂。之后，孙立人与梁实秋、吴文藻等同班67人沿津浦线南下，到上海。8月17日下午，孙立人登上开往美国的"约克逊"号邮船，经过3天航行，"约克逊"号于19日晚抵达日本神户港。第二天晨，孙立人与同船伙伴一起上岸游览，这是孙立人第一次踏上异国的土地，他发现神户与中国很相像。20日夜，轮船乘风破浪继续进发，21日黄昏到横滨，孙立人再一次随同伴上岸，游览了市容，然后乘车到东京。他们先到中国青年会，又到日本饭店吃一顿中国饭，之后回到横滨。23日，"约克逊"号从横滨启程，在船上孙立人与同学吴文藻邂逅了同去美国留学的谢冰心。

9月1日，"约克逊"号终于抵达美国西海岸的西雅图。在轮船即将靠岸的时候，孙立人在轮船的甲板上看到了全体侍者写给全体中国留学生的一封信，这封信的文字虽然不够通顺，但是情意却是赤诚的。原来这条美国邮轮上的侍者，都是中国广东人，他们漂洋过海，到大洋彼岸去谋生，受够了西方人的轻视，他们是多么地希望自己祖国的留学生，能够堂堂正正地为国争光，为所有中国人争气啊！所以才在这些年轻人即将登岸的时候，写了这封措辞诚恳的勉励信，贴在甲板上，表示他们的心意，这种拳拳的爱国之心，使孙立人十分感动，他觉得中国人的心是相通的，中国人民富国强兵的愿望是一致的，他决心好好学本领，以图报效祖国。

在西雅图，孙立人与同学告别，吴文藻到纽约哥伦比亚大学研究生院深造，梁实秋到科罗拉多大学深造，孙立人则选择了印第安纳州的普渡大学。

普渡大学位于印第安纳州的西拉斐特市，是一所拥有3万多学生的州立大学，它创建于1869年，是根据美国《土地赠与法案》成立的69所大学之一。开办这类大学的宗旨是：结合本州社会和经济特点，重点培养农业、机械、工程和教育方面的人才。普渡大学初创时，西拉斐特市有一名叫约翰·普渡的商人，捐赠了15万美元作为建校基金，所以这所大学就命名为"普渡大学"。

普渡大学下设十几个学院，其中以农学院和工学院规模最大，在全美负有盛名。农学院每年颁授硕士、博士学位人数居全美大学第一，工学院的大学生数，经常居全美大学第一位或第二位，工程学的教学与研究是全美一流的美国每 20 名工程师中，就有一名是普渡大学毕业生。孙立人看中的就是这一点，他原在清华学习土木工程，到普渡大学工学院正好对口。孙立人在清华学习时，就对美国了解不少，如今身临其境，更感受到学习条件之优越。普渡大学整个校园横跨沃巴什河东西两岸，占地 260 公顷，星罗棋布地矗立着 126 座教学楼，270 个实验室，14 个图书馆，校部行政大楼是一座古色古香的建筑物，它后面是一座叫埃利奥特的音乐厅，有 6090 个座位。纪念中心、纪念会堂之雄伟令人惊叹。纪念中心的四层大楼中，有 550 多个房间，其中图书馆藏书 150 万册。如此好的条件使它无愧为美国 100 所最佳学校之一。孙立人进入普渡大学土木工程系三年级学习，他在刻苦学习的同时，也亲身感受了美国的民主政治。特别是一批参议员在柯立芝政府中揭露前哈定政府的丑闻，并最终将一批受贿的政府大员绳之以法，这件事对孙立人触动很大，他想这在中国是不可能的，中国缺少这种系统的制衡制度。

20 世纪 50 年代的孙立人。留学美国的背景，使他在 20 世纪 50 年代初期的台湾春风得意，同时也给他带来了危险

1924 年 6 月孙立人毕业，获普渡大学工学学士学位。孙立人了却了一桩心事，当即决定弃文习武。其父知他学习军事之志向坚定，乃从其所请，允许他学习军事。1925 年 2 月，孙立人经北洋政府保送入弗吉尼亚军校，开始了他的军事生涯。

弗吉尼亚军校简称 V.M.I，建于 1839 年，为州立学校，它坐落在古老的列克星敦城的山中腹地，在全美 11 号和 60 号两条公路的交叉处，是全国气候宜人、风景秀丽的胜地之一。孙立人之所以选择弗吉尼亚军校而不是西点军校，是因为他认为弗吉尼亚军校更具有挑战性，更能发展、锻炼自我。弗吉尼亚军校与西点军校不同，它不保证所有毕业生都能顺利地当上美国陆军军官，因此弗吉尼亚军校必须使它的毕业生在学业上、素质上超过西点军校的毕业生，成为具有更大发展潜力的军人。为此学校坚持要求学员要永无休止地刻苦学习，不断努力向上和执行严格的纪律。

当时有好心人劝告孙立人，弗吉尼亚军校打人打得厉害，老生把新生叫"老鼠"，有理无理一天打三顿，恐怕你吃不消。孙立人听后表示："没有关系，我挨打惯了。"

孙立人一入校就感到弗吉尼亚军校的严格、艰苦，他为实现报国的愿望，始终咬牙挺着、忍受着。学期从9月连续到次年6月，除圣诞节、新年、华盛顿诞辰和纽马基特战斗纪念日外，概不放假。学员一天的活动，从天亮起床号开始，一直到深夜才结束，星期六下午可以去逛列克星敦城，但只限于到学院附近地区，不许进入闹市区。训练中学员稍一触犯校规，教官和高班生就滥施惩罚。学员的生活完全是斯巴达式的，屋内无自来水，没有暖气，没有室内洗澡间，厕所是老式的，没有冲刷设备。伙食很差，面包硬得啃不动，副食是一种原料不明，因其在年轻人胃里所起效应而臭名远扬叫作"哥乐来"的大杂烩。高年级的老生打"老鼠"新生更厉害，其手段繁多，花样翻新，比如让新生在柜中倒立、坐刺刀等。一次，起床后，老生布满楼道，孙立人等新生跑出去集合，每经过一个老生面前时都要被打一拳，一拳拳打过来，孙立人昏迷倒地，醒来后爬起再跑。另一天，一位老生让孙立人洗手套，孙立人准时为他洗好，恭敬地双手送上，不想老生悠闲坐着抽烟，把手套收下来，不声不响地顺手把半截烟头按在孙立人的额下，烧得皮肤灼痛难忍。面对磨难，孙立人咬牙挺着，原为吃苦而来，只有强忍。一年的"老鼠"生活，磨炼出孙立人有忍耐一切困苦的耐心，他意志坚定，精神坚韧，体魄刚强。孙立人终于从白面书生转化成真正的军人，战胜了新的挑战。

1927年6月15日，在弗古尼亚军校庄严的仪式上，孙立人毕业了。在他的毕业纪念册上写着如下评语：

美国弗吉尼亚军校毕业生

孙立人　中国安徽

文学学士

1904 年生　1925 年入学

步兵科

三年级——第四连列兵，连篮球队队员，美国政治学会会员。

四年级——第四连列兵，连篮球队队员，美国政治学会会员。

这位东方青年，正如昔日的拓荒者，渴求知识，横渡太平洋，来到西方国度，追求高深教育。他在三年级新生中，禀赋优异，超越同侪。

他于普渡大学土木工程系毕业后，进入弗吉尼亚军校，转攻文科，钻研世界历史与文学，但其主要目的是受军事训练，以期他日返国，充任中国陆军指挥官。

关于他的性格，具有许多优良品质，他不多言，但温顺，尊敬长官，对人诚实友善，他是一位优秀的篮球队员，虽未能加入校队，但他是连球队的主将。

要成为一个真正的军人，并非浪漫梦想，要在炎热沙漠中行军，在酷寒的夜间站岗守卫，生活的艰苦可以想见。孙立人有男儿志气，肯负一切责任。他坚信自己能成为一位优秀的军人。

从弗吉尼亚军校毕业的孙立人，已从内到外成了一个全新的人。1927年 8 月，孙立人奉政府令，以私人名义，赴欧洲考察军事，9 月到英国，10月到法国，11 月到德国、丹麦，1928 年 1 月到达瑞士，2 月到奥地利、捷克，5 月到俄国。长途旅行，孙立人见识了欧洲发达的资本主义国家，也亲历了社会主义国家，孙立人感受了中国的种种不足、落后。他认为中国必须猛醒，否则将被时代抛得更远。他希望中国人不要像鲁迅所指出的那样，心理上仍自高自大，唯我独尊，不讲求实际，鄙视外国的物质文化成就。旅行使他更强化了国内军人所没有的民主主义思想，他与国内军人在思想观念上格格不入。

蒋介石与孙立人所走的道路不同。1906 年清朝陆军部从保定军校中选派留日学生，蒋介石获准于 1907 年从保定赴日，入振武学校第十一期。

振武学校是 1903 年日本为清朝留学生入正式学校而设立的预备学校，3

年毕业，分配到日军联队见习一年，然后入日本士官学校。振武学校校规很严，只有星期天可出校。在训练之余，蒋介石爱看《革命军》一书，曾写诗一首以言志。1909 年 11 月，蒋介石毕业。12 月 5 日，到驻高田的日军陆军第十三师团野炮兵第十九联队见习，充二等兵。高田隶属新潟县，靠近北海道，天气寒冷，冬天大雪纷飞。蒋介石在炮兵联队每天早晨 5 时起床，以冷水洗澡，然后擦洗和喂军马，生活极为紧张、单调和艰苦。伙食也不好，每人每餐只吃一中碗米饭，菜为三片咸萝卜、咸鱼，经常吃不饱，服装也紧张，士兵一套衣服要穿三四年。蒋介石对扫院子等体力劳动并不喜欢，总是鼓着眼睛，不高兴地干，因此给人的印象一般，没有出人头地的表现。蒋介石喜读书，主要读王阳明和曾国藩的书，并接受了王阳明的主观唯心论和曾国藩的自强自立的思想。他的主观唯心论源于个人奋斗意志，他的自立自强实质是实行封建专制主义的政治。日本与美国不同，日本封建色彩浓厚，军国主义横行，使蒋介石难以受民主主义影响，这就更加重了蒋介石的封建思想观念。

　　1911 年 10 月，武昌起义爆发，蒋介石和张群、陈星枢向联队长飞松宽吾请假回国。蒋介石返回浙江参加了杭州起义。民国建立后，蒋介石又随孙中山参加了二次革命。就在这一时期蒋介石的人生观形成。蒋介石曾说："总理对我讲过大学之道，才知道这部书是一部最有价值的政治哲学；于是我的人生观，乃由此建立。"蒋介石读《大学》一书的最大心得是"先发制人"。当时孙中山写对联送给蒋介石："穷理于事物始生之处，研几于心意初蒙之时"，蒋介石认为"始生

1910 年留学日本的蒋介石，时年 24 岁

15

回国参加杭州起义时的蒋介石

之处"，"初蒙见如故之时"，就是在事物刚萌动时就研究和处理。对王阳明、曾国藩的书，蒋介石最为爱好、最迷信，对西方民主主义的书，则无兴趣。1916年以来，蒋介石还按王阳明的心学之道进行静生、默读。默念孟子养命章和曾文正主静箴。1918年护法时，蒋介石读了《宋鉴》《元鉴》《明鉴》《胡文忠公书牍》《平浙纪略》等。1919年"五四"时期，蒋介石又读了《胡文忠公全集》《曾文正公家书》《春秋》《陆象山全集》《历代通鉴辑览》等书。1920年11月，蒋介石再读《中国哲学史》《世界大战史》《杜威讲演集》等书。蒋介石读书，以历史尤以中国古代历史为第一位，以军事为第二位，经济为第三位，哲学为第四位。政治著作主要抓住《大学》《中庸》和王阳明、曾国藩的书不放。从此，蒋介石的人生观一步步封建主义化，尽管1924年蒋介石任黄埔军校校长时曾高呼联共，大叫"谁反对共产同志，谁便是反对革命"，1926年6月，蒋介石任国民革命军总司令时也曾高呼打倒军阀，但他骨子里的封建思想未变。

二　相识：一见如故

中国政局多变，蒋介石翻云覆雨
孙立人报效革命，投奔蒋中正

　　1924年的中国，是革命风起云涌的时期。广州，岭南重镇，历史名城。虎门销烟，三元里抗英，这里具有光荣的革命传统。

　　1924年1月国民党一大召开，孙中山提出了新三民主义，确立了"联俄、联共、扶助农工"的三大政策，改组了国民党。它标志着第一次国共合作的正式建立。此后，在中国共产党和国民党革命统一战线的推动下，国民革命迅猛发展，遍及全国。反帝反封建斗争如火如荼，工人运动、农民运动、妇女运动广泛兴起，革命的武装也随之建立。

国民党一大会场

　　1924年5月，孙中山在苏联和中国共产党的帮助下，在广州黄埔创办了中国国民党陆军军官学校，孙中山兼任军校总理，蒋介石任校长，何应钦任总教官，邓演达任学生队总队长。从1924年5月到1926年春，黄埔军校共招生7400人，计5期。1924年10月、12月，以黄埔军校毕业的学生为骨干，成立了两个教导团。1925年第一次东征后，又成立了第三团，并扩充成师。

黄埔军校旧影

1925 年 7 月 1 日，国民政府在广州成立，汪精卫任主席，许崇智为军事部长，胡汉民为外交部长，廖仲恺为财政部长。6 月，国民政府军事委员会在广州成立。8 月，将所辖军队统一改编为国民革命军：第一军，军长蒋介石；第二军，军长谭延闿；第三军，军长朱培德；第四军，军长李济深；第五军，军长李福林；第六军，军长程潜。

从 1925 年到 1926 年春，广东国民政府先后消灭了广东省和广东政权内部的反革命军阀势力，统一了军权财权，成立了国民革命军 7 个军，实现了两广统一。此时，吴佩孚、张作霖直奉两大军阀以"讨赤"为基础联合起来，准备对两广革命势力发动进攻。而蒋介石早有北伐的意愿，1925 年 12 月第二次东征结束后，他就设想次年 8 月克复武汉，年内打到北京。1926 年 1 月 11 日，蒋介石在日记中云："先统一西南，联络东南，然后直出武汉为上乎？或统一湖南，然后联络西南、东南而后再进规中原为上乎？抑或先平东南，联络西南而后长驱中原乎？殊难决定。"2 月，他向广东国民政府提出，早定北伐大计。在北伐的时机上，蒋介石与苏联军事顾问团、苏共中央和陈独秀的意见相抵触，但蒋介石的主张得到李济深、陈铭枢、李宗仁等部分中国将领的拥护。在这种情况下，国民政府决定先发制人，出师北伐。

1926 年 7 月 4 日，国民政府发表《北伐宣言》，7 月 9 日，国民革命军北伐誓师阅兵典礼在广州隆重举行。各路大军在"打倒列强，除军阀"的雄壮歌声中出师北伐，蒋介石任国民革命军总司令，李济深任总参谋长，邓演达任总政治部主任。广东国民政府下辖8个军，第一军军长何应钦、第二军军长谭延闿、第三军军长朱培德、第四军军长李济深、第五军军长李福林、第六军军长程潜、第七军军长李宗仁、第八军军长唐生智，全军共10万人左右。其中第一军是蒋介石的黄埔嫡系部队，下辖五师：第一师师长王柏龄，辖孙元良（黄埔一期）、倪弼、薛岳三团；第二师师长刘峙，辖陈继承、蒋鼎文、惠东升三团；第三师师长谭曙卿，辖涂思宗、徐庭瑶、卫立煌三团；第十四师师长冯铁裴，辖邓振铨、蔡熙盛、周址三团；第二十师师长钱大钧，辖王文翰、赵锦雯、李杲（黄埔一期）三团。北伐军的对手是北洋军阀吴佩孚、孙传芳、张作霖。

北伐军在武昌集会，纪念阵亡将士

蒋介石率部北伐也没有忘记加强对广东这个政治发家基地的控制，他率第一军第一、第二师北伐，将第三师留下，又把广州的治安控制权交给亲信第二十师师长钱大钧，还任命林振雄为海军处长，在潮汕地区以何应钦之弟何辑五为潮梅警备司令，何辑五率部北伐后，又以王俊接任。在黄埔同学会迁往南京后，广东黄埔同学会分会依然机构庞大，光领薪金的职员就有30多人，又派戴季陶到中山大学当校长。对此，留守广东的李济深表现出诸多忍让。

1926 年 7 月至 10 月，北伐军歼灭吴佩孚主力，取得湖南、湖北战场的胜利。10 月至 12 月歼灭孙传芳主力，取得江西、福建战场的胜利。1927 年初，北伐军兵分三路进击，克敌制胜，3 月占领南京、上海。随之国民政府迁至武汉。在不过半年多的时间，北伐军从广州打到武汉、上海和南京，革命从珠江流域一直推到长江流域，席卷半个中国。

蒋介石在取得军权，扩充实力的同时，已积极酝酿"反共"。蒋介石派何应钦去南京，解散了南京共产党支部，把倾向武汉国民政府的北伐军 3 个团缴械。把同情工农的一部分北伐军调离上海，另调亲信部队进驻。从 4 月 2 日起，蒋介石和李济深、李宗仁、白崇禧、黄绍竑、吴稚晖、张静江等连续召开秘密会议，商议"反共清党"问题。蒋介石还与英、美、日帝国主义相勾结。

1927 年 4 月 11 日，蒋介石发出"已克复的各省一致实行清党"的指令。12 日，全副武装的青红帮流氓打手及反动军队向上海工人纠察队进攻，"四一二"反革命政变发生。除上海外，在广东、广西、江苏、浙江、福建、四川等省，国民党相继进行了"反共反人民"的"清党"和屠杀。

国民党特务枪杀中共党员及进步学生

4 月 18 日，蒋介石在南京成立了与武汉国民政府相对立的南京国民政府，以胡汉民为主席。没多久，武汉汪精卫也右转。7 月 15 日，汪精卫在武汉召开国民党中央常务委员会扩大会议，决定："在一个月内，开第四次中央全体会议，讨论决定分共的问题。在未开会以前，裁制共产党人违反本党主义政策之言论行动。"随后，汪精卫集团对共产党人和革命群众展开了疯狂的大屠杀。至此，国共合作破裂，国民革命遭到失败。

随之出现国民党新军阀的纷争和宁汉对立。武汉汪精卫方面组织了东征军，集中江西，准备讨伐蒋介石；南京蒋介石方面也不甘示弱，派出军队与之相拒。冯玉祥则发出劝和通电，主张通过会议解决宁汉纠纷。

当时国民党各派军阀的纷争，主要是宁汉双方的争斗，它们斗争的中心问题是由谁来继承国民党"正统"。汪精卫、唐生智联合起来向宁方反击，以维护他们已有的地位。汪精卫以唐生智为总司令，组成东征军。南京政府从徐州前线撤回北伐部队，准备迎击。8月8日，蒋介石由徐州前线返抵南京，与胡汉民、吴稚晖、钮永键、李烈钧、李宗仁、白崇禧、何应钦、蔡元培、李石曾、张静江等联名电冯，对汉方反共一举表示谅解。认为双方"纠纷即已消尽"，只有党务善后问题待四中全会解决。对于军事，赞成各方共同出兵"直捣幽燕"，完成"北伐"任务，并望汉方"来柄大政"。但武汉的汪精卫、唐生智等力主"倒蒋"，而且声势很大，桂系的李宗仁、白崇禧与蒋介石貌合神离，蒋系的何应钦也想取蒋而代之，蒋亲自指挥的津浦线战事被孙传芳打得"全线溃败"，蒋氏难辞其咎。因之，蒋介石已成众矢之的，形势对他非常不利。8月，国民党中央党部开会，会上孙科提出，蒋介石有种种错误，目空一切，骄傲自大，独揽军政大权，专横自恣，要他出国休息，还有古应棻、邹鲁等附议同

1927年10月孙科、胡汉民、汪精卫合影（自左至右）

意，另外如吴敬恒、李石曾、张静江、蔡元培、顾孟余、何成浚等表示不同意。经过争辩，举行表决，主张蒋介石出国的占多数，于是蒋决定下野。

次日，蒋介石召开军事会议，所有在宁的师长以上的都参加，约有100人。蒋即将前一天中央党部开会的情况和决议告诉大家，并说："我即将离开大家，以后大家一切听党中央的命令，我到何处去，尚未决定。"等到蒋介石的话说完了，很长一段时间默默无声，没有人发言。终于打破沉寂的是参谋长白崇禧首先发言，他说："党中央既已决定，我同意这个决定，同意蒋先生出国休息一些时间。"接着李宗仁、李济深等发言，均同意中央决定。接下去是东路军总指挥兼第一军军长何应钦发言说："既然党中央决定，多数同意中央这个决定，我也同意总司令出国休息。"至此，到会的百余人中，已有三分之二表了态，同意蒋介石出国，具有决定性的几位高级将领，都已表态同意蒋下野，未表态的都是中级骨干。接着军长卫立煌发言，他说："中央要总司令出国，到底休息多长时间，是到哪一国去呢？现在北伐正在进行，要完成统一，总司令出国时间久了，是不利的。"卫立煌的发言引起未曾表态的将领纷纷举手赞成，会场空气非常紧张。最后，蒋站起来做了简单的说明："中央既有决定要我出国，时间没有明确规定，别的没有什么，希望大家听中央的命令，安心工作，把队伍带好。"于是就宣布散会了。散会后，蒋介石回到丁家花园，晚饭后，就有黄埔系的将领前来看蒋，如陈继承、顾祝同、蒋鼎文、刘峙、钱大钧、卫立煌、谭曙卿等师长。

1927年8月12日，蒋介石辞去国民革命军总司令的职务，宣布下野，离宁赴沪返回奉化老家。原蒋介石卫士连连长宓熙回忆："8月12日晚上，在丁家花园里，蒋介石的面色微觉阴沉，接待来宾时表面上如同平常一样，没有愤愤不平之色。夜色渐渐深了，当他送走最后一位客人回室之后，稍坐片刻，沉思着绕室踱来踱去。第二天上午，蒋介石命令副官处准备火车回浙江，叫我带着全部卫士队跟他回去。下午2时，蒋上了火车，仍然是一列花车，但是送行的人可不热闹，只有副官处长胡承祐、参谋处长陈焯、交通处长陆福廷。总司令部其他人都没有来送，高级将领也没有一个来，中央委员等要人也没有来送。车站冷冷落落，也没有戒备，比起4月上旬来到南京时那个场面，相差太远。来时热火朝天，去时秋风萧瑟，使我不禁有世态炎凉、人情冷暖之感。到达真如车站，已是7点多了。上海警备司令杨虎、警察厅长吴忠信，以及总司令部的顾问黄金荣、杜月笙、虞洽卿、王晓籁等，已在车站恭候。火车一停，马上上车与蒋相见，约半个小时。他们去了，火车就改挂车头直开杭州，约11点，到杭州城站。前来迎接的有浙江省政府主席张静江、省军事厅长兼省防军司令蒋伯诚、保安处长朱世明、驻杭编训的补充团团长王世和（黄埔一期）、浙江盐务缉私统领孙常钧（黄埔一期）等，他们鱼贯上车与蒋见面，请蒋下车，共同陪到已经准备的临时驻地"澄庐"。上楼之后，已近夜半了。

在澄庐只住了一夜，第二天早上，蒋介石在澄庐打电话给蒋伯诚，叫他通知新编第五补充团团长王世和，一同前来澄庐。他二人来后，蒋介石叫我一同听他讲话，他说：'这个卫士大队是由东征军宪兵排经过党军司令部卫士连，直到北伐军总司令部卫士队，逐渐扩充起来的，新成立不久，宓熙升任大队长也不久，他跟随我多年，是很忠实的，现在年纪还轻，军事学识还差，以前在军校，只有几个月就随军出发了，还需要继续深造，因此我想把这一卫士大队编入王世和这一补充团，将宓熙等22人派往日本去学军事。'说时便将22人的名单交给蒋伯诚，要他以浙江省防军司令部的名义，办好出国手续。这22个人中有宋希濂、葛武棨、潘佑强、杜心如、牟廷芳、周天健、刘伯龙、李秉中、娄召凯、魏人鹤、宓熙、竺鸣涛、彭孟缉、杨善馀等，其余我记不得了。"

蒋介石下野前将他的基本部队进行改组，以黄埔军校学生为基础的部队编为第一路军，刘峙任第一军军长，顾祝同任第九军军长，第九军下辖涂思宗第三师、黄国梁第十四师、陈诚

蒋介石第一次下野前与黄埔军校学生合影

第二十一师，陈诚当师长不久，因受黄埔学生反对而离职，由陈继承接任师长。第九军各师的团长黄杰、楼景月、王敬久、孙常钧、李树森、王劲修、柏天民、黄维等都是黄埔一期生，副团长、营长都是黄埔第一、二、三期生，连排长都是黄埔第三、四、五期生，以上部队都交给何应钦接管。1928年继续北伐后，何应钦当时认为顾祝同比刘峙能干，而且稳当些，所以有意培植顾祝同，想把第一、九军都让顾祝同指挥。但在命令未下达前，在临淮关已开始与孙传芳作战，第一军担负铁路正面进攻任务，第九军担负津浦铁路左翼的攻击。攻占临淮关后，因敌我双方情况不明，一时指挥混乱，包括第九军在内的各部队都向后撤，刘峙的第二师没接到撤退的命令，还继续向蚌埠前进，很顺利地击溃敌人，占领蚌埠。何应钦对顾祝同、刘峙的看法改变了，认为刘峙沉着些，是名福将，从此，顾祝同升官老在刘峙之后，两人因此有了矛盾。

黄埔同学会交由上海的朱绍良指导，并令迁往杭州办公，派曾扩情为秘书，任务是：团结在职学生，保持发展力量，以备蒋介石复职时驱使。因蒋介石下野使不少黄埔同学失去官位，杜聿明（黄埔一期）因校阅委员会被撤销，张治中出国，便失业了，只好靠南京黄埔同学会每月12元的津贴维持生活。因此，收容当时失业的黄埔同学成为一项重要的工作。蒋介石下令在杭州成立一个总队，共收容黄埔学生1000余人，由贺衷寒（黄埔一期）任总队长，施以军政训练。

蒋介石下野事前没有来得及与他的黄埔嫡系打招呼，致使他下野的消息传出，他的黄埔弟子因为没有思想准备而惊愕，黄埔同学会中人骤然失去靠山，手足无措，呼号奔走，想把这个魔王捧回来。酆悌（黄埔一期）等纷纷给蒋介石写信或者亲自到溪口去找他，请示机宜。蒋介石认为自己这样做，对他的黄埔系有益而无害。黄埔系一直在蒋介石的手下飞黄腾达、骄横十足，文武之功很少，争官抢禄却冲锋在前，只能听别人赞扬，不容许他人反对，内部纷争不已。这种状况令蒋介石很担心，他决心下野，也是想让嫡系尝一下嬉笑怒骂的滋味，使他能清醒一下，认识到要想保住自己的地位，必须跟着蒋介石死心塌地地干到底。为此，蒋介石发表了《告黄埔同学书》，称：

"现在我们已不能再讳言失败了。我们更不能把失败的责任去归于他人而宽恕自己。我们同学应当一致反省，何以一往无前的胜利中会造成不可挽救的失败呢？第一个重大的原因，当然是全体同学意志不能统一，精神不能团结，不顾团体的重要，只逞私人的意气，同室操戈，自相残杀，这是我们最不幸的一点。"他要求黄埔系不要只想当官，还要甘心做下层工作，不要依赖蒋介石，要自己努力去闯。

广东黄埔同学会负责人、黄埔四期生赖慧鹏回忆说："黄埔同学会召集过多次的特别会议，我负责记录，还记得一些比较重要的决定：为蒋复职制造社会舆论。会刊《黄埔潮》改为以挽留蒋介石为中心内容。记得时任同学会宣传部主任的周复（黄埔三期，后为复兴社骨干）曾写了不少拥护蒋的文章，其中有一篇题目是《挽留蒋总司令与拥护蒋总司令》，极尽吹捧之能事。推主任李安定为代表，要求李济深尽快发出挽留蒋介石的电报。如李济深迟不表示态度，由李安定、陈超（时任陆海军人教养院院长）代表两广同学秘密去奉化谒蒋，请示如何应付广东局势。李安定、陈超就瞒着李济深潜赴奉化。他们回粤后转述蒋介石嘱咐的事项大致有这些：要密切注视两广动态，及时报告，要团结好在两广工作的同学，任何情况下都不能离开岗位，要认真忍气，不得和人家闹摩擦。还故作关切地说：校长在，出了问题有校长替你们做主，校长不在，你们就成了'孤儿'了啊！"

"今不如昔"感，那时在广东的黄埔学生体验得最为深刻。在介绍工作上，在国共合作时期可说是"供不应求"的，每期学生将近毕业，许多部队、机关就送来了"订单"，提出需要的人数，不够分配的情况是很多的，那时根本不存在介绍工作问题。蒋介石带头发动反革命的"清党"之后，各方对还在蒋卵翼下的黄埔学生的看法虽大不如前，但上有大权独揽的暴君——蒋介石的鹰瞵虎视，对他的徒子徒孙还不敢过于赶尽杀绝，多少总要接纳一些。蒋介石"滚下龙床"后的情况是十分凄凉的：原有的失业同学不但推销不出去，而且在短期内还被挤掉了很多，流落在广州一地的各期学生骤然增至200余人之多！真是两广部队不需要军事干部吗？不是的。它们都还在纷纷开办自己的"军事干部学校""军士教导队"等，大量培养有利于一系和个人封建割据、争权夺利的忠实爪牙。流落在广州的几百名黄埔学生川流不息地向同学会跑，也向同学会闹。工作介绍不出去，救济会里没有钱，多次向本来有责任解决同学困难的副校长李济深求告，有时还碰上不大不小的软钉子：你们同学在部队里，很多都骄横跋扈，不服从长官，失业的这么多，是你们同学会教育不严的结果。后来闹得太凶了，同学会乞求的次数又实在太多，李安定有一次气愤地向李济深抱怨："如再不解决，我今晚就离开广东，任他们自生自灭去！"这一次算是有了解决，每人发给旅费毫洋30元，送南京安置。

9月28日，蒋介石偕同张群到日本访问寻求支持。12月10日，才返回上海。他即利用各派斗争，驱汪精卫、排胡汉民，黄埔系的骨干、南京卫戍司令贺耀组首先发电拥护蒋介石到南京就职，接着黄埔系团以上军官纷纷列名通电，宣布拥蒋。1928年1月7日，蒋介石正式复职，他即令曾扩情把黄埔同学会由杭州迁回南京。

2月2日，蒋介石召开国民党二届四中全会，复任国民革命军总司令，中央政治委员会主席。蒋介石为将各派势力重新召集在他的旗下，再次打出了北伐的大旗。9日，蒋介石北上徐州视察，之后，重新编组国民革命军为4个集团军，蒋介石为第一集团军总司令，冯玉祥为第二集团军总司令，阎锡山为第三集团军总司令，李宗仁为第四集团军总司令。4月10日下达攻击令。

1928年6月，孙立人完成了军事考察任务回国。孙立人一回国就明确表示了自己的抱负，他觉得无论如何都要有一个强盛的国家，不要做一

冯玉祥与蒋介石在徐州商议第二次北伐

个弱小国家受人欺侮。要想国家强盛，当然武力要强，国际间只有力量强的国家才有发言权。孙立人回国时，他父亲已退休，曾问他是干所学专业土木工程，还是干军事。孙立人毅然说："现在国家正需要我，当然是干军事。"父亲说："你干军事，我与安福系有关系，在北洋政府做事多年，任过安徽

省督察署署长，浙、苏、闽、皖、赣五省烟酒专卖局局长，认识的人多，要不要我替你写介绍信，你都不认识哪！"孙立人天生鲠骨，只愿靠自己，他说："不要，我一个人闯好了。"

孙立人曾去拜访父亲的好友许世英，许世英对孙立人说："当今有两位将领可以去报效的，一是蒋先生，一是冯先生，你愿投哪位？"孙立人说："当然是蒋先生。"

当时，孙立人的同学陈崇武，是孙立人在清华打球的伙伴，平时两人什么话都说，像亲兄弟一样，他叔叔是革命军的一个军长，在长沙要成立一个骑兵团，请孙立人去。孙立人于是就到长沙去了。到长沙后，孙立人住在陈崇武家里，没事就到体育馆打球。孙立人曾问陈崇武他叔叔做什么，陈崇武说他的部队属国民革命军，他的骑兵团没兵没马，只有一百多个马鞍子，是支空头部队。结果，孙立人一等两个月没消息，实在等不下去了，就对陈崇武说："我这样耗尽时间，还是到南京看看有什么机会。"孙立人到南京后，对于当时的军界，依然是举目无亲、倍感艰难。后听人说日本士官出身的方鼎英不错，于是就去向方鼎英自荐。恰好方鼎英不在，由一个参谋长来见孙立人，他问孙立人的来意，孙立人说："听说革命军北伐，我来投效。"参谋长见孙立人书生气很浓，不像能扛枪打仗的样子，就说："老兄，你干什么要当军人呢？太可惜了。便是当大兵，一下子牺牲掉，太可惜了。"孙立人马上说："我有这个志愿来，还怕牺牲？"参谋长说："老实说，我们不敢用。"孙立人听后感到非常失望，他最大的心愿就是投身军队，为国家练一支真正能保国卫民的军队，现在当一个军人都不易，更谈不上施展抱负了。

就在孙立人一再受挫的时候，机会来了。孙立人的一个同学被邀为中央党务学校军训教官，不愿前往，见孙立人尚未找到差事，就推荐孙立人代替自己，孙立人也正感闲着无聊，就去了解一下情况。得知中央党务学校的前身是1926年陈果夫代理组织部长时，为培养"反共"骨干提议创办的党政训练所，1927年蒋介石在南京建立政权后，陈果夫又与戴季陶、丁惟汾等人磋商、报蒋介石批准，将党政训练所扩大为中央党务学校，不久，又改称中央政治学校。该校由蒋介石任校长；陈果夫先后担任该校的总务主任和教育长，掌握实权；谷正纲为训育处副处长。该校的办学目的正如陈果夫所说：

"为全国培养县政人才。由县长可升为厅长，逐渐就将全国各级政府机构抓到国民党手里。"陈果夫希望这所学校能像黄埔军校在军事系统中的作用一样。学校实行军事管理制度，对学生的思想统治十分严密，对有进步思想或不愿听国民党摆布的学生，动辄处分、开除。总之，中央党务学校集中体现了蒋介石一党专制的统治。此时蒋介石正积极推行党务军事化。孙立人觉得虽然不十分满意，也只有迁就，一个穷学生回来，总要找一个和自己志愿稍微相同的工作。于是，7月，他就去见谷正纲，被任命为中央党务学校的学生大队军事训练队长和教官。时值全国统一伊始，尚未有正式军服，国民政府只通令，自总司令至士兵，一律布衣。孙立人却身穿淡紫色之全套美式军服，头戴阔顶硬军帽，仪表堂堂。但学员当时看不起他，因为中国军队干部多为保定及黄埔出身，鄙视留学外国者。对留学欧美回来的，学员称之为"面包帮"；对留学日本的，叫"臭鱼帮"，加之孙立人对中国军队制式训练不甚熟悉，除发"大队立正"口令外，不见有其他表现。此时，学员们认为美国军队，只是适于电影表演之少爷兵，并不佩服。于是，孙立人就常作特别讲话，论及美国军校两种好作风，一为老鼠制度，老生管新生强调军人服从性；二为荣誉制度，各种考试无人监考，但发现作弊者，即开除。

当时学校共有3个队，另两个队长，一个是黄埔毕业生，一个是日本士官毕业生。孙立人练兵上瘾，与其他两队比着练。他训练严格，与学员同在一起吃，同在一起打球，晚上自修，孙立人也亲临辅导，与学员感情很好。然而，中央党校政治环境相当复杂，时有种种明争暗斗的风潮，这对孙立人这样有民主主义思想的军人，自是困扰重重。孙立人对政治毫无兴趣，"他一生讨厌的就是政治，所以他不愿意与政治有关联"。但在当时的环境里，政治和军事是分不开的。孙立人实际上"反对狐群狗党，并不反对一个正正当当的党"，"但是大家喜欢搞小组织、小圈子，喜欢搞党派"。对此，孙立人最不满意，他觉得"我们就只有一个国家，为什么还要分？大家能做事的，哪儿都能做，为什么要靠背景？"孙立人身在党校，心里关注北伐进程，他从报上得知，国内革命军节节胜利，心中非常高兴。他认识到只有打倒军阀，才能国家强盛，人民幸福。

蒋介石也很高兴，尽管5月3日日军出兵济南，杀伤中国军民一万多人，阻挠北伐，但国民革命军绕道北上，北伐仍很顺利。6 月 3 日，奉系大帅张作霖放弃北平，退出关外，次日在沈阳附近皇姑屯被日军炸死。"统一"的条件成熟了。15 日，南京国民政府宣布统一告成。北伐成功后，蒋介石踌躇满志，心中快慰，他又盘算下一步要实行的"削藩"计划。8 月 8 日，在国民党二届五中全会上，蒋介石的计谋大功告成，他既通过《国民政府组织法》设五院制分了权，又设国民政府主席集了权。当然分是手段，集是目的，蒋介石终于如愿以偿就任国民政府主席，并依法当然成为中华民国海陆空军总司令。10 月 10 日，在南京中央党部大礼堂国民政府主席就职典礼上，蒋介石面对文武百官，宣誓："余将恪遵总理遗嘱，服从党义，奉行国家法令，忠心及努力于本职，并节省经费。余决不雇用无用人员，不营私舞弊及接受贿赂。有违背宣誓，愿受本党最严厉之处罚。"

蒋介石在南京庆祝全国"统一"

　　蒋介石荣登高位，取得了国民党的军政大权后，仍感不满意，主要是他尚未在国民党内居一个主导地位。他虽取得了国民党"正统"名号，却远未统一国民党，不仅原有派别存在，新的派别组织如雨后莽草一样在各地蔓生，各派别斗争格外激烈。孙中山生前曾强调"党外无党""党内无派"，但实际上根本办不到。这其中汪精卫的改组派发展很快。改组派是反蒋派中人数最多、政治影响最大的一个派别。它全称是中国国民党改组同志会，成立于1928 年夏天，总部设在上海法租界。它的旗号是恢复孙中山改组国民党的精神，发起人是陈公博、顾孟余、王乐平、甘乃光等人。参加这个组织的大多为中小资产阶级知识分子，他们对蒋介石的屠杀政策感到恐惧，认为共产党主张也行不通。他们害怕流血，幻想用平安办法获得"婴孩"。汪精卫主张阶级调和，既"反共"又反蒋，这正适合他们的口味。

蒋介石欲独揽党权，对改组派的活动当然不能容忍。蒋介石决心包办国民党三大，用圈定与指派的方式产生出席国民党三大的代表。对此，国民党内反蒋派，尤其是改组派鼓噪起来。不少派系的刊物发表文章，尖锐批判国民党中央蛮横无理的做法，有的地方甚至公开闹事。改组派抓住时机，提出"要求党内民主，反对圈定指派代表，反对蒋介石一手包办三全大会"的口号。11月2日，改组派策动南京特别市党务指导委员会全体委员发表辞职呈文，指斥蒋介石"违反民主党治之精神"。北平、天津、云南、浙江、山西、江西、绥远、河南等省市的党部也相继闹起来，反蒋声势越来越大。正在皖北检阅部队的蒋介石闻讯大为震惊，急忙训令国民党中央立即采取行动，制止对中央政策的攻讦。蒋记国民党中央用申斥、罢官的高压手段压服反蒋派。改组派并未屈服。

南京总统府旁的黄博路东面的中央军校内，坐落着蒋介石的官邸。这是座红色的两层小洋楼，屋宇小巧玲珑，房间虽然不多，但设备齐全，房屋周围绿树葱茏，低矮的冬青树被修剪得整整齐齐，草坪中间砌着花坛，上面摆着花盆，花朵盛开，四季常有，整个环境舒适、静谧。蒋介石选择这个地方作为自己的邸宅，是有其用心的。蒋介石是军人出身，早年在日本士官学校习武，又是黄埔军校校长，对军校有特殊的感情。官邸设在军校内，周围师生好似层无形的警卫，安全可靠，行动方便。更重要的是，蒋介石忘不了在广州发生的东坡楼和城门口两桩事件，担心重演自相惊扰的活剧。

这几天，蒋介石在官邸中坐卧不安，昼夜难眠。"削藩"未完成，成了蒋介石的一块心病。他坐在黄色皮沙发里，盯着面前一张宽大的柚木写字台若有所思，他觉得包尔顾问的建议可行。

包尔，德国上校，1928年11月中旬，率领一个由他负责组织的25人的顾问团，再次来到南京。包尔的目的很明确，就是"帮助蒋介石消灭各地军阀，把中国变成德国的市场"。为此，包尔顾问认为，要加强国民党中央军的战斗力急需建立一支现代化空军及陆军教导旅或师，教导旅或师装备标准现代化武器，接受最新德国式陆军训练，然后推而广之，使全国部队达到同一水平。包尔的建议正合蒋介石心意。

蒋介石马上下令在南京小营成立了一个教导队，辖有一个步兵队，一个重兵器队，一个炮兵队，一个工兵队和一个通讯队。教导队由保定军校第一期毕业、蒋介石器重的冯轶裴统辖，装备德国武器，并以德国顾问指导训练。它成为国民党军队中唯一的多兵种现代化部队。

在中央党务学校的孙立人闻听新军成立，就坐不住了，他觐见蒋介石，请调到新军任职。蒋介石上下打量一下孙立人，觉得面似书生的孙立人身上有种活力与生气，并敢作敢为，有冲劲，很像年轻时的自己。蒋介石心中一动，觉得孙立人可堪大用，遂同意了孙立人的要求，将孙立人调到新军，任工兵营第三连排长。

1928年11月，孙立人到新军报到。由中央党务学校的上尉队长变成排长，孙立人并不难过，使他难过失望的是新军本身。新军名曰新，实质却充满旧习。孙立人虽不满意，但军人以服从为天职，"只有忍耐了"。在新军，孙立人苦干、实干，事事都愿多干一点。一些人到新军是为混日子，为升官，不愿多卖力气，因而常请孙立人代值星，孙立人亦概不拒绝，乐意效劳，因此，孙立人在新军中人缘相当好。12月，当部队移防南京上清河时，孙立人已调升营副。

1929年，蒋介石虽勉强度过了"三一四风波"，但日子并不好过，汪派中央委员公开反对召开由蒋一手包办的三全大会，桂系也与蒋闹翻，李宗仁躲到上海，白崇禧从北平来电请求辞职，冯玉祥于12日辞去军政部长职务，甚至持中庸之道的于右任也避居上海，蒋介石恨声连连。

3月15日，国民党三全大会召开，蒋介石振振有词地说："要开一新纪元。"新纪元是什么？蒋介石心里明白，就是加强武力，彻底"削藩"。果然，26日，蒋介石发布讨桂系命令。28日，查抄李宗仁在南京住宅。29日，蒋介石亲赴前线指挥作战。同时，蒋介石未忘扩大新军，1929年4月，蒋介石下令将教导队扩为教导师，以冯轶裴为师长。孙立人调任教导师学兵连上尉连长。在这一职务上，孙立人练兵特长得到发挥，表现突出，升迁也快。

1929 年 8 月，孙立人升为少校连长。11 月至翌年 1 月，任学兵营中校营副。1930 年 1 月至 5 月，又升为陆军教导师步兵第三团第三营中校营长。

蒋介石对孙立人的表现很满意，他觉得自己正是凭孙立人这样的干将才会在 1928 年 6 月大败桂系，迫李宗仁、白崇禧逃往国外，1929 年 5 月大破冯玉祥，12 月又杀得唐生智落荒而逃。

1930 年元旦蒋介石发表《以气节廉耻为立国之本》的文章，其中大谈他"以顺讨逆，制裁反侧，勘定内乱"，口气之大、之硬，全在他有强大的武力做后盾。他越来越需要孙立人式的军人了。

此时，孙立人感到新军实在没什么希望了，就要求调离，蒋介石很爽快地同意了。1930 年 5 月，孙立人调到陆海空军总司令部宪警教导队，任上校大队长。总队长是西点军校毕业的温应星，孙立人清华时的同学齐学启也任大队长。在一个晚会上，孙立人认识了南京汇文女中的校花张晶英，两人一见钟情，可是张晶英的母亲却属意张晶英的另一个追求者熊式辉，但拗不过宝贝女儿。而孙立人则回上海家中和他的父亲商量与妻子龚夕涛离婚，结果遭到父亲痛骂，妻子龚夕涛也在房内哭泣，表示一定要从一而终，孙立人无法，气得离家出走。回到南京后，孙立人把他父亲的反对意见告诉了张晶英，张晶英对孙立人说："我能不顾我母亲的反对，你为什么一定要听从你父亲的安排呢？"于是，孙立人就不再顾虑，1930 年 10 月，在上海与张晶英结婚，婚后两人一直没有生育。

有了练兵的机会，孙立人十分高兴，这下可以充分施展所长了。他对部队要求高，训练严。时间一长，一些人受不了，常在背地里发牢骚。孙立人对此不为所动，仍要求如初。他心想：人家不久就会看到训练成果，我们的努力不会白费。

诸侯纷争天下，蒋介石武力弹压
孙立人练就精兵，蒋介石喜上心头

这一时期蒋介石是既高兴又忧虑，高兴的是他的嫡系武装已初具规模，有一定的军事实力，以冯轶裴的教导师为基础，扩编为第八十七、第八十八、第三十六师，成为蒋介石嫡系部队的中坚，而且他还有孙立人等练兵英才，帮助他整训部队。忧虑的是反蒋派反蒋不断升格，且有联合的趋势。蒋介石曾向阎锡山发出警告电报，称："武力平定两广，极为把握。"没想到阎锡山毫不示弱，次日回电称蒋介石"军心不定，武力将何所恃"？蒋介石恨得直咬牙，亲自指导南京与太原的阎锡山展开两个月的电报战，间以谈话、文告相辅。双方互相责骂，喋喋不休。双方阵线逐渐明朗，反蒋的冯玉祥、李宗仁、改组派、西山会议派纷纷通电，表示拥阎；拥蒋的军人政客打着维护中央的旗号，为蒋介石摇旗呐喊。双方以眼还眼，以牙还牙，秣马厉兵。

没过多久，战幕即徐徐拉开。3月15日，原国民革命军第二、三、四集团军将领54人，由鹿仲麟领衔发表通电，拥戴阎锡山为中华民国陆海空军总司令，冯玉祥、李宗仁、张学良为副总司令，刘骥为总参谋长。4月1日，阎锡山在太原就任总司令职，并通电大骂蒋介石："党国不幸，三全大会指定过半数之代表，致使党权高于一切，党变而为一人之化身，专制独裁，为所欲为。党不党矣，政不政矣，国不国矣，民不聊生矣，犹复迫我以武力助其铲除异己。"面对如此强劲的攻击，蒋介石也不甘示弱，他早有应变的准备。蒋介石确定"讨逆'剿共'，应分二事"的方针，决定先围歼桂、张军，及早平定广西，然后移兵中原作战。为实现这项战略目标，蒋介石指挥南京中央的党、政、军机关，进行全面作战部署。

孙立人在南京闻到了浓烈的火药味，从他内心来说，他不愿国家内耗，而更希望国家统一强大。孙立人赞同孙中山救国救民的主张，他亲身经历过1929年5月蒋介石搞的孙中山移灵圣典，当时南京市民倾城而出，孙立人也目睹了蒋介石亲自守灵、主祭，他觉得蒋介石确是孙中山的忠实信徒，嫡传弟子，自然对蒋介石有好感。既然战争是政治的继续，那么蒋介石发动的针对反蒋派的战争，则也是一种政治，孙立人支持蒋介石的政治战争。

蒋介石一心一意要打赢战争。蒋介石下令停止军队编遣，发行公债3000万元，从国外进口新式武器，调兵遣将。他还下令罢免阎锡山本兼各职，全国通缉。5月2日，蒋介石在南京举行誓师典礼。8日，蒋介石带领佛采尔为首的德国顾问团坐镇徐州。11日，蒋介石下达了攻击令，久已密云不雨的中原，响起了隆隆的雷声。蒋介石自觉荷包鼓、兵力强，因而对自己的胜利充满信心。他深信反蒋派成不了大气候，充其量是一朵昙花。果然，在蒋介石金钱加大棒的攻击下，反蒋派呈不支之势。9月，张学良加盟蒋派，更使蒋介石胜券在握。10月，反蒋联军瓦解。11月，阎锡山、冯玉祥宣布释权归田，阎锡山出走大连，冯玉祥隐居晋西南稷山县，中原大战结束。蒋介石踌躇满志地宣布："此次讨逆战事后，深信本党统一中国之局势已经形成，叛党乱国之徒，今后决无能再起。"

仗打完了，1931年也来临了。1931年8月的一天，中华民国陆海空军总司令蒋介石要亲临宪警教导总队检阅。

在操场上，宪警教导总队各大队早已准备就绪。在阳光下，旌旗鲜明，兵强马壮。总司令蒋介石及温应星等高级将官缓缓而行。蒋介石身穿草绿色毛呢军服，腰佩军人魂短剑，手戴洁白的细纱手套，甚是威风。蒋介石从一个个方队前走过，目光是十分挑剔的。看过的几个方队，他都不太满意。走到孙立人所训大队面前时，蒋介石眼前一亮，这支队伍军容整齐、动作熟练、精神饱满，蒋介石大加赞赏，检阅结束，蒋介石评定孙立人所训第一大队为全总队第一。孙立人与本队同人由衷地高兴。

人言祸福相依，运道常变。孙立人才高兴没几日，祸事就来了。

这天，孙立人闻听第一大队的学生群起鼓噪，连忙去问缘由，一问得知学生因军需官不发饷而闹饷。孙立人一向最重部下的福利，他连忙去找军需官为学生争索薪饷，不承想军需官仗着自己是总队长温应星的内亲，很是蛮横。孙立人本性刚烈，忍无可忍，将其痛打一顿。气是出了，没出两日，命令来了，称孙立人违抗命令，目无长官，撤销了孙立人的职务。

孙立人不服气，回到家，孙熙泽又将孙立人训斥一顿："练新军都没有练好。练新军第一，班长、干部要好；干部还是老的，练什么新军？什么料子出什么货，料子不行，会有什么好货？"孙立人无言以对。

正当孙立人沮丧地准备另寻出路时，8月底，一纸命令来了，委孙立人为陆海空军总司令部侍卫总队上校副总队长。

原来蒋介石对孙立人的卓越将才和忠诚品德大为赞赏，上次检阅留给蒋介石的印象尤深，蒋介石已有意提拔孙立人，委以重任。所以特下此令，孙

宋子文

孔祥熙

立人没想到刚被撤职又升官。9月1日，孙立人正式到侍卫总队上任。

俗话说得好，站得高看得远。孙立人自从任侍卫总队副总队长后，社交范围广了，眼界也开阔了。孙立人认识了不少人，有达官显贵，也有皇亲国戚，其中与孙立人来往较多的是宋子文、孔祥熙。

宋子文，广东文昌人，1894年生，早年求学于上海圣约翰大学。1912年在美国哈佛大学留学。1917年回国后，在汉冶萍公司、汉阳总公司任职。1921年前往广东，宋庆龄将其介绍给孙中山。1923年任陆海军大元帅大本营秘书。1924年任中央银行行长。1928年1月任国民政府财政部长，国民政府委员，行政院副院长。

孔祥熙，山西太谷人，1880年生。1901年在美国欧柏林大学学习，后又上耶鲁大学研究生院。1907年毕业回山西办铭贤学校。1914年与宋霭龄在日本横滨结婚。1915年返山西任阎锡山的参议。1924年1月接受孙中山邀请赴广州。1926年在广州任国民党中央政治会议广东分会委员，广东国民政府代财政部长。1928年2月，任南京国民政府工商部长、国民政府委员。1930年12月任实业部部长。

孙立人与宋子文、孔祥熙都毕业于美国名牌学校，他们有共同的经历，身上都带有知识分子的味道，又都受美国民主思想的影响，因此他们有较多的共同话题，容易沟通并走到一起。宋子文、孔祥熙很佩服孙立人的将才。有一次，宋子文颇为感慨地对孙立人说："如果你不任职于侍卫总队该多好啊！"孙立人问："为什么？"宋子文说："我办税警总团，特别需要你这样的将才。"孙立人说："税警总团是做什么的？"宋子文说："这就说来话长了。"

原来国民政府军火贸易由军政部军械司及兵工署负责办理，借手上海租界内欧美各国兼营军火生意的洋行向国外洽购，使得军政部长何应钦等发了洋财。宋子文看了眼红，就借口中间回佣吃亏甚大，向蒋介石建议向厂商直接洽购，既可挑拣质量，又可由财政部接洽，改用长期分批付款的办法，也可稍纾国库困难。

宋子文为说服蒋介石，在1930年，将财政部所属缉私营改编为税务警察总团，首任总团长为美国西点军校毕业的王庚，初期辖4团，后辖6团。税警总团由财政部自行节制，自行训练，武器由财政部向国外订购，质量精良，较之蒋介石的正规军更优，蒋介石看后大为赞赏，就将购买军火权交由宋子文财政部主持。宋子文为亲美派，因此，宋子文专选美国西点军校及留美学校毕业生任税警总团军官。聊到这，宋子文笑笑说："情况你都知道了，我的税警团最缺你这样的将才，可惜你不能来。"孙立人也感遗憾，只好说："以后再找机会吧。"

中原大战结束后，蒋介石反而更忙了。他把着眼点放在"另一个敌人"上，这个"敌人"就是中国共产党。原先，蒋介石认为共产党不算什么，充其量是"匪"，好对付，十指用一指也就够了。但没想到1930年12月，第一次"围剿"中，张辉瓒第十八师被全歼，蒋介石感伤于"剿共"不利，写下了"呜呼石侯，魂兮归来"。蒋介石不甘心，将"剿共"军队增加到20万。蒋介石迷信武力，觉得用这么多大军对付"共匪"该奏效了。谁知1931年4月的第二次"围剿"又告惨败。他至此才觉得"共匪"非比寻常，他们人数虽少，能量却大。蒋介石并不服气，"我就不信毛泽东等人有三头六臂"。正当蒋介石跃跃欲试，准备再次发动"围剿"时，不承想，内部起了火。4月30日，古应芬、林森、邓泽如、萧佛成发表《弹劾蒋中正提案》的通电，指责蒋介石囚禁胡汉民。5月3日，两广将领陈济棠、李宗仁、白崇禧等数十人联名通电，要求立即

1931年被红军活捉的国民党前敌总指挥、第十八师师长张辉瓒

释放胡汉民，迫蒋介石下野。24 日，汪精卫、孙科、陈济棠在广州开会，决定另立中央。26 日，孙科致蒋介石一电，要他"于笑谈之顷放弃党国所付与之职责"。28 日，广州国民政府成立，汪精卫任国民政府主席。蒋介石对这把火一时拿不出妥善的处理办法，扣押胡汉民原是戴季陶的主意，蒋介石问计于戴，戴也束手无策。蒋介石又一次失眠了，他反复权衡"剿共"与对粤，哪个重要，想来想去，还是觉得共产党人威胁较大。于是，蒋介石决定全力"剿共"，和平对粤，对粤方，蒋介石的方法是"电报反击战"，指斥汪精卫"反对政府、破坏和平，诚罪大恶极"，并威胁"若以老同志反对新进同志，并违反总理主义，吾人惟有以叛逆看待，消灭之而后已"。言辞尽管激烈，火药味也够浓，但这仅是蒋介石虚晃一枪而已，真枪真刀则用在"剿共"上。7 月，蒋介石亲到南昌，任"剿共"军总司令，调动 30 万大军发动第三次"围剿"。

孙立人对宁粤双方这种泼妇骂街式的争吵不感兴趣，他关注的焦点是东北。5 月，日本在吉林省长春市北郊的万宝山，制造了屠杀中国农民的"万宝山事件"。8 月，日本又利用日本参谋本部军官中村和随员 3 人非法潜入大兴安岭地区进行间谍活动，被中国驻军抓获处死的所谓"中村事件"，煽动战争狂热。8 月下旬，日本在"南满"进行为期两周的军事演习。9 月，日本兵公开在沈阳搞街市战斗演习。孙立人认为日本的侵略野心已经外露，不得不防。而蒋介石则不这么想。蒋介石闻听"万宝山事件"后，只在日记中留下慨叹："今为万宝山事，而坚我志，断勿稍有懈怠，慎之，勉之。"他不愿因与日本冲突而影响"剿共"。蒋介石担心少帅张学良逞一时之勇，坏他大事。因而 8 月 16 日，特密电张学良，称："无论日本军队此后在东北如何挑衅，我方应予不抵抗，力避冲突。吾兄万勿逞一时之愤，置国家民族于不顾。"张学良对蒋介石是绝对服从和信任的。蒋介石对东北的指示，张学良总是不折不扣地照办。9月6日，张学良遵蒋介石之命，打电报给东北边防公署参谋长荣臻，重申不抵抗的方针。对张学良的举动，蒋介石是满意的，认为有张学良在，东北就不会有事，他也可以安心"剿共"了。9月18日，蒋介石为指挥内战，再次从南京前往江西，张学良则在北平广和剧场观看梅兰芳演出"宇宙锋"，人们感觉很平静。然而正是在这平静中，日本满铁守备队于10点炸断了柳条沟铁路，并诬称中国军队所为，突然袭击沈阳北大营，随后攻击沈阳城。19日，日军占领沈

"九一八事变"后沈阳城头上飘扬的日本国旗

阳城。沈阳惊变电告南京，于右任、戴季陶、吴稚晖等无权人物空守石头城，拿不出一点办法，只好急电蒋介石回宁主持一切。南昌的蒋介石接电后，连连叹惜，他叹惜的不是沈阳城的陷落，而是"剿共"战争要中断。他在日记中写道："'匪祸'纠缠，国家元气，衰敝已极，虽欲强起御侮，其功力不足何！"

1931年的"九一八事变"，是中华民族铭记心底、永世难忘的痛。事变是中日关系和亚洲国际关系发生巨大变化的分水岭。

"九一八事变"后，中国人民面临"版图变色，国族垂亡"的"民族存亡之生死关头"，中日民族矛盾成为中国社会的主要矛盾。由此开始，日本侵略者占领东北三省，发动"上海事变"，接着侵占热河，进至喜峰口、古北口一线，危及平津。

　　蒋介石深知此事非同小可，不论是共产党，还是粤方反蒋派都会以此事做文章，他觉得要小心应付才是。他首先打电报给张学良，称："沈阳日军行动，可作为地方事件，望力避冲突，以免事态扩大，一切对日交涉，听候中央处理可也。"先稳住张学良，然后赶回南京。21日，日军占领吉林全省、辽宁省大部（除辽西以外），蒋介石回到南京。

　　为安抚粤方，蒋介石决定释放胡汉民，为稳定全国，蒋介石22日发《中央告全国同胞书》，大谈："确守秩序，力戒矜张，慎防奸谋。"在南京国民党党员大会上，蒋介石表示对日态度为"我国民此刻必须上下一致，先以公理对强权，以和平对野蛮，忍痛含愤，暂取逆来顺受态度，以待国际公理之判断"。依照蒋介石方针，中国驻国联代表向国联作了"控诉"。

　　蒋介石对自己的这几招很满意，认为此后事态将会稳定。孙立人可不这么看，他作为陆海空军总司令部侍卫总队的副总队长，他看到人民以前所未有的热情起来要求抗日。上海各界组织了抗日救国团体，北平学生组织请愿队，山西成立反日救国会，河南、广东学生反日大游行。

　　当天一支宁沪学生请愿队伍来到中央军校，学生们高声质问蒋介石为什么不许抗日。蒋介石很坦然，他的理由什么时候都充分。孙立人的内心却受到极大的震动，他看着学生们一张张激愤的脸，内心同情他们，支持他们。他想起当年"五四"时，自己也与他们一样，参加反日游行，他尤其忘不了青岛的一记耳光，自己练兵为什么？不就是为报国御侮。然而总司令却无心抗日，孙立人矛盾极了。

　　"惩办祸首蒋介石"的呼声，使蒋介石难以招架。粤方又落井下石，极力逼蒋介石下野。9月下旬，宁粤双方"在共纾国难"的幌子下，开始谈判。粤方同意取消广东国民政府，但必须有两个条件：蒋介石必须下野，必须变更京沪卫戍警卫组织。蒋介石视权如命，当然不愿轻易失去，遂虚与周旋。10月22日，蒋介石从南京到上海，与汪精卫、胡汉民会面，三方似乎是老朋友再见，谈笑风生。蒋介石表面露着笑容，和蔼可亲，骨子里却恨得要死。他授意部下搞效忠电，向粤方示威。陈调元一马当先发拥蒋电，称"一国元首不宜更易"。

40　　蒋介石尽管使出浑身解数，大耍两面派，但仍无济于事。11月，南京和广东分别召开了国民党第四次全国代表大会。在粤方举行的大会上，倒蒋气氛更加浓厚，会议通过议案："必须蒋中正践言实行下野，并解除兵柄，如蒋不下野，则在粤组织中央党部。"有人甚至提议，"永久开除蒋中正、张学良党籍"。

蒋介石觉得处境不妙，11月日军占领黑龙江省，并向锦州进逼，全国人民抗日怒火更旺，粤方反蒋派咄咄进逼，蒋介石的亲信宋子文也对日态度强硬，决定调财政部税警总团三个团，计5000人～6000人支援张学良守锦州。蒋介石是何等精明的人也，他在上海十里洋场的大场面上混过，处事灵活，人情练达，他知道何时进攻，何时退却，何时严峻，何时妥协，何时讲话，何时沉默。蒋介石决定采取以退为进的故伎，辞职下野，让别人先斗，自己收拾残局，最终不战而屈人之兵。下野前，蒋介石做了必要准备，调兵遣将，控制中枢，设下财政陷阱，组织特务机构。做完这些后，蒋介石放心了，乃于12月15日上午辞去国民政府主席、行政院院长、中华民国陆海空军总司令职务。蒋介石临行前留函给于右任、何应钦、孙科称："全会即开，弟责即完，故欲还乡归田，还我自由。"

蒋介石下野前还做了一件事，就是秘密杀害了邓演达。蒋介石幽禁胡汉民于南京汤山后，广东军阀陈济棠，联合桂系军阀李宗仁，借机树立反蒋旗帜于两广，形成宁粤对立之势。汪精卫乘机回广州联合陈济棠、李宗仁、张发奎、孙科等召开所谓国民党中央非常会议，组织国民政府于广州，逼蒋下野。蒋介石曾想利用邓演达出面调停，授意王柏龄访邓演达于三元巷监狱内，转达蒋介石的意图，但为邓演达所拒绝。一天，蒋介石请戴季陶吃饭，鄹悌亦在座。谈到国内局势时，戴季陶说："今日可怕的敌人，不在汪精卫、陈济棠，能动摇根基、分散黄埔革命力量的，除邓演达之外无他人。"此一语实促成蒋介石杀邓的决心。蒋介石在下野前派侍卫长王世和将邓演达枪杀。

蒋介石回到奉化，住在妙高台，游玩于山水之间。反蒋派对蒋介石下台大为高兴，把12月15日看作是打倒独裁，实行民主纪念日。殊不知他们自己的脑袋里也没有多少民主观念。当23日参加四届一中全会的全体中央委员拜谒南京中山陵时，鲁迅曾写一首《南方民谣》，对这些张口主义、闭口革命、道貌岸然、宛如解民倒悬英雄的国民党人员进行讥讽，诗曰："大家去谒灵，强盗装正经，静默十分钟，各自想拳经。"这一笔可真是一针见血。

蒋介石辞职了，蒋系亲信人物亦纷纷效尤，提出辞职，宋子文辞财政部长职，孔祥熙辞实业部长职。

蒋介石走了，宋子文、孔祥熙也辞职了，孙立人心中顿感空荡荡的，他也想随之辞职，但一时无好的去处，只好仍待在无总司令的侍卫总队中，整天一筹莫展。

孙立人"义勇忠诚"苦练税警团
蒋介石"攘外必先安内"武力大"剿共"

1931 年 12 月 22 日至 29 日，国民党四届一中全会召开，实现了各派的政治分赃。选举林森为国民政庄席，孙科为行政院院长，陈铭枢为副院长。"开始了党国新生命"。然而"新生命"一降生就患了致命病。财政上黄汉梁署理财政部长，上海财团早与宋子文串通一气，不买黄的账，使孙科政府每月收入仅 600 万元，收支相抵月赤字达 1600 万元。外交上，人民也不满孙科政府

的对日"和平绝交"，孙科支撑不住局面，就只好向蒋、汪、胡低头。1932 年 1 月 9 日，孙科跑到上海吁请蒋、汪、胡入京主持一切。

蒋介石对孙科的举动了如指掌，对其他派别的活动洞若观火，他复职的时机终于成熟了。他要打的第一张牌就是拆散汪精卫、胡汉民的联盟，联汪入京。

此时，孙立人也不愿在陆海空军总司令部侍卫总队干了，于是他去找宋子文想办法，宋子文马上说："你就到我的税警团来好了。去年 12 月 26 日，税警团一、二、三团改编为警卫军第二师独立旅，俞济时任师长，王庚任旅长，一团长赵君迈、二

孙科

团长古鼎华、三团长张远南。我现在正缺人，你来好了，蒋介石那边，你放心，由我去说。"孙立人欣然同意到税警团任职，他没有想到这个让他一显身手的机会这样快就来了。宋子文办事确有欧美作风，讲究效率，他利用见蒋介石的机会，向蒋介石提出调孙立人到税警团的要求，蒋介石答应得很爽快。1月中旬，孙立人就从总司令部侍卫总队调到财政部税警总团，任特科兵团上校团长，特科兵团成立于浙江嘉兴县，团下无营，设有直属特务连、骑兵连、迫炮连、工兵连、无线电连、运输连等。1月13日，蒋介石飞杭州，住在澄庐。这里景色宜人，风景如画，幽雅安静。蒋介石很喜欢澄庐的陈设布置，这正是他做政治交易的好地方。16日晚，汪精卫到达杭州，立即被宋子文、陈布雷迎住澄庐，蒋介石、汪精卫连夜会谈。晤谈甚融洽，蒋、汪相约，先把汪精卫推上行政院长的职位，蒋介石仍保持在野之身，然后由汪精卫出面，把军权交给蒋介石。

汪精卫、蒋介石分别于21日、22日到达南京。此时日军侵略更烈。在东北，日军进占阜新，猛攻锦西；在上海，频繁挑衅，战端将起。蒋、汪对此置之不理，而是责难孙科政府，孙科、陈友仁、黄汉梁被迫离宁赴沪，宣布辞职。28日，中政会召开，准孙、陈、黄辞职，推汪精卫为行政院长，宋子文为副院长兼财政部长，决定成立军事委员会，统管全国军事。

正当国民党要人忙于政治分赃之际，日本为迫使国民党承认它占领东北的既成事实，于28日晚，分数路向上海闸北进攻，驻沪的十九路军奋起抵抗。30日，蒋介石通电全国将士，慷慨激昂地说："今身虽在野，犹愿与诸将士誓同生死，尽我天职。"然后话锋一转："勿作虚浮之豪气，保持牺牲之精神。"

时任十九路军总指挥的蒋光鼐在淞沪抗战期间与到前线慰问的宋庆龄合影

保持的方法就是对日宣布迁都洛阳。蒋介石不想在上海与日本大打。他要留着实力与共产党斗。在野的蒋介石下令："何部长留守南京,所有政府党军政留守机关人员概归何部长指挥。宋副院长留驻京沪,所有上海行政人员归宋部长指挥。"

与"九一八"期间不同,宋子文对日态度强硬,他抨击了日军的侵略,赞扬了人民对十九路军的支持,决心以武力抵抗日军对上海的进攻。为表示抗日决心,宋子文特将财政部税警总团调往淞沪前线。一、二、三团分隶十九路军各师配合作战,第一团配属第十九路军第七十八师,第二团配属第六十一师,第三团配属第六十师,独立旅旅部及教导团驻嘉兴。孙立人所属的特科兵团也开到上海。孙立人非常兴奋,他没想到刚到税警团就参战,他早就憋着一口气,要与日本侵略者一比高低。正当孙立人跃跃欲试,欲展身手之际,接到命令特科兵团与八十八师驻防闸北苏州河一带,孙立人甚感遗憾。他目睹了第十九路军和第五军以低劣的装备,不足 4 万的兵力,却坚持抗战一个多月,杀伤日本侵略军 1 万多人,打得日军三易主帅而不能有所前进,心中着实为将士们不屈的精神自豪,更坚定了抗日的决心。

然而令孙立人失望的是,国民政府并不想彻底击败日军,而想尽快结束战斗,腾出手来对付共产党领导的人民武装。由于国民政府按兵不动,坐视不援,第十九路军伤亡日重,3 月 1 日,日军开始全线总攻击,并在浏河登陆,中国军队被迫后撤。此时,蒋介石待在南京,他急切的目光关注的不是上海,而是洛阳,他知道 3 月 1 日在洛阳西宫东花园召开的国民党四届二中全会,是决定他政治命运的关键会议。

果然,国民党四届二中全会上争论激烈。在是不是由蒋介石担任军事委员会委员长的问题上,各派意见不一。李济深等许多人不同意蒋当军委会委员长,蒋介石的亲信刘峙则竭力吹捧蒋介石。经汪精卫百般周旋,6 日召开三〇二次中政会时,正式推举蒋介石为军事委员会委员长,兼军事参谋部参谋长。

蒋介石上台后,即请英国公使兰普森当调停人,经兰普森斡旋,中日双方于 14 日停止军事行动,于 24 日起进行停战谈判。5 月 5 日,中日双方签订了《上海停战协定》。当时的报纸评论纷纷抨击这一协定,称:"敌军入寇，未能逐出国门，停止战争，犹待妥协条件。如此协定，谓未屈服不可得也，谓未辱国丧权不可得也"，"误国祸国，政府尤为罪魁"。对舆论的非议，蒋介石可不在乎，他依然我行我素。

1932 年 3 月 6 日，蒋介石复职就任军事委员会委员长后，作为蒋介石爪牙的黄埔系军人，面对日本的侵略，也有一个中国人所具有的民族义愤和爱国热情，这样势必影响蒋介石"剿共"活动。黄埔六期生萧作霖回忆说："黄埔学生绝大多数是小资产阶级出身，他们一方面为了升官发财，跟着蒋介石反共反人民，但是另一方面他们眼见民族国家的灭亡已迫在眉睫，却又不能不激发爱国天良，因而他们也有一定程度的抗日要求。即如一贯反共最有力的复兴社骨干桂永清，也有这种倾向。"但是蒋介石却运用这个所谓民族复兴运动的阴险手法，来利用他们这个思想矛盾。果然，在蒋介石的"攘外必先安内"的欺骗口号之下，一般黄埔学生固有的小资产阶级狂热性，立即尽情发作出来，更加疯狂地集中于进行反共活动，而首先便是法西斯特务组织的建立。

黄埔学生酆悌、滕杰、潘佑强等人纷纷向蒋介石提出建立核心组织的建议书。蒋介石采纳了他们的建议，首先成立了力行社。然后以力行社为核心，成立了中华民族复兴社，它名义上是推动民族复兴运动的组织，而实际上是一个反共反革命的法西斯组织。该社于 4 月 1 日在南京正式成立，蒋介石任社长，下设中央常务干事会书记、组织处、宣传处、训练处、特务处，以及各省支社等。社员除少数人如刘健群等外，大多数都是黄埔各期学生，其中又以第一期的为最多。特务处由戴笠和郑介民分任正副处长。复兴社的 13 人被称为"十三太保"，他们是刘健群、贺衷寒、潘佑强、桂永清、邓文仪、郑介民、葛武棨、梁干乔、萧赞育、滕杰、康泽、杜心如、胡宗南。其中滕杰、贺衷寒、刘健群、酆悌、邓文仪、康泽等曾先后相继任过书记长，刘健群曾任过两次，郑介民也曾代理过一次。邓文仪、滕杰、康泽、周复、梁干乔、桂永清、张辅邦、戴笠等 10 余人曾先后轮任过总务、组织、训综、宣传、军事、特务等处处长，戴笠始终任特务处长。

对复兴社的主要成员，黄埔六期的萧作霖评论说："酆悌是黄埔学生中较有才能的特出人物之一，并颇为蒋介石所信任，但他个性乖僻，以特立独行自负，与所有黄埔学生中的其他上层人物都不亲近，因而实际上他也就被孤立起来而在组织领导层受到排挤，不可能起什么作用。其次是曾扩情和萧赞育，这两人在黄埔学生中颇有资望，但都没有什么特出才能，在组织中只能起点药引子的作用。萧赞育还有点个性，算是一味生姜，曾扩情则无可无不可，只能算一味甘草。桂永清头脑简单，只知绝对服从，教啥就啥，有奶便是娘，不过是一个指东打东、指西打西的打手。潘佐强和葛武棨是一对活宝，同样乖僻暴戾，骄横自大，只有给蒋介石骂得狗血喷头时，才露出其本来的奴才面目。并且这两人的外貌，也几乎完全一模一样，和戏台上的蒋干或汤老爷差不多，面目可憎，令人恶心，其后连蒋介石都不愿睬理他们。滕杰、周复和杜心如这三人，他们都装得温文尔雅、克己奉公、埋头苦干的样子，倒像是'贤良方正'一类人物，而其实则可一言以蔽之，同样也只是戏声上某些'副末'之类的角色。郑介民和梁干乔这两个人，蒋介石对他们都有戒心，不予重用，只让他们在别人的监视之下，居于不上不下的地位，掌若有若无之权，使得他们不可能有所施展，因此郑介民只得投靠戴笠，但郑后来终于博得蒋介石的信任，替蒋起着监视戴笠的作用。梁干乔托身于胡宗南，终致郁郁而死。至于胡宗南，因为他并不参加组织的实际活动，而自居为幕后人物，又当别论。"

　　而"十三太保"中最重要的人物贺衷寒、邓文仪、戴笠、康泽，则被称为复兴社的四大台柱。贺衷寒从苏联回国后，很想从此转入带兵，因为他早就一心二意想学蒋介石那样，能掌握兵权。可是蒋介石却也看透了他不好驾驭，偏不许他插足到部队中去，而只要他搞政治工作，成了政训系统的总头子。他以此作为自己的资本，俨然以黄埔系的政治领袖自居。他最初和陈诚相结纳，互相标榜，私许陈诚为未来的军事领袖。可是陈诚越爬越高，对他竟日益疏远，甚至不再把他放在眼中了。他只得又与胡宗南相互表示推重，一个以黄埔系的军事领袖自居，一个以黄埔系的政治领袖自许。邓文仪曾任蒋介石的侍从秘书，是一个拥蒋狂和反共狂，狂到令人几乎难以理解甚至连自己也莫名其妙的地步。至于康泽和戴笠两个人，真可以称作两个活生生的法西斯特务典型，康泽曾当过蒋介石的侍从副官，与戴笠一样热衷于特务活动。

　　复兴社骨干们为反共进行了大量的宣传活动，康泽主办《中国日报》，贺衷寒在上海创办《前途》月刊、在汉口发行《扫荡报》，余洒度在北平发行《北方日报》，蒋坚忍在杭州发行《人民周刊》，萧作霖在南昌发行《青年与战争》，黄雍在福州发行《南方日报》，邓文仪主办拔提书店，他们宣传的不外是"攘外必先安内"和"绝对拥护一个党和一个领袖"之类，这些宣传对黄埔学生和中小资产阶级也起了一些蛊惑作用，驱使他们卖力地反共。

淞沪之战不光彩地结束了。独立旅恢复了税警总团的建制，由于沪战中总队长王庚被日军捉去，放回后离队，宋子文乃以温应星为总队长，特科兵团改编为税警总团步兵第四团，孙立人任第四团团长。10月，孙立人率队由浙江嘉兴经上海回到驻地海州。在海州的一段时间，孙立人想了很多很多。他一会儿想到蒋介石的对沪指示："以十九路军保持十余日来之胜利，能趁此收手，避免再与决战为主"，一会儿想到宋子文的感慨："中国军队人数太多，但不管用，应建立一支人数只有原来四分之一，训练有素、装备精良的军队。"孙立人觉得自己是军人，只有服从命令，而不能去发布命令，发布命令是蒋委员长的事。对有些事不满，发发牢骚固然可以，但不济事。现在所能做的，就是把所带的第四团练就成一支精兵。有精兵日后自然会派上用场，不愁没有报效国家的机会。孙立人主意一定，就全身心地投入练兵之中。

孙立人觉得第四团底子不错，第一营营长葛南杉、第二营营长唐守治、第营营长张在平，都是能干之将才；薪饷按中央军十足发给也不成问题，上校240元，中校170元，少校135元，也不少；物资不匮乏，也没一般部队贪污、吃空缺的弊端；兵员亦多为招募和自动投效，武器均为外国进口，有捷克式79步枪、法国哈其开斯气冷式机枪、法国八二迫击炮。

孙立人发挥部队的长处，专心训练，一天到晚都和部队泡在一起。税警团训练也采用德式，在部队中成立军官教导队，由财政部聘请德国军官多人任顾问，史坦因上尉率领顾问在教导队，并分赴各团队施行严格的德式军事训练。在海州南城营房中，一些新兵受不了严格训练，时有逃亡者。别的团抓到逃兵后，非打即杀，孙立人则不然，先在营房四周装象征性的铁丝网以防范，并以荣誉感去感化士兵。凡抓回的逃兵，便让穿上特制的背心，前后印上"逃兵"二字，命其打扫营房区域内的卫生，或面对大镜子自省，久之逃兵日少。

孙立人练兵本着弗吉尼亚军校的教育原则，特重基本教练。基本教练包括各种兵器的操作，连以下至单兵的各种基本动作，目的在于养成军人仪态，打好战斗的基础。对于基本训练，孙立人训练密集，要求严格。他尤重射击训练，孙立人曾说："我们是工业落后的国家，自己不能制造足够的械弹装备，大部仰赖外国，所以对于弹药必须珍惜，不能做一颗无益的消耗，因此受训者必须射击预习达到一定水准，才能参加实弹射击。"

孙立人还注重对官兵的体能训练，体能训练分体育与劈刺两大课目，他深知体育是强身救国的基础，特选体能与技术均优秀者为教官，训练士兵苦练基本劈刺，应用劈刺、近战劈刺、夺枪夺刀法，他自己常以身作则，参与长跑、扑击、器械、劈刺训练。

孙立人也注重政治教育，教育士兵对国家民族的忠诚感与热爱，他灌输给官兵的是义、勇、忠、诚的信念。

孙立人在用人上从不任用半个私人。在编练税警时，军需方面的军官都是由盐务局指派。上级或同僚推荐的，他要自己考察后再决定取舍。老部下晋升也不占便宜。他公开表示"老部下，新部下，都是我的部下"，唯才是举。

孙立人在生活上与官兵一致。他到税警团后，军需人员一律由财政部派任，自己绝不过问，他关心官兵生活，总求官兵吃得好一些。"经济公开，用人公开，训练严格，管理严格"是他提出的口号。孙立人一直坚持生活在基层。一双皮靴穿了十多年，马裤也打了补丁，从不开小灶。到连队与士兵一样坐在地下吃饭，盛饭也自己动手，边吃边与士兵聊天。某天到临时军训队公干，中午在队部吃饭，伙夫送上饭菜时，孙立人见菜里有一只小虫，立即把伙夫叫来，罚他跪下。在侧的司书袁子琳见状，也放下筷子呆呆地坐在那里。孙立人问他怎么不吃，袁说吃不下。孙立人马上意识到了什么，让那伙夫站起来了。饭后，孙立人对袁子琳说他绝对没有军阀习气，只不过一时气急，又说："你以后凡是发觉我有任何处置不当的事，不要怕，尽管说好了，我会改的。"孙立人对全团所有的士兵都能直呼其名。他在全团大会上自豪地说："全团班长下士以上的，白天在一百公尺里，夜间只要有一点点月光，三十公尺之内，人向前走，我在后面一看，都可以直接喊出他的名字来！"

正是由于孙立人坚持去虚伪、去骄惰、重方法、求进步，要求每一个部队成员在日常生活中随时保持军人仪态，以内务整理来养成军人素质，以各种文化娱乐活动来解除训练疲劳，因此，税警第四团成了有强大战斗力的钢铁部队。

孙立人在海州练兵，蒋介石则从南京出发，乘军舰前往武汉视察，6月18日折回庐山，下榻于"美庐"。庐山"美庐"原为英国医生巴蕾女士1922年出资所建，由主楼和附楼两部分组成，面积966平方米，精巧而又宽敞。进口处为宽大凉台，庭园面积4928平方米，石墙相围，内有泉水淙淙而过。右侧有一株国内最大的金钱松，高十余丈，枝繁叶茂，美国凌霄花缘壁而上。巴蕾女士与宋美龄友好，1930年她将此楼相赠，宋美龄十分喜爱，将原门号13改为12B。蒋介石也非常喜欢，亲自手书"美庐"二字。他自信懂风水，曾在远处端详过美庐位置，见楼后大月山状如藤椅的靠背，此楼居靠背之中，可谓有靠山。

这次蒋介石奔靠山而来，是在庐山开豫、鄂、皖、湘、赣五省"清剿"会议。会上，蒋介石抛出了新法宝，即"三分军事，七分政治"的"剿共"方针，决定以主力进攻鄂豫皖苏区。6月下旬，蒋介石驾临武汉，成立"巢匪总部"，蒋自任总司令，大手笔地调集了63万兵力向各苏区发动第四次"围剿"。蒋介石宣称："这次'围剿'的成败，是国家生死存亡的关键"，"不能成功，誓当成仁。"

在蒋介石集中精力，在"剿共"线上跑来奔去的时候，日军也未闲着。1933年

蒋介石的德国军事顾问塞克特

1月1日，日军向山海关进攻，3日攻陷山海关及临榆县，然后向热河进犯。面对日军新的挑衅，蒋介石内心不愿派兵北上，但又碍于全国人民抗日的呼声，遂派宋子文、何应钦赴北平商讨热河防务问题。

2月11日，宋子文以代理行政院院长的身份与军政部长何应钦、外交

日军进犯热河

部长罗文干抵达北平。宋子文与蒋介石不同，他力主武装抵抗。蒋介石对张学良不满，不打算派中央军北上。宋子文与张学良协商后，却电蒋："弟意政府应以全力对付热河，兄可否出两师为总预备队？"宋子文对蒋介石太了解了，他预计蒋介石可能拒绝，便建议调财政部税警团北上，"汉卿请求税警团加入，弟意如中央军一时不能北来，可否开税警一、二、三团来平，四、五团留海州一带？"并要蒋于热河发生战争时，"务须放去一切，北平一行"。蒋介石断然拒绝了，他不想发兵，也不想亲临北平，他只给宋子文发了一封电报，上称："中央部队如北上为预备队恐友军多虑，以汉卿前嘱伯诚电中，如中央军不加入前不如不来之语。此果为何人之意？其电中并未详明，故未开战以前，中央军不如缓上，如有必要，则可先派税警队北进也。"宋子文无奈，只好电税警团一部北上。

家族与政治联姻的组合。前排左起：宋美龄、母亲倪桂珍、宋霭龄；
后排左起：宋子良、蒋介石、孔祥熙、宋子安

海州的孙立人闻知此讯后，大为兴奋，他觉得抗日的机会来了，他急忙去总队询问，才得知宋子文要一、二、三团北上，四、五团仍留海州。孙立人只得压下求战之心，等待新的命令。新的北上命令未来，走到一半的税警团一、三、三团却为蒋介石一纸电报截了回来。

尽管这样宋子文仍是乐观的，他估计热河可支持3个月，然而宋子文21日离开北平南返，3月4日，日军仅以128人就侵占承德。张学良捶胸顿足，全国舆论大哗。6日，蒋介石由南昌飞汉口，然后乘车北上。

为了让张学良做替罪羊，也乘此取得对华北的指挥权，蒋介石于3月9日北上，经石家庄抵保定召见张学良，以"同舟共命，先下一人，免同遭灭顶"为由，使张学良被迫引咎辞职。蒋一面用好言安慰张，一面逼张于次日即飞上海，免得夜长梦多，横生枝节。并要张学良飞抵上海后，立即出洋"治病"。当晚，胡适也向张学良施加压力，将他和丁文江准备发表的《全国震惊以后》《给张学良将军一封公开的信》两篇文章的原稿送交张，并附一信，促张"毅然自责求去，从容交卸，使闾阎不惊，队伍不乱，华北全部交中央负责，如此则尚有自赎之功，尚有可以自解于国人世人之道。"11日，张学良发表下野通电，略谓："此次蒋公北七来，会商之下，益觉余今日引咎辞职，即所以效忠党国，巩固中央之最善方法，故毅然下野，以谢国人。"12日，国民政府明令公布准张学良辞去本兼各职。张遂于当日上午偕秘书飞沪。

4月中旬，曾经赫赫有名、统帅20余万东北军的"少帅"张学良，带着满腹悲凉和惆怅，以"出国考察"的名义，远行欧洲。

张学良下野后，蒋介石任命何应钦为北平军分会代理委员长，随后又派亲日派黄郛为北平政务整理委员会委员长，以贯彻其对日妥协的方针。

张学良自愿当了替罪羊，蒋介石可舒了一口气。有张学良当替罪羊，蒋介石不仅未翻船，反而又可以继续掌舵了。他是决心把这条大船驶向"剿共"成功的彼岸。4月中旬，蒋介石特派宋子文赴美，开始了长达4个月的欧美之行，谋求英美等国的财政经济与政治的援助。5月，蒋介石又再到江西，成立军事委员会委员长南昌行营，召开"剿匪"会议，重申"三分军事，七分政治"的"剿共"方针。

　　6月，蒋介石再上庐山，住在美庐。6月的夏天，气候十分燥热，美庐四周的树上，蝉声特别响亮。蒋介石已有好几天没睡好午觉了，他一会儿站在巨大的军事地图前凝思，一会儿在卧式藤椅上假寐。2月份第四次"围剿"的惨败，不能不令他震惊。连日来，他在美庐七次召见党政军要人，广泛听取意见，经过几天苦思，他决定办一大型军官谢练团，地址设在庐山北麓的海会寺一带。25日，中国国民党赣粤闽湘鄂北路"剿匪"军军官训练团（庐山军官训练团）正式设立。7月18日，第一期开学，蒋介石亲自训话，老调重弹。军训团从7月18日开始，到9月18日第6期结束，共有7598名军官受训，其中开除4人，潜逃1人。每期受训结束，蒋介石均要与受训军官合影，并赠"军人魂"短剑一把。"军人魂"短剑，是蒋介石令人特制的，剑身只有一尺多长，剑鞘是铜质的，刻有花纹，泛着黄澄澄的光泽，好似镀金的。在剑鞘上，一面刻着"军人魂"三个字，一面刻着"蒋中正赠"4个字，剑柄上刻着"不成功，便成仁"6个字，短剑像匕首一样，寒光闪闪。蒋介石不送文官，不送洋人，不作为礼品，只赠军人，鼓励军人不怕牺牲，忠诚领袖。

蒋介石部署重兵"围剿"红军

　　把"军人魂"短剑发完了，蒋介石觉得准备也充分了。9月，蒋介石调动了100万军队，200架飞机，向革命根据地发动了第五次"围剿"。蒋介石拟定以主力进攻中央根据地。其兵力分为北路军、西路军、南路军。北路军委顾祝同为总司令，蒋鼎文为前敌总指挥，下辖第一、二、三路军。第一路军以顾祝同为总指挥，统帅四师一旅，驻宜黄、乐安、永丰一带。第二路军以蒋鼎文为总指挥，辖两个纵队，六个步兵师，驻金溪、藤桥、崇仁一带。第三路军以陈诚为总指挥，统帅三个纵队一个守备队，计十八个步兵师及一个补充旅，为"进剿"主力，集结于南城、南丰、硝石、黎川人一带。西路军总司令何键，南路军总司令陈济棠。

当时的中共中央，"左"倾领导者实行冒险主义的错误指导，过分夸大自己的力量，低估敌人的力量，提出御敌于国门之外，保卫与扩大苏区。红军的三大任务被缩小成单纯打仗一项，不适当地要求正规化、阵地战，要求全线出击，两个拳头打人。1933 年 7 月至 8 月，中央主力红军第一、三军团分兵作战，红一军团在永丰、乐安、宜黄一带作战时，没有找到战机，倒打了一些硬仗。

蒋介石虽取得一些战果，但他并不痛快。他这几天总觉得德国总顾问佛采尔不顺眼，总想换掉他。佛采尔也对蒋介石大为光火，他的"剿共"计划未被蒋介石采用，"整个夏季辛辛苦苦的工作，未被重视"。蒋介石表面上不说什么，暗地里却授意朱家骅邀请佛采尔的老上司赛克特来华。1933 年 5 月 8 日，赛克特以私人名义来华，受到隆重款待。汉斯·冯·赛克特，德国陆军上将，曾任德国国防军参谋长、总司令。他因在第一次世界大战德国战败后保留并整顿德国陆军，而被誉为"国防军之父"，与毛奇、希里芬齐名。第二次世界大战中德国高级将领隆美尔、波克等，均是当时他的中下级军官。

蒋介石对赛克特来华极为重视，22 日，蒋介石特派军舰一艘，将赛克特接到庐山，并请赛任他的军事、政治、经济总顾问，赛婉言谢绝，之后于 6 月赴华北考察国民党军队。蒋介石并不甘心，一再邀请，7 月底，赛克特带着国民政府赠送的大量礼品刚回到国内，蒋介石的邀请信就到了。经再三考虑，11 月赛克特致电蒋介石，表示接受邀请，并称最早于 1934 年 4 月来华，蒋介石总算了却了心愿。

然而一波未平，一波又起。蒋介石、宋子文这一对郎舅却又闹起了窝里斗。1933 年 8 月 12 日，宋子文在美国获棉麦借款后回国，29 日抵上海。宋子文从美国回来后，发现财政状况如此糟糕，对孔祥熙十分恼怒，对蒋介石更是极为生气。

绅士风度十足的宋子文早就不喜欢呆板的蒋介石，也不赞同蒋介石的一部分政治主张。当年蒋介石在南昌挑起"迁都之争"时，宋子文就追随二姐宋庆龄站在武汉政府一面，严厉谴责了蒋介石。1932年"一·二八事变"后，宋子文力主抗日，认为抗日比"剿共"更重要，反对蒋介石将十九路军调去"剿共"，宋子文声称："把十九路军调走的做法在上海金融界不得人心。"但蒋介石一意孤行，坚持采用"攘外必先安内"的政策，宋子文见此情形，乃于1932年6月4日向蒋介石提出辞职。

这时，孔祥熙自1932年3月13日启程赴欧美未归，蒋介石又感到宋子文筹款有方，再三加以挽留，结果，他们互相作了妥协。宋子文同意担任财政部长，蒋介石则许诺提升宋子文为行政院院长。不久，宋子文发现被蒋介石骗了，他为支付抗日军费而发行的公债，受到蒋介石的阻挠，汪精卫也代之坐上了行政院院长的宝座。宋子文心灰意冷，辞去了中央银行总裁职务。1933年3月，孔祥熙回国，4月接替宋子文任中央银行总裁。孔祥熙按照蒋介石的旨意，大印钞票，仅4个月，已透支6000多万元，这笔钱大多用在"剿共"上。

宋子文觉得"当财政部长，跟给蒋介石当一条狗，没什么两样"，他不甘心当一条狗，就急匆匆地去找蒋介石，想劝他应该首先抗日。蒋介石这边也对宋子文大为不满。何应钦曾把一封密电转给蒋介石，蒋介石一看内容，是宋子文、张学良商量扩充财政部税警团事。原来这是宋子文给张学良密电，为何应钦手下译电员截译出来。蒋介石看后大怒，决定撤宋子文的职。

正巧，宋子文来谈抗日事情，劝蒋介石不要急于"剿共"，蒋介石正无好气，双方遂激烈争吵。蒋介石一气之下，挥起手，打了宋子文一记耳光。宋子文这回真的不干了，10月28日，宋子文宣布辞去财政部长和行政院副院长职。

财政部长继任人选尚未定妥，政学系知道了这件事，就立即活动，蒋介石遂有以张群继宋子文为财政部长的意思。政学系首先在《申报》发表这个消息，但这事也被陈果夫、陈立夫所知道，二陈连夜在南京常府街仁德堂印刷所里面陈果夫住宅中开会。会后，陈果夫把一封信叫陈寿松送到上海，转交给宋霭龄。

宋霭龄接信后到南京，去见蒋介石。宋霭龄以内亲关系去见蒋介石，可以不用会客手续。蒋介石一见宋霭龄就发怒，说宋子文要搞武力。宋霭龄等蒋说完，即说："子文究竟是自己人，我想事情实在不实在，要防一着，人家离间计要留神。我看叫子文下来也很好，换哪一个要慎重一点，万一不听你的话，会发生问题，后悔也来不及了。"蒋介石一听宋霭龄的话，态度有些犹豫，气也平下去不少，就问："庸之为什么不来？"宋霭龄趁势说："明天来。"蒋介石说："庸之来了，请他来谈谈。"宋霭龄回家后转告孔祥熙，孔祥熙即第二天见蒋。蒋介石、孔祥熙一见面，蒋就对孔说："请不计一切艰难，务须接受新命，并且早日就职，以稳定政局。"孔祥熙遂接受蒋介石的任命，于1933年11月初先后就任财政部长和行政院副院长。

孔祥熙深明受蒋介石重用的奥妙，决心不惜一切代价，为蒋介石"剿共"提供充足的财政保证。11月，孔祥熙发表就职演说："保证尽最大努力筹集所需经费，平衡预算固然重要，但'剿共'作战的胜利比保持预算平衡更重要。"在这一方针下，1933年，每月财政赤字将近1200万元。

从维护蒋、孔、宋大家族的利益出发，孔祥熙同蒋介石进行长期讨论，谋求改善蒋、宋关系，最后达成协议，宋子文继续当他的私人金融家，蒋介石、孔祥熙有事可以找他商量。

宋子文去职后，蒋介石下令由中央接收税警总团，并以黄杰接替温应星为总团长。蒋介石还下令将孙立人第四团调到苏州阊门外营房再加训练，然后分驻常州、无锡、江阴要塞等地担任护路机动部队。

此时，孙立人内心矛盾。蒋、宋对他有恩，他不愿蒋、宋有裂痕，但他人微言轻，无法弥合，因而甚感痛苦。正好苏北有股匪张志高部到处作乱，在盐城、益林一带抢劫，绑架富商地主之子女数百人到处流窜。孙立人为锻炼部队实战能力，特派第二营营长唐守治率一加强营配炮兵，由镇江乘船过扬州，到泰州尾随张匪之后，加紧追剿。历时20余天，总算在涟水县的王二庄上遭遇。激战竟日，始将该匪全歼，并解救被绑人质，深获当地民众好评。

此时，蒋介石见日军对长城各口威胁甚大，有意调税警四团北上支援，准备由津浦路经山东北上，谁知被山东省主席韩复榘获悉。韩复榘恐蒋介石居心不良，即积极准备，蓄意拦截税警四团。蒋介石得知情报后，遂改变计划，将孙立人税警四团改调江西"剿共"。

孙立人接令后，内心不快，原想北上抗日御侮，没想到反赴内战前线。孙立人率四团由长江船运至九江登岸，归北路军指挥。先在永丰参战，打了小胜仗，并遵令打通通往龙冈之交通线。稍后移驻七琴整顿，突被红军以数倍兵力包围攻击达 40 余天。孙立人率部利用地形火力优势顽抗，待援军到后始解围。这一仗使孙立人对红军的战斗力有了深刻的了解，觉得红军不可轻视。

1933 年 10 月，中央苏区也来了一位德国客人，名叫奥托·布劳恩。中文名字李德。他生于 1900 年，青年时期参加创建巴伐利亚苏维埃共和国和德国中部起义，1926 年被捕，1928 年越狱逃往苏联，1932 年春由莫斯科伏龙芝军事学院毕业后被共产国际派往中国，担任中国共产党的军事顾问。进入中央苏区后，由于李德执行王明"左"倾教条主义，因而备受"左"倾领导人的青睐。当时中共中央负责人博古对他言听计从，委以重任，李德实际上成了红军总司令。在第五次反"围剿"中，他坚持以集中对集中，以堡垒对堡垒，搞短促突击，结果造成 1934 年 4 月广昌失守。

1934 年 9 月，在博古、李德等"左"倾冒险主义错误指挥下，中央苏区反"围剿"形势不断恶化，红军处境更难，不仅粮食、弹药缺乏，部队内部思想也较混乱。对此中央军委参谋长刘伯承忧心如焚，公开向李德建议："必须尽快改变目前情况，否则我们将会变成千古罪人。"可李德不听，反斥责刘伯承说："白进过伏龙芝军事学院，战术水平还不如一个参谋，还当什么总参谋长？"

红军这边遭受挫折，蒋介石那边自然高兴。他为了检查和提高国民党军的军事水平，以便更好"剿共"，便在南昌举行 48 个单位参加的射击总比赛，孙立人也率队参加了。由于税警团平时训练有方，因而在比赛中获总分第一。孙立人的第四团更大出风头，在个人单项前十名中，孙立人的第四团占了七名，蒋介石大为赞赏，也更具"剿共"胜利的信心。

10 月，中央根据地的兴国、宁都、石城一线相继失陷，红军第五次反"围剿"失利，中共中央领导人博古、军事顾问李德等决定中央红军主力撤离中央根据地，突围转移，于是红一方面军的第一、三、五、八、九军团连同后方机关共八万多人，从福建长汀、宁化、江西瑞金、于都等地出发，向红二、六军团所在地湘西进军，开始了二万五千里长征。

蒋介石闻知红军突围而走，连忙组织各军追堵红军。11 月，蒋介石制订"追剿"计划："分途'围剿'，各个击破。"并调 28 个师，4 个旅，7 个团组成"追剿"军，如影相随。12 月 16 日红军进入贵州省，1935 年 1 月 7 日克遵义。2 月 28 日，红军二渡赤水再占遵义。蒋介石急忙于 3 月 24 日抵贵阳，红军虚晃一枪，4 月 29 日入滇省。蒋介石急忙于 5 月 2 日飞昆明，并亲自乘飞机到大渡河上空；空投手令指挥军事。9 日，红军渡金沙江北上，25 日，渡大渡河，29 日，克天险泸定桥，6 月 8 日，攻克懋功，12 日，红一、四方面军会师，26 日，开始北进川陕甘根据地。7 月 8 日，红军到达毛尔盖。8 月中共中央及右路军到达巴西，9 月初到达俄界。10 月 19 日，红军长征到达了黄土高原上一座尘土飞扬的小镇——吴起。据说吴起镇是为纪念中国古代名将吴起的功绩而得名的小镇。但除了一条小河和一些古老的颓墙废址、残破不堪的窑洞外，并看不到什么足以纪念的古迹。几十户人家都住在街外靠山边的窑洞里，因为误把红军当作是国民党的军队，所以人们都逃到附近的山里，镇上只剩下几个年迈的老人。

当人们得知到来的队伍是毛泽东、朱德率领的红军之后，全村的男女老幼在当地共产党支部书记和苏维埃政府主席的带领下都回来了。整个村镇充满了欢声笑语，到处一派喜气洋洋的景象。

终于到家了。北面是万里长城，南面是黄帝的陵墓。就在黄河之滨的这块黄土高原之上，在这块中华民族发祥的土地之上，红军终于找到了自己的家。

从跨过于都河算起，中央红军用了 367 天的时间，走过了江西、福建、广西、湖南、贵州、云南、四川、西康、甘肃、陕西共 11 个省的土地，行程两万五千余里，这是一次名副其实、前所未有的人类历史上的长征。

在长征途中，每天天上几十架飞机侦察轰炸，地上几十万大军围追堵截，路上遇到了说不尽的艰难险阻，中央红军由长征出发时的八万七千余人只剩下不到 1 万人。但是，红军像经过了一场暴风雨洗礼的大树一样，虽然失去了一些树叶，但保存了树身和树根。中共中央和中央红军到达陕北后不到两个月的时间，在军事上粉碎了敌人的第三次"围剿"；在政治上妥善处理了内部的错误"肃反"，使陕北苏区安然渡过了危机，使党和红军终于有了一个相对安定和稳固的根据地，为把中国革命的大本营放在西北，奠定了一个坚实的基础。

蒋介石总是后悔，为什么就晚一步，否则早就消灭红军了。他感叹："六载含辛茹苦，未竟全功。"

1935 年面对空前的民族危机，国共两党都在调整自己的政策。追溯第二次国共合作的真正酝酿，应从 1935 年中国共产党发表的《八一宣言》开始。

在 20 世纪 30 年代，国际形势发生了激烈的变动。世界的上空正出现一片令人忧虑和恐怖的乌云。

日本帝国主义不断加强对中国的侵略，德国希特勒法西斯主义分子上台，东西方法西斯势力的崛起和猖獗，使全世界面临着新的世界大战的威胁。法西斯主义给世界带来了巨大灾难，给人类文明造成了空前浩劫。

与此同时，共产国际关于整个地反对和打击"中间势力"的"左"倾政策，也在各国共产党中遭到了挫折和失败。这种形势就促使共产国际必须改变自己的政策。

1935 年 7 月 25 日至 8 月 20 日，共产国际在莫斯科召开了具有最大影响的第七次代表大会，这也是共产国际历史上最后的一次代表大会。

这次代表大会的主要任务是制定反法西斯斗争的策略方针。

蒋介石觉得他确实苦，为了"剿共"，他对日寇百般隐忍求和。

1935 年，"国家将亡"的景象如同沉重的阴霾，笼罩着华北大地，吞噬整个中国。

华北是中华民族的摇篮，它包括当时的山西、河北、山东、察哈尔、绥远 5 省和北平、天津两大城市。

这里物产丰富，战略地位极为重要。且纺织、面粉、火柴、造纸等工业比较发达，是中国工业的重要市场，在当时全国经济中占有相当重要的地位。在矿产方面，煤、铁储量极为丰富。当时，全国煤产量不过 2800 万吨，而 5 省每年产量大致在 1300 万吨左右。农产品方面，河北棉花和山东小麦的产量，均为全国之冠。交通运输方面，当时全国国有铁路实有长度 13017

公里，其中华北5省境内4631公里，占总长度的35%；海运方面，天津、秦皇岛、青岛、烟台等地，为5省对内对外贸易的重要进出港口。5省的经济活动，在南京国民政府的财政收入中，占有相当重要地位。据统计，1932年至1935年，华北关税收入，每年在全国海关收入中占22%以上；盐税收入占全国盐税总收入的20%以上；统税收入也是很可观的。

日本帝国主义对华北的丰富资源和市场，早就垂涎欲滴。为实现其独占中国的迷梦，在侵占东北后，便把魔爪伸向了华北，企图占领全中国。

蒋介石对日一再妥协，委曲求全，一连串答应了《塘沽协定》《何梅协定》《秦土协定》三个协定。日本天皇对此很高兴，夸奖了蒋介石、汪精卫一番，对两人苦心深表敬佩。蒋介石不觉难为情，反觉得意。6月30日，蒋介石在日记中写道："倭王昭和，当蒋作宾呈递国书时，特提出此次华北事变，实对不住。"实际上日本想的就是要对不住中国。10月7日，日本外相广田提出对华三原则，21日，蒋大使同意了三原则。

11月26日，南京政府为防止华北局势进一步恶化，对日本方面再次表示退让，撤销了北平军分会，改设冀察绥靖公署，派宋哲元为主任。随后，为适应日军关于"华北政权特殊化"的要求，蒋介石竟无耻地表示"考虑日本利益，作适当的妥协让步"，下令成立"冀察政务委员会"，指派宋哲元为委员长，并由日本方面推荐的汉奸王揖唐、王克敏、齐燮元、曹汝霖等人为委员，并准备于1935年12月在北平正式成立。这个"冀察政务委员会"，虽然没有公开挂出"自治"的招牌，但实际却已把冀察两省置于中国行政区域之外，成为变相的"自治"。

设立冀察政务委员会，本来就是个妥协方案，是南京政府既不愿完全放弃华北主权，又不得不向日本做出一定让步的方案。也是南京政府为保持自己的"体面"和慑于人民的压力，不敢将华北五省全部公开出卖，采取的折中方案。日方虽然同意在华北设立冀察政务委员会，但又竭力企图将之纳入日本"分离华北"的轨道。12月5日，日军派出15架飞机在北平超低空飞行，并投下大批由殷汝耕署名的要求响应"自治"的传单。同一天，又鼓动一批汉奸流氓到中南海新华门请愿滋事，要求实行"自治"。这些迹象表明，日本一定要使即将成立的"冀察政务委员会"成为适合他们胃口的"特殊化"

政权组织。华北很快就要变成第二个"满洲国"。至此,华北危机已到达了顶点。

华北的局势,使每个有民族情感的中国人都感到:亡国之祸已迫在眉睫!

百年来的民族积怨压得太紧、压得太实,也压得太难受!

当时的中国人所追求的,不是吃饱穿暖,而是不当亡国奴。

抗日情绪,激荡于中国万里江山。《流亡三部曲》,唱得东北同胞伤情落泪;今天的《国歌》,当年的《义勇军进行曲》,唱得爱国民众热血沸腾。中国人民要用自己的血肉之躯,筑成捍卫民族独立的新的长城。抗击日本帝国主义的侵略,已汇成时代的最强音。

"中华民族到了最危险的时候,每个人被迫着发出最后的吼声!"

是战,是和?政治家、军事家频频亮相,纵横捭阖,国人拭目以待。

1935 年 11 月,国民党召开了第五届全国代表大会。有人认为,这是国民党对内对外政策的转折点。但起码说,国民党逐渐被日本逼上绝路,不得不调整对日政策。与此相关,对内政策的变化也露出端倪。

国民党五全大会的召开,以及南京政府的改组,在国际舆论中引起了较大反响。

国民党五大后,在整个人事安排中,十分明显地排除了带有亲日色彩的人选,汪精卫派不仅在五全大会中委选举中遭遇惨败,在新中央和政府中也只剩下一个顾孟余。社会上以及整个党内,几乎都把《塘沽协定》以来对日交涉的失败,算在了汪精卫等人的头上。

与此相比,蒋介石的地位这时却得到了空前的提高和巩固。社会上对蒋的赞誉越来越多。王芸生在参观了庐山军官训练团并与蒋介石谈话后,公开称赞蒋是贤明的领袖。胡适不满国民党专制体制,这时却也对蒋称颂备至,声称"蒋先生在今确有做一国领袖的资格"。蒋介石地位的巩固,除了他在军事上已无对手和几年来南征北战推进了国家统一之外,也与他对日本入侵越来越强硬的态度,得到了国民党内多数人的认可和拥护有关。

国民党五大前后,在抗日方面也做了一些准备。

首先,在经济方面,由政府推动国家币制改革以增加政府的财政收入,为抗战在财力和物质上做一定的准备。五大后，国民党即开展筹划建设国防经济，并在五届一中全会上通过了建设经济的原则，共计 28 条。自鸦片战争后，由于外国资本主义势力侵入、帝国主义在中国长期分裂统治和大小军阀的封建割据等因素的影响，中国长期以来的货币制度复杂而无法统一。当时的中国，从中央到地方各省，从帝国主义在华设置的银行机构到私人大企业家设置的金融机构，都在不同程度上享有发行货币的权利。直到 20 世纪 30 年代初，通货之中不但有纸币，还有银圆和银两，这种情况导致了货币市场的混乱。尤其自 20 世纪 30 年代世界经济危机后，中国白银外流现象加剧，种种新发经济乱局，迫使南京政府在币制制度方面改弦更张，谋求新的出路。1935 年，在英国的协助下，南京政府开始币制改革。其内容包括：宣布白银归国有，集中国家货币发行权以及确定新颁货币法币的对外汇率等。南京政府的币制改革，结束了当时南京政府在货币政策上的严重困难局面，改变了混乱的国内货币市场，是民国历史乃至中国历史上的一次重要改革，它对中国政局的稳定和为后来抗战打下的经济基础影响巨大。

其次，在国防工事和交通方面，加紧构筑国防工事，完善修筑全国交通网络。交通运输对于一个国家在任何时候的意义都十分明显，尤其在战时，它的战略地位更加举足轻重，所以国民政府划拨大量款项支持国家交通的发展和国防的修建。国防工事的修建分内陆地区与沿海地区两部分，国民党政府计划以南京为中心，形成一个维护中央的完整的防御战略体系。海防方面，政府不断对沿海及长江各要塞进行修整，加强了马尾、虎门、镇江、厦门、连云港、南京、宁波、江阴、南通等处的江防、海防工事；内陆方面，国民政府计划将全国划分出 10 个战区以修筑国防工事。同时，为了适应国防建设的需要，国民党也十分重视交通的建设，1935 年，国民党政府为了各省货运流畅，提出要改善和发展各省、区、县之间的道路交通，改善水路和陆路货运，"力谋货物流通之便利"，规定交通运输要使其能够"适合经济建设及国际形势之需要"[①]。国民党在交通方面的战前准备，在铁路和公路方面表现得尤为突出。截止到抗战前，国民政府已有公路达 10.95 万公里，

---

① 张其昀：《中国国民党党史概要》第 2 册，台湾：出版社不详，1979 年版，第 762 页。

中国兴建铁路约 1.3 万公里 [①]，虽然仍有部分国防工事和交通尚未完成，但初步的全国公路和铁路网络在当时业以形成。

再次，军事方面，扩充军备，加强国家军队建设。为了应付随时可能爆发的中日战争，国民政府在海、陆、空三面并举加强国家军队实力。在海军方面，从国外购造舰艇以增强海军力量。国民政府先是购买和建造了"平海""宁海"两艘较新的巡洋舰，建造了 10 艘"宁"字号炮艇。同时，对原有的船舰如"中山""建威""建安"等舰进行改造，后又从英国和德国购回鱼雷快艇 15 艘。到抗战前夕，中国海军已拥有总吨位在 6 万吨左右百余艘的大小舰艇。在陆军方面，国民党对陆军实施整编，至 1936 年底，共调整了 20 个师，称为"调整师"，并预计以后两年内调整 40 个师级部队，以作"国防之基干"；同期，国民党当局决定整理出 60 个补充装备，使各个师级单位编制整齐划一的"整理师"，以作"预备部队，守护地方之用" [②]。到抗战前，中国国民党整理整编的部队约合 170 万人，为中日作战时我方军队积攒了大批有生力量。在空军方面，基于国防意识，国民党采取了以下几点措施：健全航空机构，加强国家领导力量；统一空军编制；修建飞机场和制订分期计划，保证空军建设有效顺利运行。到 1937 年，国民党又在全国划分了 6 个空军区域，并在南京和南昌设立了空军司令部，培养出 700 余名空军技术人员，建设飞机场 300 余个。国民党当局对中国军队的改编和整理，有效加强了国家的军队实力，提升了整体的战斗力，虽然除陆军外，空军和海军的建设成就有限，但当时国民党在建设国家、进行国家防卫方面，的确做出了自己的努力。

最后，在对日作战的战略构想方面，国民政府军事委员会在 1937 年初绘制了一份作战计划，设想了中日交战的三处战场，分别是华北地区、长江角洲地区和华南沿海地区。事实上，早在 1935 年和 1936 年，国民党政府军事委员会对日作战的国防计划和战场就有过预想，即根据形势需要对全国作

---

① 张嘉璈：《中国铁道建设》，北京：商务印书馆，1946 年版，第 95~97 页；吴相湘：第二次中日战争史［M］. 台北：台北综合月刊社，1973 年版，第 296~297 页。

② 秦孝仪：《中华民国重要史料初编——对日抗战时期》绪编（3），台北：中国国民党中央委员会党史委员会，1981 年版，第 375~376 页。

战准备进行划分大区。在制订防卫大纲和计划的同时，蒋介石还进一步推动国内文化宣传和经济建设运动。基于对当时世界局势的估计，蒋介石认为，中日全面战争的爆发和第二次世界大战不可避免，而其留给中国抗战准备的时间也十分有限。因此，他大力推动国民政府积极进行抗战准备，甚或亲自发起新生活运动、国民经济建设运动，来加强对抗日战争的经济和文化准备，为这两项措施在这一时期的进一步加强，为抗日战争时期加强国家民族力量，团结国内爱国团体，蓄积经济储备力量都起到了一定的积极影响。

尽管如此，南京国民政府的抗日准备，成效并不显著。在170余万人的常规军中，各部队系统、装备素质、编制各不统一，难以相互配合协同作战。一方面是因为长期以来国民党政府并未放弃其"安内"政策，仍然用主要精力"剿共"。直至西安事变和平解决后，国民党政府和蒋介石才被迫改弦更张，基本上停止了内战，国民政府的"安内"政策造成连年内战，军费浩繁，内外债沉重，从某种程度而言，它消耗了国力，迟滞了全面抗战准备的发展与顺利进行，使国防建设受到极大的限制，已定的国防计划难以实施；另一方面是中国经济力量薄弱，工业技术落后，无法适应现代战争的需要。中国自近代以来，一直饱受西方帝国主义的欺凌和压迫，政治上丧失主权，经济上受到剥削，军事上受到限制，政治地位的低下和国防实力上的落后，促使中国当时更多地依赖外国的援助，而缺乏真正的技术上的进步，再有在当时的各种因素影响下，中国仅靠制定出来的这些单纯防守的战略方针政策，是很难对抗日军对中国发动带有长期计划性的海、陆、空全面进攻的。因而，在日本帝国主义加快发动全面侵华战争步伐的情况下，中国难以在短时期内从根本上扭转被动的局面，这无疑增加了中国抗日哉争的艰苦性和曲折性。

1935年12月9日，北平学生上街游行，要求蒋介石停止内战，一致抗日。从此抗日救亡运动席卷全国。

1934年11月孙立人带着因"剿共"有功嘉奖记功一次的荣誉率部回到海州，继续练兵，并修筑淮海及连云港一带国防工事，以备来日大战。孙立人觉得政府不应对日本太软弱。

令孙立人未想到的是，1936年9月又奉令率税警四团前往浙江"剿共"。孙立人虽对蒋介石的对外政策不满，但还是忠实于蒋的。在浙江，他"剿共"

比较卖力，又获蒋介石嘉奖一次。

孙立人外表不苟言笑，内心却宽厚、仁爱。战场上是虎将，平素却细心。一天早上，孙立人在五夫营房楼上看见操场上有一只大狗追小狗，小狗吓得拼命向前跑，大狗好像累了，不想追了，而这时第九连少尉排长李广才，指挥那条大狗继续追小狗。孙立人在楼上看得清楚，于是就把李广才找来，问他为什么帮大狗追小狗，是什么意思。李不言语，孙立人逼着他讲，并要他尽管讲，没有关系，李还是不讲。孙立人说："你们连长保你升中尉的公事已经到了团部了，好啦，我罚你三个月不准晋级。"当天下午降旗的时候，孙立人对全团官兵训话，指责李广才不该帮大狗追小狗，应扶助弱者，帮助小狗才是。

蒋介石认为他自己是领袖，领袖就该和常人不同，领袖有领袖的思维方式和行为习惯，常人理解不了领袖。10月22日，蒋介石飞抵西安，先抵华山观景，颇有悠闲之态。两天后宣布"剿共"计划。29日到洛阳，祝其50大寿，会上发表《报国与思亲》演说，称："瞻看前途多难。"

西安事变前夕的蒋介石与张学良合影

在洛阳，蒋介石听取了特务报告，得知张学良自1935年1月东北军一〇九师被歼后，其"剿共"态度转变，1936年1月中共发表《致东北军全体将士书》又影响了他。3月张学良到洛川会见李克农，4月在肤施会见周恩来，达成东北军与红军停战抗日协议。蒋介石觉得东北军、西北军军心不稳，"剿共"动摇，影响大局，只有自己出马方能镇住，于是决定西安一行。12月4日，蒋介石飞西安，住东郊临潼县骊山下华清池五间厅，随后蒋介石的军政大员、嫡系部队也源源而来。

海州的孙立人已感到中国政局甚危，华北日军虎视眈眈，西北内战又起。国防本已空虚，内战更消耗国力。他觉得中华民族危矣！这几日，他愁眉不展，茶饭不思。不知不觉，12月12日来临，一个重大的消息震惊了孙立人：

蒋介石在西安被扣，张学良通电全国，提出了著名的八大主张。南京政府陷入一片混乱，力主讨伐的何应钦一派开始占了优势。16日，国民党中央政治会议决议推何应钦为讨逆总司令，由国民政府下令讨伐张学良。何应钦立即派大批军队赴潼关。

西安事变不是一个偶然事件，它是20世纪30年代中国现代历史发展的必然产物。

导致西安事变爆发的根本原因，周恩来1946年在延安纪念西安事变10周年大会上说："'九一八'事变以后，人民已日渐不满于国民党当局的对日不抵抗政策，尤其在中国共产党领导人民武装北上抗日与号召全国建立抗日民族统一战线之后，全国人民要求停止内战实行抗日的呼声，更因之日益广泛，并影响到当时的'剿共'军队，首先影响到在内战前线的东北军与十七路军。经过'一二·九'学生运动，全国救亡运动，七君子之狱，尤其是中国人民红军完成两万五千里长征转向东渡黄河抗日，全国抗日高潮，必然要走向抗战，大势所趋，人心所向，这已无可阻止。唯独蒋介石先生别具心肠，硬要在日寇进攻绥东之际，拒绝东北军请缨抗战，强迫张学良、杨虎城两将军继续进行内战。但他这种倒行逆施，不仅未能达到目的，反而激起了西安事变。"因此，"历史应该公断：西安事变是蒋介石自己逼成的"。这是对西安事变爆发原因的科学总结。

张学良、杨虎城对蒋介石实行"兵谏"，并非要打倒他、伤害他，而是诚心诚意拥戴他，想把他从误国误民的歧途上拉回来。

张、杨在发动"兵谏"的前几天，在绝对保密的前提下，做了一些必要准备，但行动十分谨慎。

1936年12月12日凌晨4时许，古老的西安城尚被夜色笼罩，在一片阴冷之中，人们还在酣睡。忽然，从临潼华清池方向传来隐约的枪声。紧接着，3颗信号弹从西安城腾空而起，划破夜空，给古城带来一丝光明。霎时，西安城内也枪声四起，偶尔还夹杂着几声炮响。寂静的黑夜被打破了，熟睡的人们也被惊醒了。究竟发生了什么事情？这不仅一般老百姓不知道，就连西安情报系统的特务头子晏道刚也摸不着头脑，还打电话四处询问，直到他自己也被捉起来。

12日上午，东北军统帅张学良和西北军统帅杨虎城，向西安、向南京政府、向全国发出通电，说明了事情的真相和自己的主张。

原来，张学良、杨虎城为了反对蒋介石的内战和对日不抵抗政策，在对蒋介石劝谏无效的情况下，毅然对蒋介石实行了"兵谏"。12日凌晨，按照预先的分工，东北军包围了临潼华清池行辕，本想秘密捉蒋带进城里，但被蒋介石的卫队发现，东北军被迫强攻。蒋介石翻墙逃走，后进行搜山，在骊山北坡的虎畔石缝中搜出了只穿睡衣、光着一只脚、还未戴假牙的蒋介石。西北军同时行动，解除了在西安的所有中央系统的武装，控制了飞机场，包围了京西招待所，扣压了蒋鼎文、朱绍良、陈诚等数10名军政大员。这些要员们惊慌失措，狼狈不堪。25军军长万耀煌被他老婆藏在橱柜内，大名鼎鼎的陈诚躲进空啤酒箱中，弄得满身尘土。这次兵谏行动事先的保密工作做得相当成功，尽管西安的蒋系特务、情报人员多如牛毛，但都未嗅到半点气味。蒋介石本人包括他的那些军政大员，被扣起来时都还蒙在鼓里，不知道发生了什么事情，起初都还以为是红军打进来了。他们做梦都没想到，一场大地震似的西安事变已经发生了。

西安事变发生，蒋介石被扣的消息传出后，整个中国就像煮沸了的大海一样，真可谓是一"石"击起千重浪。

在西安，宣传车在散发兵谏捉蒋的传单和报纸号外，人们在争先恐后抢阅。一队队自动组成的游行队伍在呼喊口号，"拥护张、杨八项主张！""打倒蒋介石！""打倒日本帝国主义！"一批批青年学生，冒着严寒在热烈讲演，市民们在家里端出热茶，为他们润喉驱寒。在东北军和西北军士兵经过的地方，群众自动向他们鼓掌表示敬意。一些爱国商人还免费向这些官兵赠送食品，以示慰问。古城西安，激荡起一股前所未有的热浪。

12月16日，在西安革命公园，由西安各界救亡团体和群众组织发起，召开了庆祝捉蒋胜利和拥护张、杨八项主张的民众大会。张、杨二位将军应邀到会，会场上掌声雷动，欢呼声经久不绝，群众自发地表达了对兵谏行动的赞同和对二位将军的敬意。大会之后，数万群众又举行了横贯全城的游行。这一天，古城的欢腾气氛达到了最高峰。

可是，在一片欢腾的背后，事变后的西安又潜伏着许许多多的不平静。

西安四周，到处是蒋介石部署的重兵；西安城内，国民党的各派人物，有的支持张、杨，有的主张杀蒋，也有的徘徊观望；张、杨部队的情况本身就很复杂，况且蒋介石已做了多年的分化瓦解工作，在此突变情况的刺激下，更有许多新问题发生；南京的特务大量混入，四处破坏；其他各种势力也纷纷聚此活动。西安实际上已经成为各种矛盾集汇的焦点。

在西北的另一块天地，陕北高原上的一条狭长而又曲折的山谷里，面对着洛河，坐落着一个小小的而又古老的城镇，这就是当时中华苏维埃共和国临时首都所在地——保安（今志丹县，从 1936 年 7 月至 1937 年 1 月，中共中央领导机关就驻在这里）。在保安炮楼上的石壁上有一孔窑洞，那是毛泽东居住和办公的地方。1936 年 12 月 12 日凌晨 2 点多，当荒凉的高原仍沉睡在寒夜之中时，这孔窑洞的灯忽然亮了。灯光下，毛泽东披着棉衣，正在急速地扫阅从西安拍来的急电。电报是中共派驻在东北军的代表刘鼎拍来的，他奉张学良之命，将发动西安事变的消息报告中共中央。西安事变的发动，共产党毫不知情，直到兵谏行动前，张学良才通知刘鼎，刘鼎于 2 时 30 分将电报拍发给保安，中共中央才得知这一消息。

张学良兵谏扣蒋的消息，如同平地春雷一样，一下子使这荒僻山谷的小镇沸腾起来。人们在开心地议论着，"赶快把蒋介石送到保安关起来！""保安不要他，就地宰掉算了！""先游街示众，让老百姓看看，然后处决！"……正在前方制订作战方案的刘伯承，听到兵谏捉蒋的消息，一下子跳了起来，手里的铅笔也扔了，作战图也不画了，兴奋地直说"天公有眼，蒋介石也有这一天"。

是的，自从 1927 年"四一二"政变以来，蒋介石屠杀共产党人和革命人民，大打内战，对日妥协，导致国土沦丧，民族危机，可谓天怒人怨。如今，张学良、杨虎城兵谏扣蒋，革命者和人民群众怎么能不兴奋、不快活呢？

12 日下午，在南京斗鸡闸何应钦的家中，一些国民党中央委员聚在一处，七嘴八舌，议论纷纷，莫衷一是。12 日夜 11 时，国民党中央常务委员会召开紧急会议，会议一直开到深夜 3 时。接着，又马上召开中央政治会议。这两个会议做出决定，由孔祥熙以行政副院长代蒋介石长职；由陆军部长何应钦负责指挥部队对张、杨实行讨伐，同时还决定"褫夺张学良一切官职并缉拿严办"。总之，南京政府决定用武力来解决西安事变。而持武力解决主张的主将就是何应钦。

何应钦是南京政府中的"亲日派"，他主张"讨伐"既代表了日本方面希望中国打内战的意愿，也私下有自己的如意算盘。出兵讨伐，如蒋得救，他可获"救蒋第一功"；如蒋死于张、杨之手或乱战之中，他又可凭借手中军权成为"继蒋第一人"，后者的可能性又显然地大于前者。为此，何应钦兴奋得三天未睡觉，紧张地进行讨伐西安的军事部署，中央军开始向西北重地潼关推进，一场大规模的新的内战一触即发。

南京统治集团中的另一派，以宋美龄、宋子文、孔祥熙为首的"亲英美派"，在得知西安事变的消息后，如遇"晴天霹雳，震骇莫名"。宋美龄当时正在上海，作为夫人，不论是去四川、去云南、去贵州、去河南，包括去庐山，她始终陪伴蒋介石，相伴左右。这次到西北，她也一同前往，只因急于回上海开"全国航空建设会"才先行一步，不料却发生了这场天塌地陷般的事变。13日早晨7时，宋美龄就携蒋介石的英籍澳大利亚顾问端纳飞到南京。宋美龄一到南京看到政府一片混乱，人们都异常紧张，国民党中央已做出严办张学良的决定，何应钦正在部署进攻西安。此时，宋美龄对事变的态度是比较冷静的。她比较清楚地看到，这次事变"倘处置失当，即酿成民国以来空前之战祸"。她对何应钦的"不惜玉石俱焚"的"明令讨伐"举措也异常不满。为此，宋美龄与何应钦在国民党中央会议上公开争执，坚决主张"于推进讨伐军事之前，先尽力求委员长之出险"，指斥何应钦"别有用心"。宋美龄当时之所以采取这态度，不仅因为蒋介石是她丈夫，更因为蒋介石是他们这个阶级、这个集团的总代表，蒋介石的生死直接关系到他们的利益。

西安事变发生后，南京方面中断了与西安的联系，消息阻塞。关于西安方面的谣言也越来越多，有的说蒋介石被打断一条腿，有的说蒋介石已是半死不活……为了知道西安方面的具体情况，宋美龄等决定先派人去西安作初步接触，最后物色到端纳和黄仁霖二人。端纳曾是张学良的顾问，后来又做了蒋介石的顾问，蒋、张二人对他都很尊重和信赖。黄仁霖是励志社的总干事，与张学良的友谊也非同一般。经过与西安方面联系，12月14日，二人即飞往西安。

在南京还有一个人闹腾得挺凶，这就是军统特务头子戴笠。戴笠本是蒋介石的心腹，听到西安事变的消息后，他失魂落魄地趴在床上嚎啕大哭。他这既是为蒋介石更是为自己哀嚎，因为蒋的安全直接与他性命攸关。蒋如果死了，他作为军统头目，情报不灵，陷领袖于死地，死命难逃。蒋如果活着回来，他也活罪难受。所以后来宋美龄飞往西安时，他死缠活缠地非跟上不可，想凭出力营救以功补过。

国民党的地方实力派，对西安事变也做出了强烈而又复杂的反应。事变发生后，张学良、杨虎城拍电报或派代表到各地区联络，各地方实力派也纷纷拍电报或派代表到西安活动。由于民族危机的加深和抗日救亡运动的高涨，各地方实力派都有不同程度的抗日要求，他们与蒋介石之间也存在着各种利益上的矛盾。但是，由于此事干系重大，且事关个人利害，他们又不免脚踏两只船，以图自保，既不明确支持张、杨，也不贸然支持蒋介石，观风行胎，看风使舵，以图自保。

河北的宋哲元，拥兵屏障华北，其动态极为重要。张学良对宋哲元寄以希望，在事变当天就电请其亲来或派全权代表到西安共商大事。宋的回电却提出赴西安的两个先决条件：一是要张和共产党分开；二是要保护蒋的安全。可随后宋哲元又致电南京政府，要求"迅速平叛"。

新疆的盛世才，事变前曾向张学良的代表表示过抗日救国的决心，并希望西北各地为此合作。事变发生后，他却于17日发出通电，声明此事与他毫无关系，且绝不赞同。

宁夏的马鸿逵，一向以西北伊斯兰教主自居。张学良到西北后，他曾赠送良骥"盖西北"给张学良。这匹千里马能与火车赛跑，并且比火车跑得还快。事变发生后，马鸿逵从骨子里反对张、杨，支持"亲日派"讨伐，但因他的部队归属张学良节制，他又担心张、杨一旦成事将于己不利，故而一个多星期不敢表态。直到23日，看到蒋介石有被放的可能，才发出拥蒋电文，同时致电张学良，"责令"其放蒋，以向蒋邀宠讨好。

山西的阎锡山，在地方实力派中资格最老，实力也最强。在洛阳为蒋祝寿时，他曾与张学良一起劝谏蒋介石，虽不似张学良那样意志坚决，但在停止内战、联共抗日问题上与张学良的看法有某些一致。他也向张学良表示过：

以后有什么事情，可以互相照应。正因为如此，张学良满心以为阎锡山会同情和支持他，在事变发生后的第二天即致电阎锡山征询他的意见。不料，阎锡山的复电却是满纸官腔，并对张、杨厉言相斥，质问张、杨此举"增加抗战力量乎？抑减少抗战力量乎？""移内战为对外战争乎？抑移对外战争为内战乎？""能保不演成国内之极端残杀乎？""将何以善其后？"并且说对张、杨的兵谏通电和13日的来电"环读再三警痛无似"。这一连串的几个"乎"，兜头给张学良杨虎城泼了一瓢冷水。殊不知，这时的阎锡山有他自己的"小九九"。此时正值绥远抗战之际，日伪军的进攻虽被打退，但其亡绥亡晋之心不死，仍在伺机进攻。阎锡山为保卫自己的地盘，需要国民党中央政府在经济上和军事上给他以支持。如果全国陷入混乱，他以晋绥之力是无法单独对抗日本的。而西安事变采取突然兵谏的方式，本身就具有内乱的潜在可能，如果处理不当，就会演成大规模的内战。他虽然与蒋介石有深刻的矛盾，但环顾国民党内，在蒋介石实力又丝毫未动的情况下，又有谁能出来领导南京政府呢？因此，阎锡山改变了以前对张、杨的态度，让他的秘书长贾景德执笔，发出了那封一连串几个"乎"的电报。

由于阎锡山的资历和实力，加上山西与西安只黄河一线之隔，各方面都在极力争取阎锡山。事变后的第二天，当阎锡山发出拥护南京政府的电报后，孔祥熙立即给阎锡山拍电，对阎大加恭维，并赋予阎以营救蒋介石的全权。之后又连发两电委托阎从中斡旋。张学良、杨虎城虽对阎的回电不满，对他失去联为侧翼的希望，但鉴于以往阎所表示的意见，更为了顾全大局，实现兵谏捉蒋的目的，仍极力争取阎，至少希望他能保持中立。这样一种局面使阎锡山更感身价百倍，他俨然摆出一副调停人的架势，周旋于各方，并借此到处讨价还价，甚至提出把蒋介石由西安接到太原，以期事态朝着有利于自己的方向发展。阎锡山首鼠两端、投机取巧的表演，最典型地表现出地方实力派军阀的嘴脸，这与张学良忠诚爱国、耿耿丹心的坦荡胸怀形成鲜明的对照。

各地方实力派中，也有对张、杨表示支持的。广西的李宗仁、白崇禧一向与蒋介石矛盾很深，西安事变时，李、白就打着抗日的旗帜。蒋介石被扣后，他们明确表示支持张、杨的团结抗战主张，反对"讨伐"西安，提出政治解决事变。李、白的态度虽令张、杨感到欣慰，但他们与西安山高水远，救不得近火。四川的刘湘，听到事变的消息后，认为这是自己在四川重树优势地位，摆脱蒋系势力控制的好机会，故私下对张、杨表示支持。但当张、杨希望他在军事上有所表示时，他却没有了下文。绥远抗战的领导人、绥远省主席傅作义是支持张、杨的抗日主张的。事变发生后，他亲自乘飞机要到西安会见张、杨，只因飞机中途迷失方向没有去成。

西安事变的突然爆发，不仅震撼了全中国，也震动了世界，国际各国也都从自身的立场或各自的利益出发，对事变做出了不同的反应。

穷凶极恶的日本帝国主义，时刻都在窥视着中国政局的动态。西安事变的消息传到日本后，日本内阁和军部连星期天（12月13日）都顾不上休息，频繁地召开会议，研究对策。最初日本方面还拿不准对策，但很快便意识到，如借此机会搞掉蒋介石，扶植"亲日派"上台，将有利于他们对中国的侵略。于是，日本方面疯狂活动，极力怂恿南京实行武力"讨伐"，并一再声言，如果南京政府接受张、杨的八项主张，日本将不惜采取断然手段，以武力占领京沪。日本还伙同德、意法西斯政府，肆意制造和散播西安事变出自"莫斯科魔手"的谣言。大批日本特务也纷纷潜入西安，寻机进行破坏和捣乱。

德、意法西斯与日本穿一条"连裆裤"。事变发生后，希特勒积极支持在德国养病的汪精卫回国，以期由汪与何应钦共组亲日政府。汪精卫的老婆陈璧君特意到新加坡去迎汪归国，只可惜他归来晚矣。意大利的外交部部长、墨索里尼的女婿齐亚诺，曾任驻中国代办，与张学良相交较好。张学良出洋到意大利时，两人接触更多。但齐亚诺及其夫人爱达·齐亚诺闻知西安事变的消息后，马上拍电致张，电文之中冷言恶语相加。

英、美等国对西安事变的情况也极为"关切"。由于南京切断了与西北的通讯、交通，西安的广播也被强有力的电波干扰所淹没，外界对西安的情况一时不明，英、美也都指责张学良、杨虎城发动西安事变是"叛变""兵变"，是犯上作乱。但在解决事变的方式上，他们采取了与日、德等国不同的态度。由于日本在华侵略势力不断扩大并要独占中国，已威胁和损害到英、美在华利益，亲英美的蒋介石一旦完蛋，他们将蒙受更大的损失。因此，英、美力主和平解决西安事变。美国政府专门研究了张、杨的兵谏通电，认为中心就是一个抗日问题，是完全可以妥协的。英国政府更明确地表示，只要蒋介石还能继续统治下去，就不妨和"共产党采取某种形式的联合"。英国的汇丰银行也大批抛出外汇，以稳定"法币"。英、美政府还一再指示本国的驻华大使出面调解，积极支持宋美龄等营救蒋介石。英、美与日本在解决西安事变上的态度迥然不同，直接导致了南京政府内"亲日派"与"亲英美派"之间的明争暗斗。

兵谏捉蒋后，张学良密切地注意着各方面的反应。日本方面的造谣攻击破坏捣乱，原在他的意料之中。各地方实力派的态度虽比他原来预计的要糟糕，但实力派们拥兵自保、左右逢迎的骑墙做法，也是历来如此，见怪不怪。英、美两国虽也指斥张、杨，但还是主张和平解决，反对南京用兵。只有苏联的态度，使张学良感到太意外了。对于中共与苏联的关系，张学良是十分清楚的。他原以为"联共抗日"这一主张肯定会得到苏联的欢迎和支持，他甚至对苏联的支持抱有很大的幻想。张学良万万没有想到，苏联方面不仅将他大骂了一通，而且骂得比任何方面都凶、都难听，简直是把一切莫须有的罪名都加到了他身上，弄得他进退失据，啼笑皆非，使他怎么也无法理解，更难以接受。如果说阎锡山 12 月 14 日的回电是给张学良泼了一瓢冷水，苏联的态度简直就是给张学良打了一闷棍。

1936 年 12 月 14 日，也就是西安事变发生后的第 3 天，苏联《真理报》在第一版最显著的位置发表了题为《张学良起义反对南京政府》的报道。报道说："张学良及其所部几位将领致电南京政府，要求立即采取坚决措施抵抗日本的侵略并同共产党建立统一战线。……南京政府已宣布张学良为叛逆。"《真理报》在发表这篇报道的同时，又发表了题为《中国发生事变》的长篇社论。社论说："陕西省发生了举世瞩目的重大事件。据各国通讯社所发自中国的不完整的消息称，驻陕西省的张学良部队发动了反对南京中央政府的兵变并将政府首脑蒋介石将军扣作人质。"接着，社论又对张、杨发动事变的原因进行了分析，"毫无疑问，张学良部队举行兵变的原因，应当从不惜利用一切手段帮助日本帝国主义推行奴役中国的事业的那些亲日分子的阴谋活动中去找。臭名昭著的日本走狗汪精卫的名字同陕西省发生的张学良部兵变紧密相连，这也绝非偶然。"同天，苏联的《消息报》也发表了题为《张学良之策动》的文章。文章说："张学良的暴动将破坏中国抗日的力量的团结"，还说："张之行动成为对日本阴谋者的一种贵重赠礼。"

苏联政府通过外交途径也表明了其对西安事变的不支持态度。12月16日，苏外交部部长李维诺夫会见中国驻苏大使蒋廷黻。19日，苏联驻中国代办斯皮里瓦尼克发表声明。他们都以相同的内容，声称苏联政府"与西安事变始终无任何联系，且自'满洲'事变以来，……未与张学良发生任何关系"。当英美各国驻莫斯科大使向苏联外交部询问苏联政府对这次事变的态度时，苏联外交部回答：这是日本的阴谋，苏联既未予闻，也不赞成。从苏联的上述评论、报道和政府方面的声明中可以看出，在对张学良兵谏扣蒋事件的态度上，苏联是把同情寄于蒋介石一边，而对张学良则充满愤怒和憎恨。苏联方面无视张学良、杨虎城的抗日要求，也完全脱离或者根本不了解当时的实际情况，仅凭主观臆断就将张学良等的兵谏义举污为受日本特务和汉奸的唆使，又毫无根据地把张学良说成是汪精卫的"同谋"。苏联方面的这种做法，不仅深深地伤害了张、杨二位将军，客观上也助长了南京"讨伐派"的气焰。

苏联方面之所以对西安事变采取如此态度，一是从维护苏联本国自身利益出发。当时德国法西斯已崛起并日益猖獗，对苏联虎视眈眈，苏联绝不愿再与日本形成紧张局面，担心因此造成两面受敌的不利形势。况且苏联与蒋介石已经讨论签订互不侵犯条约，所以苏联明显地站到了蒋介石一边；二是为了回击日本的造谣攻击。自西安事变以后，日本确实制造了许多关于西安事变的最荒诞不经的谣言，恶毒中伤苏联。日本的《日日新闻》公开报道说：张学良"组织了一个得到苏联支持的自治政府"，并且"已与苏联订立了一个攻守同盟"。日本的造谣污蔑，显然是别有用心。而苏联，为洗清自身，表明事变与己无涉，竟不惜诽谤回击谣言，大骂张学良，完全歪曲了事变的性质。

苏联的这种单纯维护自身利益的做法，不仅使张学良十分气恼，国际友人埃德加·斯诺在他的《西行漫记》一书中也愤愤不平地说："《消息报》和《真理报》正式否认责任、谴责张学良、赞美蒋介石不算，甚至捏造了一个消息来证明，西安事变是中国前行政院院长汪精卫和'日本帝国主义者'共同炮制的，这种谣言同事实如此大相径庭，甚至中国最反动的报纸也不敢想出这一招，因为怕人嘲笑。'撒谎是可以的，先生们'，列宁曾经说过，

'但是要有限度！'"

西安事变的突然爆发，使阶级矛盾、民族矛盾、国际冲突交织在一起，造成了一种错综复杂而又极其紧张的国际局面，是"和"还是"战"？西安事变究竟会将中国引向哪条路，是黑暗还是光明？一连串的问题摆在面前，中国社会政治舞台上的各种势力都要做出回答。

这时，孙立人虽不见经传，也没闲着。当军政部下令税警总团第四、五团前往西北支援时，孙立人积极行动，率第四团从江苏赣榆县出发，从海州乘火车日夜兼程赶往潼关。一到潼关，孙立人就将第四团团部设在香山寺，并迅速布置完成潼关的守备工作。同时孙立人奉令任潼关城防司令，他是准备好用武力来解救蒋介石的。

在这关系蒋介石生死的时刻，宋氏家族和孔祥熙站了出来，坚决反对何应钦等讨伐派主张。他们认为讨伐西安，势必置蒋于死地，严重损害英美派利益，因此主张和平解决。宋子文决定先派端纳去试探。14日，端纳飞西安，将宋美龄的两封信交给蒋介石，并讲述南京内部情况，蒋听后轻轻说："想不到南京会这样。"15日下午端纳飞回洛阳，向宋氏兄妹电话报告蒋的情况。宋子文听了又惊又喜，连忙回答说："顾问先生，请你马上去西安，请蒋委员长对南京方面写一张手令，命何应钦立即停止军事冲突行动。"

16日下午，端纳到玄风桥高桂滋公馆又见蒋介石，叙述了宋子文的意见。蒋介石皱起眉头说："我考虑考虑。"17日蒋介石写了一封信："敬之吾兄：闻昨日空军在渭南轰炸，望即令停止。以近况观察，中正本星期六日前可以回京，故星期六以前万不可冲突，并即停止轰炸为要。中正手启 十二月十七日。"信交蒋鼎文带回。这天，以周恩来为首的中国共产党代表团抵达西安，以谋求和平解决事变。

在南京玄武湖畔鸡鸣寺北极阁宋子文的客厅里，端纳向宋氏兄妹详述西安情况。宋美龄身穿蓝色旗袍，脸上带着忧郁的神色，她对宋子文说："T.V，你去一趟西安，同张、杨恳谈一次，看看他们究竟是什么态度。"宋子文坚定地说："可以。"

20日早晨，宋子文抵西安，与张学良晤谈，他以公私双重的情谊对张学良说："汉卿，我深深理解你的心情，我将尽力说服委员长。"连夜，宋子文又同周恩来长谈，通宵达旦。宋子文从心底里敬服周恩来。

宋子文再次觐见蒋介石，转达了张学良、周恩来的谈话，蒋介石愁容稍解。21日晚，宋子文返回南京。

22日晨，宋子文偕宋美龄、端纳、戴笠飞抵西安。宋氏兄

宋子文抵达西安

妹与张学良、杨虎城和周恩来三方代表几经商议，达成协议。蒋介石口头答应停止内战，联共抗日，但不签字，而以领袖人格担保。25日下午，张学良陪蒋介石、宋氏兄妹等离开西安，26日中午到南京。西安事变和平解决，内战阴云散去，潼关的孙立人也松了一口气。之后，虽因蒋介石扣留张学良导致西北局势一度紧张，但毕竟民命难违。蒋介石不得不于1937年1月停止"剿共"，并与中国共产党商谈国共合作问题。他还派孔祥熙出使欧美各国，以寻求广泛的支援。

蒋介石是个爱在大事情上搞小动作、要权术、弄诡计的人。事态的发展是张学良和杨虎城无法预料的。

12月26日中午，在南京明故宫飞机场上，人群如山如海，锣鼓鞭炮齐鸣，彩旗花带翻舞，欢呼声浪更是此起彼伏……这一切都仿佛在欢迎什么了不起的"大英雄"。自从"双十二"蒋介石被扣西安，南京城在混乱、低沉中度过了半个月。现在蒋介石平安归返，南京城又一下子沸腾起来。一位记者在嘀咕着：南京城也太容易激动了，有时候激动得真让人莫名其妙。军乐声中，飞机徐徐着陆，蒋介石、宋美龄走下飞机。何应钦、林森代表军政各界向蒋介石鞠躬致慰，冯玉祥、戴季陶、居正、张继等也逐个向前致礼问候。面对盛大而又热烈的欢迎仪式，蒋介石脸上尽量保持着往日的平静，可他的内心却如同翻倒了五味瓶，搞不清楚是一种什么滋味。仅仅两个月的时间里，就

发生了那么多的事情，事情之间的反差又是那么强烈，他心中不免产生一番感慨……

两个月前，在洛阳，也有这样一个盛大的场面，那是为他举行的 50 华诞寿典。寿典极尽富贵、豪华，令人心醉神迷。更使他十二分得意的是，他已在西北投注了千军万马，即将完成他的"剿共"大业。他也备下一着棋，以彻底解决张学良、杨虎城的问题。当时他是那样踌躇满志，不可一世。可是，万万没料到，华清宫黎明前的枪声，惊碎了他的美梦，使眼看到手的胜利，毁于"最后五分钟的决战"之前。他不得不束手就擒，一下子就被扣了半月之久。现在从西安出来又回到南京，简直是"死里逃生"的奇迹。

蒋介石也不会轻易忘掉在西安机场临回来前的情景。本来谈判达成协议后，释放蒋介石就仅仅是个时间问题。但蒋介石与宋氏兄妹心惊肉跳，唯恐夜长梦多，再生变故，急不可耐地想离开西安，一日也不愿停留。几日来，宋氏兄妹一方面往来于东北军和西北军将领之间，作多方面的商量；另一方面派蒋鼎文持蒋介石的手令，命令双方部队自潼关各撤一千公尺，并转告孔祥熙、何应钦关于西安谈判的进展情况。宋美龄唯恐已争取到的局面起变化，她加紧做张学良的工作，给张学良施加压力，说南京方面有采取军事行动的心理，停战期过了，大规模的军事行动又会开始，双方都会毁于这场战争，诱劝张学良在圣诞节前放走蒋介石。在斯诺的《红色中国杂记》一书中，有关于宋美龄的这样一段文字："她总在说，她希望张以释放他们作为给他们的圣诞礼物。"

张学良也担心再出意外，他深知部下对"放虎归山"的顾虑，"设计委员会"已于 23 日向他明确提出，反对在蒋介石不作任何保证的情况下放蒋，蒋必须在谈判协议上签字，中央军要撤至潼关以东。杨虎城也表示放蒋有个先决条件，至少蒋介石应先以谈话方式向全国表明改变"攘外必先安内"的政策。可张学良也有他的考虑，他认为当初捉蒋是为了抗日，如今蒋介石既然答应了"三位一体"的要求，就应该放他回去，万不可由此引起国内更大的战乱，那将与发动兵谏扣蒋的初衷完全相反，将会因此成为天下的罪人。至于是否有什么保证是不重要的，因为即使签了字，蒋介石回去后不认账也是没有办法的。中央军撤了兵也可以再开回来。张学良甚至想亲自送蒋介石回南京，他对部下说："这次事变对他是个很大的打击，所以要给他撑面子，恢复领袖威信，好见人，好说话，好做事。"部下百般劝阻，但张学良主意已定，为了国家，为了抗日，就是牺牲自己，甚至牺牲东北军，他也在所不惜。坦荡、率直且又重情感的张学良，从民族利益和抗日大局出发，一片赤诚之心。可是，他对钢铁般残酷无情的政治斗争的经验却是太少了，他对蒋介石还没有放弃幻想，对"领袖的人格保证"也还寄予希望。在这一点上，杨虎城对蒋介石看得更深、更透，他早就认定，蒋介石这个人身上什么都有，就是没有"人格"。

25 日早晨，宋子文忽然就接到一封信。他拿着信慌慌张张地找蒋介石，蒋介石夫妇一看信顿时六神无主。信是东北军、西北军的高级将领和幕僚们联名写的，信中提出，放蒋走的条件是商定的问题必须签字，中央军立即撤出潼关，否则即使张、杨两将军同意放蒋，他们也誓死反对。宋子文又急匆匆地找到张学良，要他赶快想办法。张学良看过信后，也感到情况严重，他最担心的就是下面的将领自作主张，酿成意外。他遂决定即日便送蒋走。

25 日下午 3 时多，张学良既没同周恩来，也没同杨虎城商量，拉着杨虎城陪同蒋介石、宋美龄、宋子文等直往飞机场。西安飞机场上，成群结队的学生聚集在一起，正在等待欢迎预定来西安的抗日将军傅作义（因飞行方向差错没有来成）。蒋介石从车上下来，看到如此众多的人，顿时惊惧不安，他忙不迭地对张、杨说："今天以前发生内战，你们负责；今天以后发生内战，我负责。今后我绝不'剿共'。我有错，我承认；你们有错，你们亦需承认。"接着，他又像小学生背书包似的把谈判达成的六项条件又复述了一遍。杨虎城很快明白蒋介石为什么害怕，他解释了群众聚集的原因，蒋介石这才松了一口气。张学良当即表示，愿意陪蒋回南京。他在飞机旁写下一份手谕，大意是：余去南京时间，东北军由于学忠统率，听从杨虎城指挥。在蒋、宋登机起飞时，他也登上自己的座机跟着飞去。这时已是下午 4 时。当周恩来得到消息，乘车赶到机场时，飞机已经起飞。周恩来仰望天空，连声惋叹："张副司令！张副司令！"

自 12 月 12 日张、杨发动兵谏义举，至 25 日蒋介石获释，在这段时间里，张学良一身担天下安危，中国的前途、命运与他的一举一动丝丝相关，倘有一招失误，便有内战再起的危险，如他有政治野心或其他私欲，便可以为所欲为，甚至置蒋于死地。但张学良自始至终坚持八项救国主张，一再申明兵谏的目的是要求蒋介石放弃内战政策，领导全国一致抗日，只要蒋介石接受这些条件，还拥护蒋做领袖。在蒋离陕之际，他又亲自送蒋回南京。张学良将军这种为国家和民族的利益而置个人荣辱安危于不顾的精神，赢得了中国人民的无限同情和由衷敬仰。相比之下，那位委员长又如何呢？

当飞机离开西安地面在蓝天飞行之时，蒋介石望着随之而来的张学良，心中便有一种窃喜。

下午 5 点 30 分，飞机飞抵洛阳。因天色已晚，决定次日飞抵南京。在洛阳下榻处，疲惫已极又刚释重负的张学良，倒头便睡。他均匀的鼾声，既透露出他光明磊落的襟怀本色，也表现出蒋介石终于接受他的救国主张的满足感。可是，蒋介石却难以成眠，他要赶快行动，设法使这一桩丢尽脸面、出尽洋相的"不幸"遭遇，反过来变为美化、神化自己的材料。而且，一到洛阳他就命张学良通知西安方面，释放他被扣的军政大员，解除了他的后顾之忧。灯下，陈布雷按着蒋介石的指示连夜炮制出"对张、杨的训词"。《陈布雷回忆录》中有此"训词"出笼情况介绍："26 日中午，往机场迎迓蒋公，随至官邸。蒋公授余草稿一纸，命与夫人详谈，即为整理记录，于 5 时前赶成之，即《对张、杨之训词》也。"

"训词"中斥责张学良、杨虎城是"蔑法坏纪"，一再表白蒋介石"人格"的伟大，甚至还把蒋在西安没有在协议上签字，也作为他"人格"高尚的根据，荒谬无耻已极。

12 月 26 日，毛泽东代表中共中央发表《关于蒋介石声明的声明》，曾评论过这篇"训词"，讽其内容"含含糊糊，曲曲折折，实为中国政治文献中一篇有趣的文章"。"训词"的出笼实际上就是表明蒋介石背信弃义报复张学良、杨虎城的开始。

张学良是 26 日下午 2 时许到南京的，陪他出行的是宋子文，他们比蒋介石稍晚一点到达南京，是在南京城外另一个军用机场降落的，这里没有欢迎的人群，也没有鲜花，而是有一些带枪的人严密地警戒着。

张学良送蒋介石回南京，这诚然是他自己主动要求的，这是张学良预想圆满解决西安事变的一个重要步骤，即赴京请罪，拥护蒋介石领导抗日。宋子文、宋美龄、端纳等对张学良到南京后的一切安全，都曾满口答应给予保证，由宋美龄负责张学良的政治生命，由宋子文保证财产安全，由端纳保证张学良三日后归来。更重要的是蒋介石也曾有过亲口许诺，这些也是张学良去南京的重要因素。憨直的张学良还以为自己的"捉""送"之举将成为"千古美谈"，他哪里知道，等待他的竟是蒋介石早已策划好的大阴谋。

蒋介石回到南京的当晚，即发表书面谈话，声称："余对西安事变之见解，已见余今日发表之在西安对张、杨二人之训话中，现在一切均应听中央之决定。余身为统帅，率导无方，致生此事变，深觉负疚。"接着，蒋介石还自导自演，假戏假唱，28日，蒋介石为西安事变具呈国民党中央、国民政府，引咎自请处分，并请免去本兼各职。29日，国民政府指令"应毋庸议"。国民党中常会决议慰留。同日，蒋介石再请辞职。30日，国民党中常会"碍难允准"，并给假一月"以资调摄"。

张学良到南京后，住在宋子文的公馆。蒋介石通过宋子文暗示张学良，要张向蒋请罪，并说只给一个象征性的处分，然后令其回西安戴罪立功，开赴抗日前线。张学良依言写下了"请罪信"授人以柄。随后，蒋介石又不失时机地要回了扣押在西安和兰州的飞机。

12月31日，国民党军事法庭传讯张学良，接着，演出了一场"审判""判刑10年""特赦""送交军事委员会严加管束"的闹剧。戏是一场场、一幕幕早就编排好的，这场戏的总导演就是蒋介石。从此，张学良在"管束"下失去人身自由，开始了长达半个多世纪的幽禁生活。

随后，蒋介石便将矛头指向杨虎城。3月25日，蒋介石召杨虎城到杭州。29日，蒋介石在杭州训示杨虎城"知耻负责"，向杨虎城施加压力，以达到迫使杨虎城辞职离开陕西的目的。杨虎城返回西安后，曾委托时任陕西省主席的孙蔚如派人赴上海，向宋子文表示挽留杨虎城的意思，但遭到蒋介石的拒绝。4月27日，蒋介石在给顾祝同转孙蔚如的电文中表示："虎城出洋，不惟于私为最有益，而且于公亦惟此一法，否则以私害公，未有不误也"，"并告虎城兄勿再为私心所误，务盼于月内到沪相晤何如"。至此，杨虎城已深知自己辞职离陕出洋已成定局，遂于同日被迫致电蒋介石，表示辞职。30日，蒋介石电准杨虎城辞职，派其出国考察军事。6月30日，杨虎城自上海乘船出国。这样，东北军、西北军均被蒋介石瓦解殆尽。

灾难，对于已知者来说，降临之日便是解脱之时。

蒋介石对张学良背信弃义，宋子文气得跺脚摔门，同蒋介石大吵大闹。宋美龄也觉得蒋介石太过分了，红着脸与蒋介石争执。端纳顾问一向与蒋介石交往甚密，这次也愤而向蒋介石辞行。他指斥蒋介石不懂得语言，不懂得信义，是个小小的、无聊的人，根本不像个领袖。

对此，蒋介石无动于衷。

蒋介石摆布完张学良，便借口休养，回到奉化溪口老家。

在溪口，他又命令他的"文胆"陈布雷精心炮制了《西安蒙难半月记》。文中一方面为蒋自己贴金敷粉，另一方面着重赞誉宋美龄，将宋美龄化成一位"女神"，仿佛西安与南京的死结，都是他一手解开的。

时隔不久，宋美龄也发表了她撰写的《西安事变回忆录》，文中以委婉的笔调，对何应钦等一伙"讨伐派"进行了含蓄的讽刺。蒋介石所有这些行动，都是想利用这次事件，将自己塑造成一个完美的历史形象。

但历史、人民早已在张学良与蒋介石之间做了抉择。

张学良将军的爱国热情与一身浩然正气，永彪青史。

蒋介石的卑劣行径却遭人一世唾弃。

然而，无论怎样，西安事变及其和平解决，其历史功绩不可磨灭，它给了蒋介石以沉重一击。使他对人心的背向有所领悟，他清楚自己为什么被扣，为什么被放，南京飞机场上人们为什么对他欢呼。他不得不承认，要求停止内战、团结抗日已成为不可抗拒的历史潮流。他也不得不表示："今后我绝不'剿共'了。"虽然蒋介石表面还是一口否认在西安曾有过信誓旦旦的"诺言"，实际上，他又不动声色地悄悄开始兑现了他的"诺言"。他先是下令停止对"叛军"的军事行动，并没有再布置"剿匪"战事；他恢复与共产党进行谈判，并使谈判逐渐向前进展；他没有对西北方面立即进行公开的报复，而是既做了有分寸的威胁，又做了必要的让步，留待以后逐步解决。对蒋介石此时的所作所为，斯诺是这样评论的，他说蒋当时是"有远见的""不愧是玩弄政治手腕的天才"。这一评价比较恰当，褒贬皆在其中。

　　无论怎么说，西安事变终于把蒋介石逼上了抗日的道路，西安事变也成为历史转换的"枢纽"，而发动这场事变的张学良、杨虎城将军，则是中华民族的"千古功臣"。

三　合作：抗日喋血

蒋介石下注上海滩，欲与日军试比高
孙立人血战"血肉磨坊"，死人堆中升将军

西安事变的和平解决，使中国避免了一场骨肉相残的内战，这不是哪一个人和哪一股政治势力所独有的回天之力，而是大敌当前，中华民族凝聚力的反映。面对着"团结御侮，实行抗战"这一历史潮流，无论是什么人，也不管他的地位有多高，权力有多大，都只能"顺者昌之，逆者亡之"。然而，西安事变的和平解决，只是为抗日民族统一战线的建立开拓了道路，与达成实际目标还有相当远的距离，还需经过千回百转的斗争和各方面的极大努力。

蒋介石被释放回南京后，马上面临的是如何解决西北的善后问题。由于蒋介石扣押了张学良，使处于群龙无首境地的东北军内部发生波动。亲自指挥临潼捉蒋的孙铭九，以及以他为首的少壮派，由于对蒋介石背信弃义行为的愤怒和对张学良的特殊感情，坚决反对与南京方面和谈，力主以武力救出张学良；以王以哲为首的高级将领则从大局出发，主张以和平谈判营救张学良，反对打仗。当周恩来、杨虎城、于学忠、王以哲等参加的三方最高会议，决定坚持政治解决以和平方式营救张学良后，孙铭九等认为王以哲等主张和平解决，是想"投靠南京政府"，是对张学良的背叛。他们不顾中共代表的百般劝阻，于1937年2月2日枪杀了王以哲。主和派反过来又杀掉了枪杀王以哲的一个连长，还杀害了为西北抗日民族统一战线的形成立下汗马功劳的高福源。东北军内部的混乱，加上蒋介石的分化瓦解，使西北一度出现险恶局势。以周恩来为代表的中共代表甘冒风险，积极工作，协助杨虎城、于学忠很快稳定了局势，使东北军避免了更大规模的自相残杀。

在如何解决西北善后问题上，国民党中多数中央委员主张和平解决。立法院院长孙科、军政部次长陈诚等先后发表谈话，反对与西安为敌。桂系将领致电南京，声称如果中央对西北用兵，他们将采取同情杨虎城等人的行动。蔡廷锴也发表声明，称中国武力不能再用于内战，只应用于抗日。汪精卫却

同别人大唱反调，他力主对陕西实行武力，要求中央军严惩东北军、西北军。

汪精卫在四届六中全会被刺后，于 1936 年 2 月到欧洲治病疗养。当西安事变发生，他得到蒋介石已失去自由的消息后，立即一改往日拖泥带水的作风，以最快的速度返回国内。他想利用国民党中央群龙无首的时机（国民党中常会主席已于 1936 年 5 月患脑溢血死去）由他来组阁。汪派势力也个个跃跃欲试，陈公博亲自到香港迎汪，陈璧君则直接到新加坡。无奈，汪精卫在政治角逐中，总是"运气不佳"。当他于 1937 年 1 月 14 日抵上海时，西安事变早已和平解决，蒋介石安然无恙，蒋介石的统治地位也未发生任何动摇。对此，汪精卫实在是不甘心，可又毫无办法。中国共产党对蒋介石的背信弃义行为也进行了坚决的斗争。1936 年 12 月 28 日，蒋介石杜撰的《对张、杨之训词》发表后，毛泽东代表中共中央发表了《关于蒋介石声明的声明》，公布了蒋介石允诺的六项条件，要求蒋介石不折不扣地实行他自己"言必信，行必果"的诺言，并指出"蒋氏如欲在抗日问题上徘徊，推迟其诺言的实践，则全国人民的革命浪潮将席卷蒋氏以去"。

在各方面的压力下，蒋介石虽扣留了张学良，逼迫杨虎城出国留洋，又将东北军、西北军分别他调，实现了他分化瓦解西北"三位一体"的阴谋，但他终究未敢对西北用兵，没有挑起新的内战，并应允西北将领将他们的抗日主张提交国民党五届三中全会上讨论。

根据解决西安事变时达成的关于先行召开国民党中央全会，讨论新形势下国共关系和对日关系的协议，1937 年 2 月 15 日至 22 日，国民党在南京召开了五届三中全会。这次全会于国难当头、又于西安事变之后召开，格外引人注目。到会的中央委员 170 人，自国民党叛变革命以来从未参加国民党中央全会的宋庆龄，也出席了这次会议。

2 月 15 日晨，与会全体中央委员拜谒中山陵后，随即在汪精卫的主持下举行了开幕式。汪精卫在他的开幕词中发表了一通反共谬论，他宣称："当此国难时期，国民党及全国所必须解决之根本问题，就是要收回已失的领土及保卫未失去的领土。同时安内问题亦是次要，须于最短期内完成'剿共'。"他还强调，西安事变反侧初定，隐忧未已，"剿共"工作功亏一篑，决不能中途放弃。早在汪精卫返国后的第五天，他就曾在国民党中央党部大礼堂中

汪精卫

气急败坏地说：现在有人提议要和共产党合作，我听到这个消息，感到无比愤怒！比上次在大门口打我三枪时，还要刺激得多。不反共是违反已定国策的，不反共是违反世界潮流的……汪精卫的言论，反映了他顽固的反共内战立场，他就是企图以坚持反共来达到破坏抗日民族统一战线形成的目的，以继续依日自重。

对汪精卫的反共内战主张，与会的中央委员十分反感，也根本没有理睬他的说教，提交全会的提案多数都以如何实现团结抗日为内容。宋庆龄、何香凝、冯玉祥、张人杰、李石曾、孙科、鹿钟麟、石英、张知杰、石敬亨、李烈钧、朱霁青、梁寒操、经亨颐等14人，提出了"恢复孙中山先生手订'联俄、联共、扶助农工'三大政策团结御侮案"。"提案"痛陈是否遵行孙中山三大革命政策关系国家民族兴亡盛衰，指出："总理于民国十三年改组本党，确立联俄联共与扶助农工三大政策后，革命阵营为之一新，革命进展一日千里。不幸十六年以后，内争突起，阵容分崩；三大政策，摧毁无遗。革命旋归失败，外侮接踵而来。尤其是最近五年，失地几及六省，亡国迫于眉急，凡属血气之伦，莫不锥心泣血。""提案"指出："近半年来，迭次接中国共产党致我党中央委员会书函通电，屡次提议国共合作，联合抗日，足证团结御侮已成国人一致之要求。""提案"呼吁："应乘此机会恢复总理三大政策，以救党国之危亡，以竟革命之功业。"

冯玉祥向全会提出《促进救国大计案》，要求蒋介石本着"励行议而必决，决而必行之精神"，实行联共抗日政策。杨虎城、于学忠也向全会提出了西安的八项和平主张案。李宗仁、白崇禧、刘湘等人虽未参加全会，但他们的代表赴会，并向全会提出多项议案，其主要内容：1. 采取全国抗日之具体办法；2. 实行民众军训，以固定抗日基础；3. 允许集会、言论及其他救国运动之自由。

2月18日，宋庆龄在全体会议上发表了《实行孙中山的遗嘱》的重要演说。她指出，中国现在正处在国难当头的危难时期，只有忠实执行孙中山的三大政策，才可以救中国。她又毫不留情地批评了国民党的反共内战政策，她说："令人万分遗憾的是，直到今天，政府中仍有些个别人仍然不了解救国必先结束内战的道理。在今天居然还可以听到抗日必先'剿共'的老调，这是多么荒谬！我们先要打断一只手臂之后再去抗日吗？我们已经有了十年的内战经验。在这期间，国力都耗费在内争上面，日本军阀将我们的土地一块块割去，使我们的国家受到蹂躏。"她要求国民党联共抗日，她说："救国必须停止内战，而且必须运用包括共产党在内的全部力量，以保卫中国国家的完整。中国人不应当打中国人，这是不言而喻的。中国的人民都不愿意打自己的兄弟，他们知道这是违背民族利益的。一切内争是可以的，而且应当和平友好地解决。内战必须不再发生。和平统一必须实现。我们必须赶快建立反抗外来侵略的中国国防。"宋庆龄还严厉批评了国民党政府的妥协政策和一些政客的"恐日症"，她指出："丧权辱国的对日谈判必须停止。""最不幸的，还有一些政客依然不了解实际形势而害着'恐日'病。他们过高估计日本帝国主义的力量，过低估计中国人民的力量。"宋庆龄论证了中国人民一定能战胜日本侵略的道理，她坚信日本的侵略野心不会得逞。

宋庆龄的发言，在全会上引起了强烈的反响。当她尖锐地把"先'剿共'后抗日"比喻为"先打断一只手臂再去抗日"时，在座有爱国之心的中委们都暗暗叫绝，无不钦佩宋庆龄的胆识，可蒋介石却十分不自在，虽尽量控制，也不免露出几分尴尬之色。当宋庆龄抨击"恐日症"时，汪精卫汗颜面赤。偏偏又有些中委故意把视线转向汪精卫，弄得他敢怒不敢言，想寻着个地缝钻进去躲起来。宋庆龄、冯玉祥等的提案和发言，对于左右五届三中全会的政治导向起了重要作用。

为了推动国民党五届三中全会通过联共抗日的主张，1937年2月，中共中央发表了《给中国国民党三中全会电》，向国民党中央提出了五项要求和四项保证。五项要求是：1.停止一切内战，集中国力，一致对外；2.保障言论、集会、结社之自由，释放一切政治犯；3.召集各党各派各界各军的代表会议，集中全国人才，共同救国；4.迅速完成对日抗战之一切准备工作；5.改善人民生活。在国民党能够实行上述要求的前提下，中国共产党提出四项保证：（1）在全国范围内停止推翻国民党政府之武装暴动方针；（2）工农民主政府改名为中华民国特区政府，红军改名为国民革命军，直接受南京革命政府与军事委员会之指导；（3）在特区政府区域内，实行普选的彻底民主制度；（4）停止没收地主土地之政策，坚决执行抗日民族统一战线之共同纲领。中国共产党的这一主张，以实现共同抗日为目标，在坚持共产党对红军和根据地绝对领导的原则下，对国民党做出了重大的让步。中国共产党真诚的抗日举动，受到了全国各界爱国者的热烈欢迎，《救国时报》《大公报》等都发表评论，称赞共产党的主张，就连国民党的一部分上层人士，也对中共的主张表示欢迎和赞同。在中国共产党的带动下，全国救国联合会和上海、北平各界也纷纷提出各项团结抗日主张，要求五届三中全会采纳。全国要求立即实现团结抗日的热潮已呈不可阻挡之势。

五届三中全会经过激烈的斗争，先后讨论通过了有关党务、政治、军事、经济、外交等方面的决议和议案20余项，其中核心文件是《根绝赤祸案》和《中国国民党第五届中央执行委员会第三次全体会议宣言》。

在《根绝赤祸案》中，国民党仍未改变对共产党敌视、攻击的基调，并把十年内战的责任推到共产党身上。但又强调，"今者共产党人于穷蹙边隅之际，唱输诚受命之说。本党以博爱为怀，绝不断人自新之路"。其"自新"的条件为："第一，一国之军队，必须统一编制，统一号令，方能收指臂之效；断无一国可许主义绝不相容之军队同时并存者。故须彻底取消其所谓'红军'，以及其他假借名目之武力。第二，政权统一为国家统一之必要条件。世界任何国家断不许一国之内有两种政权之存在者。故须彻底取消所谓'苏维埃政府'及其他一切破坏统一之组织。第三，赤化宣传与以救国救民为职志之三民主义决不能相容。即与吾国人民生命与社会生活亦极端相背，故须根本停止其赤化宣传。第四，阶级斗争以一阶段为本位，其方法将整个社会分成种种对立的阶级，而使之相杀相仇，故必出于夺取民众与武装暴动之手段。而社会因以不宁，居民为之荡析，故须根本停止其阶级斗争。"

上述四项条件，概括起来就是取消红军、取消苏维埃政权、停止赤化宣传、停止阶级斗争。对此，周恩来是这样分析的："这个东西是双关的，因为红军改了名称，也可以说是取消红军，但红军还存在；苏区改了名称，也可以说是取消苏区，但苏区还存在。所谓停止阶级斗争，停止赤化宣传，就是不许我们在国民党统治区有政治活动。"所以，透过那些蓄意歪曲和攻击的言辞，这四项条件的基本内容，与中共中央提出的"四项保证"大体上是相同的。

在《中国国民党第五届中央执行委员会第三次全体会议宣言》中，国民党虽然没有放弃对中共主张的攻击，也没有明确表示接受中共中央提出的"五项要求"，但在其提出的 14 项内外政策中表示，对内：以"和平统一"为"全国共守之信条"，对国内的政治分歧不取决于武力，而取决于"商榷"。修改选举法，扩大民主，开放言论，释放政治犯，定期召开国民会议。发展工农业生产，保证耕者有其田。对外："绝不容忍任何侵害领土主权之事实，亦绝不签订任何侵害领土主权之协定。遇有领土主权被侵害事实之发生，如用尽政治而无效，危及国家与民族之根本生存时，则必出以最后牺牲之决心，绝无丝毫犹豫之余地"。如果主权"蒙受损害，超过忍耐限度，而决然出于抗战"。这些表示说明，国民党五届三中全会实际上已经接受了中共中央"五项要求"的基本精神，只是其嘴巴上还叫得硬、叫得响罢了。

自"九一八"事变后，蒋介石一直抱定对日妥协退让政策。到华北事变时，蒋介石在五全大会上还咬牙坚持说"和平未到绝望时期，决不放弃和平；牺牲未到最后关头，亦决不轻言牺牲！"虽说比过去前进了一步，但总还有些"好死不如赖活着"的味道。国民党五届二中全会上，蒋介石对所能容忍的"最低限度"，也就是他所谓的"最后关头"做了解释。直到经历"西安劫难"之后，也是他被逼到再无退路的情况下，他才下定抗战决心，国民党五届三中全会也终于第一次道出了"抗战"一词。此公终出此言，真可谓经历了"一波三折"，实属不易。为此，中国共产党做出了极大的努力；张学良、杨虎城及他们统辖的军队，也做出了惨痛的牺牲；全国各界爱国人士及广大群众，亦为之泣血呼号。"功夫不负苦心人"，蒋介石终于明白了"覆巢之下无完卵"的利害所在。建立抗日民族统一战线的大门终于打开了。

国民党五届三中全会受到国内外的重视，全国报纸都对国民党的进步表现予以赞扬，苏联报纸也对国民党开始为国家独立而团结奋斗的趋向予以充分肯定。但也有对此大持异议的。首先，日本对国民党五届三中全会的召开及会议的结果感到严重不安。其次，汪精卫之流也对此大为不满。汪精卫原想在全会上有更大的作为，但他挟日自重的伎俩已不再能支配政局了。他也只好哀叹"无可奈何花落去"。此后，他虽也色厉内荏地喊一两句抗日口号，但最终一步步走向了汉奸卖国贼的泥潭，落下遗臭万年的千载骂名。汪派的另一重要人物陈公博在他的《苦笑录》中曾对国民党五届三中全会有过回忆："二十六年三月间（应为二月间），中央召集一个全体会议，通过一个《根绝赤祸案》，虽然该案开始批评了共产党一顿，但该案的内容的确是容许共产党活动的。共是不'剿'了，红军可以收编了，苏维埃的边区政府可以存在了。"陈公博的此番牢骚，足以说明五届三中全会已刺痛了汪派的心，亦可以从另一个侧面表明国民党中枢政策的进步。

1937年6月，蒋介石再上庐山，住进美庐。这几日，蒋介石开始了左右忙乎：既要关注日本关东军参谋长东条英机给南京国民政府以打击的战争威胁，还要与中共代表周恩来谈判国共合作问题。他觉得疲惫极了。

每当他走出美庐、眺望庐山，他会觉得心旷神怡。庐山山美，汉阳峰、五老峰、香炉峰，群峰交织，各呈风姿；庐山瀑美，开先瀑布、石门涧瀑布，奔雷飞雪，滚云飘烟，朝霞雾霭。他喜欢庐山晨景，晓起，推窗四望，烟雾弥漫，如舟行大海，四面波涛，不复知有世界。他欣赏汉阳峰顶残柱上的一副联："峰从何处飞来，历历汉阳正是断魂迷楚雨；我欲乘风归去，茫茫禹迹可能留命待桑田。"他觉得这副联反映了他的心声。

蒋介石渴望回归自然放松自己，躲避世俗的纷扰，然而这点享受也难得到。蒋介石在庐山之巅也感受到日本逼人的侵略气焰，1937年对于蒋介石来说更加险恶。

果然日本在华北有所动作，而且是大动作。7月7日夜，侵驻丰台之日军第一联队第三大队第八中队中队长清水节郎率队于卢沟桥北举行夜间演习。11时，日本士兵一人因小解未告知中队长，日本北平特务机关长松井太久郎即借口日本士兵失踪，要求进入宛平城搜查。当时代理宋哲元职务的秦德纯，为避免冲突，派王冷斋、魏宗瀚等与日军交涉。8日晨3时，日军四五百人带山炮四门，由丰台向卢沟桥行进。日方不等调查和代表入城，即逼迫王冷斋将宛平中国军队撤走。秦德纯得知后，立即命第二十九军三十七师何基沣旅吉星文团固守卢沟桥、宛平城，并称："保卫国土是军人的天职，宛平城与卢沟桥就是我军最光荣的坟墓。"同时又嘱："在日军未开枪前，绝对不要射击，他们如果开火，便予以迎头痛击。"凌晨4时45分，日军全面发动进攻，中国军队被迫应战。

日军炮轰卢沟桥畔的宛平城，抗日战争全面爆发

坚守在卢沟桥桥头的中国士兵

8日，在庐山的蒋介石接到秦德纯报告，心中愤然，暗想："倭已挑战，决心应战，此其时乎？"蒋介石此时动摇不定。他想，假如宋哲元部严阵以待，日军或许不敢进攻。于是，蒋当即电告宋哲元："宛平城应固守勿退，并需全体动员，以备事态扩大。"9日，蒋介石命何应钦自四川返南京，着手编组部队。但宋哲元不顾蒋介石多次电示，固执地幻想局部解决，给日军以可

乘之机。26日，日军占领廊坊，并提出占领北平的蛮横要求。蒋介石感到"大战刻已开始，和平绝望"。28日夜，第二十九军经激战撤出北平，30日放弃天津。

蒋介石认为如果人民反抗，危及其统治，他就要镇压人民而对外妥协；当外敌压境，要灭亡他的王朝，让他当儿皇帝、汉奸，他也必定反抗。他可以让人、曲全邻好，但不能受制于人、当傀儡。

1937年7月17日蒋介石在庐山发表抗战讲话

蒋介石觉得有必要向全国人民表示一下他抗日的决心，打一下精神战。17日，蒋介石发表了振奋人心的庐山谈话，谈道：如果战端一开，那就是地无分南北，人无分老幼，皆有守土抗战之责任，皆应抱定牺牲一切的决心。并提出弱国外交最低限度的四点立场：

一、任何解决，不得侵害中国主权与领土之完整；

二、冀察行政组织，不容任何不合法之改变；

三、中央政府所派地方官吏，如冀察政务委员会委员长宋哲元等，不能任人要求撤换；

四、第二十九军现在所驻地区，不能受任何的约束。

令蒋介石失望的是，日方并未理会，反而做出侵华的重大决策。蒋介石在庐山再也待不下去，他于20日回到南京，召集军政人员开会，商讨对策。

经过一番苦思，蒋介石心里有了初步的抗战战略，他特将熊式辉、陈诚召来，说明自己的想法。蒋介石说："敌人侵华，早已处心积虑，熟读了中国战史，对中国历代兴亡之道无不了然。今天，我最担心的是敌人如由河北打到山西，渡过黄河，由陕西南下四川，而进攻云南、贵州，这是效法元朝忽必烈亡宋之路，再由西南向东席卷。到那时，我们纵使保有沿海各省，敌人可用海军封锁海口，形成数面包围夹攻，我们还有生路吗？为彻底摧毁敌人的这一奸计，我们唯一的办法，就是在上海开辟战场，迫使他们力量分散，在沿海各省陷入泥沼中而不能自拔。至于我们的军力，不妨逐渐西移，迁都重庆，诱敌沿江西上，就变成敌人难攻而我们易守了。只要我们能坚持抗战到底，未有不把敌人拖垮的。"陈诚、熊式辉深以为然。战略计划既定，蒋介石决心加速上海战事的爆发，他命令京沪警备司令张治中率第八十七、八十八、三十六师及重炮兵两个团向上海预定围攻线推进，苏浙边区司令张发奎率第五十五、五十七师，独立第二十旅开赴浦东及上海近郊。

"七七事变"后，抗日烽火已燃遍华北大地及东南沿海，中华民族已处于最危急的关头。

这是一场正义与邪恶、光明与黑暗、自由与专制的人类命运的大决战。国共两党站在了决战的最前沿，它们的背后，是亿万中国民众。

9月22日，国民党中央通讯社正式发表了《中国共产党为公布国共合作宣言》。《宣言》宣告："我们为着挽救祖国的危亡，在和平统一团结御侮的基础上，已经与中国国民党获得了谅解，而共赴国难了，这对于我们伟大的中华民族前途有着怎样重大的意义啊！因为大家知道，在民族生命危急万状的现在，只有我们民族内部的团结，才能战胜日本帝国主义的侵略，现在民族团结的基础上已经定下了，我们民族独立自由解放的前提也已创设了，中共中央特为我们民族的光明灿烂的前途庆贺。"9月23日，蒋介石在庐山发表《对中国共产党宣言的谈话》。谈话中表示，此次中国共产党发表之宣言所举诸项，均与国民党三中全会之宣言及决议案组合，在存亡危急之秋，不应计较过去之一切，而当使全国国民彻底更始，力谋团结，以共保国家之生命与生存。中国共产党的共赴国难宣言和蒋介石谈话的发表，标志着以国共两党合作为基础的抗日民族统一战线的正式形成，从而为"两党联合救国的伟大事业，建立了必要的基础"。

对此，宋庆龄发表了《国共统一运动感言》，表示："中共宣言和蒋委员长谈话都郑重地指出两党精诚团结的必要。我听到这个消息，感动得几乎要下泪。"她深信："两党同志，经过十年以来长期的惨痛教训，再加日寇无情的残酷的进攻，一定能够牢记'兄弟阋于墙，外御其侮'的古训，诚信地友爱地团结一体。唯有这样，才能使中华民国走上独立解放的胜利途径。"

统一战线建立后，国共两党商定，在战场上国民党担负正面抵抗，八路军从侧后配合，共同抗击日寇的进犯。

面对日军的猖狂进攻，国民政府军事委员会将南北战场划分为五个战区：冀省豫北为第一战区，晋察绥为第二战区，苏南浙江为第三战区，闽粤为第四战区，山东淮北为第五战区。并制定了作战方针："国军一部集中华北持久抵抗，特别注意确保山西之天然堡垒；国军主力集中华东，攻击上海之敌，力保淞沪要地，巩固首都；另以最少兵力守备华南各港口。"大战在南北战场同时展开。南战场主要是淞沪地区，北战场主要是忻口地区。

淞沪地区位于长江下游黄浦、吴淞两江汇合处，扼长江门户，其中上海市是我国最重要的经济、金融中心和最大的国际贸易港口，在政治、经济和军事上具有重要战略地位。日本统帅部认为，占领上海"使其丧失经济中心的机能"，"切断其对外联系"，能使中国"军队及国民丧失战斗意志"，迫使中国政府尽快屈膝投降。

1937 年 8 月 13 日，日军炮轰上海，闸北一带火光冲天

当时，日军陆战队在上海仅 3000 人，中国军队兵力超过日军八九倍，进攻绰绰有余。据此，张治中决定 8 月 13 日拂晓前攻击虹口、杨树浦日军据点，以一个扫荡的态势，趁敌措手不及，一举将敌主力击溃，把上海一次整个拿下。

日本海军方面也急于侵占上海、南京，打击中国中心地区，以尽早结束战争。为此日军不断挑衅，寻找借口。8 月 9 日下午，日军上海特别陆战队西部派遣队队长大山勇夫和司机斋藤与藏，乘军用汽车欲冲进虹桥机场大门，窥探军事设施，当时中国保安队守兵开枪阻击，两名日军均被击毙。日方极为恼怒，当夜日军陆战队便做好战斗准备，拟 10 日开战，但因各国领事要求护侨才延至 13 日。

10 日，日本海军司令部要求中国方面赔礼道歉，撤除防御设施，取缔抗日排日组织，遭国民政府拒绝。11 日，日本总领事冈本向俞鸿钧提出将保安部队撤走，遭拒绝。此时，蒋介石对主动攻击有些犹豫，他觉得不应给日方留下口实，遂指示张治中，只要日方不开始攻击，我方不首先攻击。12 日，蒋介石再次指示张治中："等敌人先动手打我们，我们才能回击，否则国际舆论对我不利。" 13 日拂晓，张治中向蒋介石报告，按原计划攻击，蒋介石仍命令"不得进攻"。

13 日上午 9 时，日军陆战队一个小队冲入横滨路、宝兴路地段，对当地中国军队开枪射击，至下午 4 时左右，日军又在八字桥、天通庵、宝兴路、宝山路一带，一齐攻击中国军队，"八一三"抗战全面开始。蒋介石下令张治中发动总攻。14 日，蒋介石委任冯玉祥为第三战区司令长官，负责上海作战。

张治中将军

中国军队满怀对侵略者的仇恨，奋勇争先，逐街逐屋攻击前进，攻占敌海军操场、汇山码头，并包围敌海军陆战队司令部、公大纱厂等据点，予日军以重创。

20 日，蒋介石取代冯玉祥任第三战区司令长官，统辖第八集团军张发

蒋介石亲临淞沪前线视察

奎部，第九集团军张治中部，第十五集团军陈诚部。

日军见损失惨重，遂急忙增援。23日，由上海派遣军司令官松井石根率第三、十一师团及两个旅团在狮子林、川沙口登陆，与陈诚部在宝山县城、月浦、杨行、罗店一带血战两周。蒋介石见敌方增加生力军，觉得我方也有增兵的必要，他想到了宋子文。他知道宋子文现在任救国公债劝募总会会长，开展救国公债劝募工作。蒋介石想，让他先在野干一段吧，但宋子文的税警团必须马上派上用场，尤其是虎将孙立人可不能让他闲着。蒋介石于是下令税警团以原有兵力编成第八军，以黄杰为军长兼总团长（1933年秋，黄杰接替温应星为税警团总团长），周学海为参谋长，待命赴上海参战。

孙立人闻知此事兴奋极了，他的练兵卫国愿望终于实现了，他可以走上抗日的战场了。孙立人一边紧张地率领第四团进行战前准备，一边焦急地等待命令。

9月17日，中国军队退守上海北站、江湾、庙行、罗店之线。18日后，敌我双方在刘行、罗店、大场、蕴藻浜展开激战。中国军队伤亡日重。蒋介石决定调整部署，改编作战序列为中央、左翼、右翼三个部分，中央军为朱绍良，左翼军为陈诚，右翼军为张发奎。

此时，日军到沪者计有第三、十三、十一师团及第十六、一〇一、九师团各一部，共10余万人，战车200辆，飞机200架，阵势逼人。

蒋介石急令税警团参战。28日，孙立人税警第四团与税警团其他各部由海州经陇海、津浦、京沪铁路，到南翔下车。30日推进到小南翔地区，隶属中央作战军第九集团军，在蕴藻浜及大场正面作战。

孙立人率税警第四团投入蕴藻浜、大场作战。起初中央集团各友邻部队都看不上宋子文的税警团，担心这支非正规军中看不中用，没多大战斗力，关键时候卖了自己。孙立人一言未发，心想：是骡子是马战场上见。

蕴藻浜和大场是日军的主攻方向，日军欲从此突破以截断京沪线，因此敌我双方争夺激烈。一连数日税警团与日军展开拉锯战，战况惨烈，敌我伤亡均大。孙立人第四团在这两个战斗中，阵亡营长一名，少校团副负重伤。

孙立人在战斗中指挥有方，沉着应战。在任何情况下，他手中都掌握一支预备队，增援战况最紧急的方面。在大场战斗中，他曾两次亲率预备队去增援被敌人突破的第一营阵地，由于团长亲到第一线指挥，很快将突入阵地的日军击退。在大场战斗后，税警团两个支队司令官何绍周（何应钦之子）和王公亮均因指挥无方而被免职，第二支队第六团团长钟宝胜（桂永清同乡）也因作战不力被撤职。独孙立人被升为第二支队少将司令官，兼第四团团长。在税警团的六个团中，由于第四团战绩最佳，多次受上级的嘉奖，特别受到宋子文、孔祥熙的嘉奖。

孙立人任第二支队司令官后，深感责任重大，就迅速整顿队伍，他将伤亡较大的第六团残余官兵拨补到第四、五两团，将第六团番号暂时取消。

10 月 18 日，中国军队退守沪西、苏州河南岸，孙立人部担任紧靠沪西租界的周家桥一带的防御任务。沪西市郊一片旷野，既没有地形可利用，也没有建筑可依托，唯一的障碍只有苏州河。但河幅宽仅约百米。愈向西愈狭窄，到周家桥附近最窄，仅有 40 米，障碍程度十分有限。而且白昼日机不断盘旋轰炸，地面活动困难，工事构筑时间短。

在极为不利的情况下，孙立人率第二支队官兵与敌隔苏州河战斗将近两周，战况惨烈。蒋介石极为关注税警团防区，曾下令给黄杰："敌人无论从哪里渡河，一律军法惩治。"黄杰向税警团将领转达了这一死令，孙立人当即站出来表示："假使我这一个地方失了，我们牺牲殆尽。"每天在拂晓前后和日暮之后，孙立人总要带参谋郑殿起及两名卫士到第一线视察；白天战斗激烈时，则到战斗最吃紧的前线指挥督战。

10 月 27 日，日军趁涨潮与晨雾之际,用事先连接好的小型橡皮舟做浮桥，偷渡到南岸四五十人，隐蔽在岸下，伺机夺取中国守军阵地。当地岸高约两米，中间有间隔不等的储煤洞，日军隐藏在洞内。孙立人得报后，亲到第一线指挥第四团的两名班长，在岸边竖起千块厚钢板当护墙，连续投了100多枚手榴弹，将日军的浮桥炸断，然后将十几捆用汽油浸透的棉花包点燃，推到岸下滚到储煤洞里，将大部日军烧死，残存者因浮桥已断，进退无路，也被我军击毙。仅用两个多小时，便将偷渡到南岸的日军全部消灭。

这一次战斗是胜利了，但孙立人看到为胜利付出的代价太大了。日军拥有海陆空强大的火力，而中国军队仅以血肉之躯去打击敌人，每小时均有上千中国官兵伤亡。孙立人觉得淞沪之战是战略错误的无谓牺牲，结果把整个精锐部队都失掉了。将帅无谋，累死千军。孙立人在想："我们打败了，这一切都是我们打败了。"

真是英雄所见略同，李宗仁在检讨京沪会战的得失时曾说："我们不能不承认我们的最高统帅犯了战略上的严重错误。我们极不应以全国兵力的精华在淞、沪三角地带作孤注的一掷。蒋先生作此次决定的动机，第一可能是意气用事，不惜和日本军阀一拼，以争一日的短长。第二可能是他对国际局势判断的错误。在蒋先生想来，上海是一个国际都市，欧美人士在此投下大量资金，如在上海和敌人用全力火拼一番，不但可以转变西人一向轻华之心，且可能引起欧美国家居间调停，甚或武装干涉。谁知此点完全错误。第三便是由于蒋先生不知兵，以匹夫之勇来从事国际大规模战争。兵法有云，知己知彼，百战百胜。我敢说蒋先生固不知彼，连自己也茫然不知。竭泽而渔，自丧元气。"

蒋介石也震惊于前方的巨大牺牲，但他觉得做出这种牺牲是值得的。蒋介石在31日日记中记曰："此次抗战，实被迫而应战，与其坐而待亡、忍辱受侮，不如保全国格，死中求生，与敌作一决战。如我再不抗战，则国民精神亦必日趋于消沉，民族生机毁灭无余矣。"此次上海抗战，蒋介石有幸而战胜之想，他要的是胜，他不在乎付出多大牺牲。10月12日，李宗仁向蒋介石建议退守苏嘉国防线时，蒋介石就作豪语曰："要把敌人赶下黄浦江去。"

此时，主管作战的军事委员会第一部及前线的高级指挥官陈诚、张发奎、刘斐等人，鉴于日军攻占了浏河、刘行、江湾、真如等地，我后方已无可以抽调的增援部队，建议迅速将上海战场的主力部队，有计划地逐步撤到常熟、苏州、嘉兴之线，及江阴、无锡、嘉善之线，进行整补（这两线是 1935 年、1936 年以四个师兵力构筑的两条国防线），实行持久作战。蒋介石经过反复考虑后，批准了此议案。10 月底，这一方案开始实施。

然而未过多久，蒋介石又变卦了。11 月 1 日晚 10 时左右，蒋介石乘专车来到南翔附近一个小学校里，随同的有白崇禧、顾祝同等人，随即召集师长以上将领会议，以约半个小时听取几个高级指挥官的战况报告。接着蒋介石讲话，主要内容分前后两个部分：前一部分，他概括了"八一三"以来，敌我双方作战经过和国际间的一般反应，并对前线官兵的英勇战斗进行表扬和鼓励。后一部分是他此行的目的。他说："九国公约会议，将于 11 月 3 日在比利时首都召开，这次会议对国家命运关系甚大，我要求你们作更大的努力，在上海战场再支持一个时期，至少十天到两个星期，以便在国际上获得有力的同情和支援。"同时他又说："上海是政府的一个很重要的经济基地，如果过早地放弃，也会使政府的财政和物质受到很大影响。"蒋介石说这些话，语气很坚定，说完他就走了。在场的高级指挥官心里虽有异议，但也只好服从，他们普遍觉得坚持十天恐怕很难，只有听天由命了。

11 月 3 日拂晓，战斗异常激烈，日军乘晨雾之际，先将左翼第一支队阵地突破，第五团当面之敌，也正利用橡皮舟连接的浮桥向南岸强渡，该团奋勇抗击，团长丘之纪上校饮弹身亡，官兵亦伤亡过半。

晨 6 时许，蒋介石在南京直接用电话指示黄杰，速将侵入南岸之敌歼灭。黄杰不敢怠慢，便带中校参谋李则尧赶到第二支队司令部指挥所，指挥督战，孙立人则带少校参谋龚至黄赶到第五团团部指挥所，距离第一线 100 米指挥，国军奋勇攻击，展开逐屋逐室争夺战，终将日军占领地夺回。

下午 6 时，第十七军团军团长胡宗南实在不好意思再使用这支疲惫之师了，遂通过第八军军长黄杰转告孙立人，第二支队防御阵地由第三十六师宋希濂部接替，限当日晚 9 时前交接完毕。

孙立人刚能喘口气，谁知节外生枝。入夜时 20 余名日军侵入周家桥西端两层小红楼，第五团第一营虽几次攻至楼下，但日军在楼上拼死顽抗，几次攻击均未奏效。因此第三十六师接防部队以上级命令中未说南岸已有敌兵为理由，而拒不接防。

孙立人在第五团指挥所听到报告，平静地说："好吧，等我们将入侵小红楼的日军消灭后，再把阵地交给你们。"于是，孙立人打电话给参谋郑殿起，令他要求军部送20颗地雷来，准备用地雷将小红楼炸毁。由于军部没有地雷，黄杰一面向上级请求，一面派参谋处长米致一到第二支队司令部指挥所协助消灭小红楼的日军。

4日凌晨3时许，第八军军部将地雷用汽车送到第五团指挥所，此时日军已开始拂晓进攻前的炮击。孙立人知道地雷送到后很高兴，立即走出指挥所掩蔽部，弯腰低头用手电筒察看地雷。突然，一颗日军榴霰弹在他上空爆炸，将孙立人背部及两上臂炸伤十几处，孙立人扑倒在地成了血人，幸好因戴着钢盔，正低着头，所以头部未受大伤。身边人员即将他抬到掩蔽部内。当时他满身是血，军医裹伤抢救，但他仍坚持令第四团第二营营长张在平代理第四团团长，并负责用地雷将红楼炸毁，消灭侵入的日军。随着一声巨响，小红楼倒塌，孙立人重重地吐了口气。之后，孙立人由军部派汽车送到上海租界辣斐德路宋子文临时所设的医院治疗。在孙立人由周家桥赴上海市内途中，军长黄杰赶到看望慰问了他。4日上午，第二支队的阵地全部交给了第三十六师接替，支队司令部率第四、五两团撤至徐家汇附近休整。

11月5日，日军深感正面作战艰难，乃派柳川平助率第十军，自杭州湾北岸金山嘴登陆，迂回到上海的右侧背，从后面抄袭中国守军。战局从此急转直下。

6日，第二支队参谋郑殿起、龚至黄到市内看望孙立人。到二楼后，两人向护士说明是来看孙立人司令官的，护士说："宋部长有手令贴在孙司令官的病房门外，不准任何人探视。"两人只好又找护士长说明情况。护士长同意，领两人到孙立人病房，见门上果然有宋子文写的不准任何人探视的手令。郑、龚两人见床上的孙立人面色苍白，上身及头部均裹着绷带，但精神很好。孙立人见过两人，先问部队驻在哪里，然后说："你俩在上海休息几天再回去。"郑殿起说："今天报上登了，登陆日军已到淞江方面，我俩今天必须回到防地。"孙立人说："情况紧急，你俩就赶快回去吧。"说完，还送他俩每人50元钱。郑、龚就辞别回到部队。

7日，战局恶化，蒋介石遂有了撤退的打算。他在日记中云："保持战斗力，持久抗战，与消耗战斗力，维持一时体面，两相比较，当以前者为重也。"但此时撤退已为时太晚。9日，淞江县城失陷，上海无法再守。蒋介石乃下令撤出上海。宋子文急派他的弟弟宋子安，

上海沦陷

将孙立人亲自护送到香港养和医院医治，两个月后孙立人才能起床。

11日，中国军队撤出上海，12日，日军占领华界各区，公共租界成了孤岛。宋子文送走孙立人后也于27日搭法国轮船"阿拉密司"号，离开上海去香港。与宋子文同行的有俞鸿钧、钱新之、杜月笙、胡笔江等。此后宋子文往来于武汉与香港两地。

在中国军队蒙受重大损失后，蒋介石才有所醒悟。他急令各军避免决战，迅速撤退。至26日，中国军队一部退往常州，一部退往皖赣边境。蒋介石觉得想在一仗中击败日军不现实，而日军叫嚣两星期灭亡中国更不可能。他估计抗战要进行三年，而抗战最后地区与基本战线，将在粤汉、平汉两铁路以西。

孙立人获孔祥熙支持再建缉私总队，都匀练兵终成百战雄师
蒋介石听信戴笠谗言，欲解散税警总团

上海失守后，局势急转直下，中国军队虽英勇抵抗，但连连受挫。华北方面，8月13日失南口，27日失张家口，9月12日失大同，24日失保定，10月10日失石家庄，12日失归绥，18日失包头，11月9日失太原。12月13日，首都南京陷落。面对败局，蒋介石颇有大将风度，并不气馁。

南京陷落后，蒋介石夫妇的座椅成为
侵略者炫耀胜利的道具

17日，蒋介石发表了《告全国军民书》，称："中国持久战，其最后决胜之中心，不但不在南京，抑且不在各大都市，而实寄于全国之乡村，与广大强固之民心。人人敌忾、步步设防，最后胜利必属于我。"蒋介石心中充满了取胜的自信。日本也因节节胜利而得意忘形，认为中国完了，国民政府完了，"大东亚共荣圈"不日即将建立。1938年1月16日，日本狂妄地声明："帝国今后不以国民政府为对手，而期望真能与帝国合作的中国新政权的建立与发展。"次日蒋介石写日记，文云："此项声明，早在意料之中。彼倭宣布不以国民政府为交涉对手，而未明言否认二字，此乃无法之法，但有一笑而已。"

2月5日，蒋介石公开发表了1934年7月的讲话《抵御外侮与复兴民族》，正式向全世界表明了他的抗日主张和抗战决心。

1938年2月底，孙立人伤势尚未痊愈，两臂尚不能上举，他急于回国参战，遂匆匆从香港赶到长沙，寻找部队。部队在哪呢？没有人告诉他。经过百般努力，孙立人才得知他的部队已改编为第四十师。原来税警总团在淞沪抗战中，人员伤亡过多，武器损失严重，已成一个烂摊子，高级将领也调往他处高就。面对这种情况，财政部也落井下石，拒不发给经费，税警总团成了无娘的孩子。恰好，与陈诚、汤恩伯同为蒋介石亲信三干将之一的胡宗南，因在沪战中损失巨大，急需补充，遂通过第三战区副司令长官顾祝同，将曾归他指挥的税警团余部接收下来，于当年改编为第四十师。

孙立人第一次知道了天子门生的厉害。胡宗南吞并了孙立人的部队，毕竟有点吃人家嘴短，拿人家手软的感觉，当孙立人一找到他，他就提出聘孙立人为他的少将高参。孙立人觉得胡宗南真是得了便宜还卖乖，心中不快，就拒绝了。

孙立人一回到住处，就有许多税警团伤兵来找他想办法。孙立人左思右想也想不出好办法，就动身去汉口找黄杰。黄杰正在汉口编写第八军在归德战斗的详报。孙立人一见到黄杰就说："人家流血流汗，国家没有安排，我们个人力量有限，究竟怎么办？"黄杰也知事情难办，只好推辞说："明天再说。"到第二天，孙立人再去见他，谁知黄杰已经走了。之后，就再没人管了。孙立人求告无门，心想只有找孔祥熙试一试，如此路不通，那就彻底没希望了。

此时的孔祥熙是蒋介石的红人，备受蒋介石信赖。1938 年 1 月，国民政府改组，蒋介石以身为最高统帅，前方战事紧急为由，请辞行政院院长。国民党中央随即任命孔祥熙为行政院长。1 月 3 日，孔祥熙在汉口就职，同时兼任财政部长、中央银行总裁、四行联合办事处副主席、赈济委员会委员长。

孔祥熙当上院长后，办事更谨慎。他的幕僚曾劝他联合国民党元老派居正、于右任和 CC 系，培植自己的政治势力，孔祥熙却说："我们今天完全是由蒋先生的支持而上来，蒋先生哪天不相信我，我哪天就滚蛋，联合这班人有啥道理？"他也很少与军人接触，他女儿孔令俊曾说："院长不结交军人，怕的是委员长吃醋。"

当孙立人见到办事圆滑、谨慎的孔祥熙时，就和盘托出自己的想法。孔祥熙亦有意重振税警团，对孙立人也钦佩，但他不敢贸然答应，他要考虑考虑。在孙立人走后，孔祥熙乃与原税警团德籍军事顾问史坦因商议，史坦因告诉孔祥熙说："你要重振税警团，非孙立人不可。"孔祥熙主意一定，乃召见孙立人，对他说："你再把他们成立起来。"

有了行政院院长孔祥熙的帮忙，孙立人事情好办多了。以往孙立人找人办事，人家都冷若冰霜，爱答不理的。这次把孔院长条子一亮，人们都笑脸相迎，围前跑后，犹如晚辈侍候长者。孙立人心中苦笑，觉得真应了古语："贫居闹市无人问，富在深山有远亲。"经过紧张的筹备，1938 年 3 月 1 日，财政部盐务总局缉私总队在长沙正式成立，孔祥熙将原税警团存在汉口财政部仓库的可装备一个师的武器装备交给孙立人，并委孙立人为中将总队长，赵君迈为副总队长，齐学启任参谋长。蒋介石也于百忙之中召见孙立人，并命孙立人多与孔祥熙商量扩建事宜。

孙立人选择在长沙岳麓山练兵，不是偶然的。其一，孙立人认为，原税警团的官兵中，湖南人占多数，他们机智勇敢，坚韧善战，缉私总队驻长沙，可多吸收湖南官兵。长沙又属国民党统治中心区域，他便于收容各路部队的零散士兵。其二，长沙岳麓山适于练兵，岳麓山位于湘江西岸，与长沙隔江相望，南北朝刘宋时《南岳记》载："南岳周围八百里，回雁为首，岳麓为足"，故而得名，山并不高，主峰海拔297米，山上植被茂密，层峦叠翠，山涧幽深，景观壮阔而秀丽，扼南北交通要道，是练兵的好地方。其三，岳麓山有清华大学留下的校舍，适于大量驻兵。在北平沦陷前，清华大学已在政府的命令下筹划南迁，并已南运一部分仪器至汉口。北平沦陷后，国民政府命清华大学、北京大学、南开大学在湖南长沙合组临时大学。清华校长梅贻琦于1937年8月底到长沙着手筹备，并于9月在长沙成立清华办事处。中旬，组成长沙临时大学筹备委员会，由北大校长蒋梦麟、清华校长梅贻琦、南开校长张伯苓任常务委员。10月25日开学，11月1日上课，在岳麓山租借韭菜园圣经学校，涵德女校及附近四十九标的营房作教室、办公室及宿舍。1937年底，战火逼近长沙，学校考虑昆明远离前线，便决定西迁昆明。1938年2月，临大第一学期结束后，师生便启程赴昆明，其中男同学200余名组织湘黔滇旅行团由闻一多率领，从长沙步行到昆明。孙立人是清华大学毕业生，他对清华有一种难以割舍的依恋之情，曾表示一日清华人，一世清华人。由此他对清华大学使用过的校舍也有一种亲近感。缉私总队遂扎营岳麓山。

缉私总队一建立，孙立人就宣布治军方针："经济公开，人事公开，训练严格，管理严格。"尤其对干部的选拔，始终坚持唯才是举，毫不受有无权势之影响。孙立人还成立税警教练所，培养下级干部。军官队与军士队第一期于3月1日同时开训，军官队队长贾幼慧，军士队队长刘放吾。同时成立第一团，任贾幼慧为上校团长。缉私总队发展很快。

1938年10月，蒋介石为保存实力，下令武汉撤守。他在日记中记曰："此时武汉地位已失重要性，如勉强保持，最后必失。不如决心自动放弃，保全若干力量，以为持久抗战与最后胜利的根基。"武汉一撤守，日军很快逼近长沙。孙立人急忙驰电重庆，请求将缉私总队转迁贵州，以便在大后方有一个安定的练兵环境。他的请求得到蒋介石、孔祥熙的许可，于是孙立人率缉私总队由湖南徒步行军进入贵州，驻防在都匀，继续集中训练。孙立人同时兼任贵州第三绥靖区司令。

向武汉集结的日军

一进驻都匀，孙立人就率部投入了紧张的军事训练。孙立人根据缉私总队的实际情况，结合美国军事训练的长处，参照典范令的做法，制订出一套教练实施方案，先在教导队试行，然后推广到各团，训练效果非常好。

孙立人对部队不忘体力训练，他特设体育处，请清华体育名师董守义的学生魏振武、史麟生等五人专司体育训练。训练设施完善，训练项目齐全，每年还组织一次体育运动大会。

孙立人还重视政治教育，他在总团设政治处，团设政治室，营设教导员、训育员，并派他的堂侄孙克宽、孙克刚兄弟俩协助教授政治训育课程，政治教育主要内容是孙中山的三民主义。

在各项训练中，孙立人处处身先士卒。他每天鸡鸣即起，深夜始息，出操上课、野外行军、夜间教育，他一步不离地盯着，如发现丝毫错误，一定要把它纠正过来。孙立人苦心练兵没想到与蒋介石不谋而合。

武汉撤守后，中国抗战转入第二期。蒋介石已有了持久战思想，这种思想在 1938 年 2 月时就已明确。当时，蒋介石在《抗战必胜的条件与要素》讲话中谈道："我们现在与敌人打仗，就要争时间。我们就是要以长久的时间来固守广大的空间，要以广大的空间，来延长抗战的时间，来消耗敌人的实力，争取最后的胜利。"

10 月 31 日，蒋介石又发表了《为国军退出武汉告全国军民书》，谈到保卫武汉之军事，"其主要意义原在于阻滞敌军西进、消耗敌军实力，准备后方交通，运积必要武器，迁移我东南与中部之工业，以进行西北、西南之建设"。蒋介石是想以西北、西南为根据地，展开长线的阵地战，争取时间，以待国际局势转变，从而转向反攻。他现在坚持持久战，而不再是以三年时间结束战争。

国民党军界要人在南岳军事会议上，左起：何应钦、蒋介石、白崇禧等

为此，11 月，蒋介石在南岳召开军事会议，提出"整理军队建立军队"的任务，指出今后抗战建国必须以"建军为中心"。他要求分三期轮流整训全国军队，把现有部队的三分之一用在前线，作有限度之攻击与反击，三分之一配备在敌后担任游击，三分之一调往后方整训。

日本原以为对中国战争能速战速决，没想到中国军民誓死抵抗，演变成了持久战，而蒋介石又坚持抗战。日本为瓦解中国抗战，乃想从抗日阵营内部打开缺口。

11月3日，近卫发表第二次声明，表示："以日、'满'、'支'三国相提携，在政治、经济、文化等各方面树立互相连环关系，倘国民政府能转换政策，变更人事，参加建立新秩序，日本并不拒绝。"声明排斥蒋介石，挑动国民政府内部投降派反蒋。

蒋介石也不敢怠慢，于12日立即发表《揭发敌国阴谋，阐明抗战国策》讲话，表示坚决抗战到底，要国人不要受骗，不要动摇。普通的国人未受骗，国民党副总裁汪精卫却动摇了。12月19日，汪精卫乘蒋介石开会之机离重庆，飞昆明，20日到河内，公开响应近卫声明。

汪精卫

事后，蒋介石写日记说："汪精卫之逃跑，实所未料。"冯玉祥则说蒋介石事先是知道的。蒋介石知道这时必须表明坚决抗战的决心，否则，会有更多的人逃向南京，重庆必然动摇。

24日，蒋介石向英、美声明汪精卫无权代表任何人谈判，中国不但不讲和，而且正准备更大规模的抵抗。声明发表后，蒋介石放了心，再来解决汪精卫投降问题。

1939年元旦在不和谐的气氛中到来。在元旦团拜后，蒋介石举行中央委员谈话会，询问大家对汪精卫怎么办？覃振要求开除汪党籍，并通缉。冯玉祥则说，我们把汪精卫弄成副总裁，是我们瞎了眼，"应该向国民认罪"。蒋介石听后却说："无论汪怎么不对，我们应当宽待他。"大家对此极为不满，七嘴八舌，有的骂，有的咳嗽，有的说蒋、汪唱双簧。蒋介石见情况不妙，急忙站起来背诵遗嘱，然后宣布正式开会，会议决定永远开除汪精卫党籍。

蒋介石对汪精卫逃走，倒不十分放在心上，而一进入1939年，最令他揪心的是共产党问题。自1937年9月22日，国民政府发表共赴国难宣言，正式宣布同意联共抗日以来，蒋介石就力图早日解决中共问题。其后，中共党组织和军队在敌后自行发展壮大，对此，蒋介石是决不允许的。他竭力将中共限制在规定的数目以内，以免威胁自己的统治。但1938年，河北、山东省向蒋介石报告："第十八集团军在该地自由发展组织，进行民运工作，不服从省政府领导。"12月30日，蒋介石立即召见彭德怀，并"当面严令其制止八路军的破坏活动"。

1939年1月，国民党五届五中全会召开，蒋介石在会上作《唤醒党魂发扬党德与巩固党基》的演讲。他大谈国民党危矣，原因就在党内有许多重大缺陷，党外有华北各地共产党的竞起，长此下去不猛醒，国民党就不免趋于消灭。他提醒国民党员要加紧反共斗争。国民党信仰的理论是三民主义，中共的信仰是共产主义，以行政手段强迫民众只能接受三民主义实际上就是对中共、对共产主义的排挤。然而，思想上的争夺是缓慢而不明显的，于是以国民党五届五中全会为转折点，国民党政府开始转变对中共的政策。蒋介石在国民党五届五中全会上提出了"溶共""防共"的观点，认为对中共是要斗争的，不打它但也不迁就它，一定会将中共"溶化"。可以"溶共"但是绝不"容共"，国民党绝对不会给中共以平等的党派身份，这样的态度使得抗战初期较为和谐的国共关系再次出现危机。会议通过的《对于党务报告之决议案》中提到，对于不符合国民党三民主义的思想要予以消灭，尤其要重视战区和敌人后方三民主义的传播和异端思想的杜绝。[①] 当时的中国，最为人所接受的思想是中共的共产主义，因此这个决议案虽未提到反对中共，但是却也指向性非常明确。1939年1月29日国民党五届五中全会发表的宣言提到要加强团结，但是它所认为的团结，必须在"精神必求其纯一"的原则下进行，也就是说只团结信仰三民主义之人，这也就再一次把坚定地信仰共产主义的中共排除在团结对象之外。会上更污蔑中共假借抗日的名义暗自发展自己的势力，企图分裂国家夺取政权。国民党五届五中全会可以说是国共关系的又一次明显的转折点，但是这并不意味着国民党政府再次将施政重心由对外转向对内。尽管在暗地里不停地制造着与中共的摩擦，但是国民党并没有公开与中共决裂，也不允许公开与中共敌对，认为"在此团结御侮

---

① 《对于党务报告之决议案》，1939年1月29日。

时期"，维持国共两党的关系极为重要，反共活动"应以绝对保守秘密为原则"，因此国共双方仍旧是抗日民族统一战线之下的合作者，对外仍旧在积极抗日，国共双方保持着微妙的关系。2月12日至21日，第一届国民参政会第三次会议在重庆召开。会上中共参政员林祖涵等人联名提出《拥护蒋委员长严斥近卫声明，并以此作为今后抗战国策之唯一标准案》以及《切实拥护蒋委员长驳斥近卫宣言案》，但并没有得到通过，而是将其中敏感尖锐的问题含糊处理，合并为《拥护政府国策案》并予以通过。参政会上通过的决议案除了继续坚持精神统一，更提出"国家至上，民族至上；军事第一，胜利第一；意志集中，力量集中"的抗日口号，要求民众思想要一致，信仰要坚定，企图建立一个主义、一党独裁的国家。

在1939年3月公布的《国民精神总动员纲领及实施办法》中再次强调，全体国民要对国家始终坚定统一的三民主义的信仰，并且能够为了这一共同的信仰而奋斗甚至牺牲，这个总动员一方面鼓励广大民众要为抗战而努力，但另一方面也通过政令加强对中共、对共产主义的抵制。6月的《共党问题处置办法》继续强调要加强国民思想的一致性，要求国民党内外、全国上下都要以三民主义为最高准则，还明确要求"共党应即停止违反本党政策之种种荒谬宣传及共产主义思想之传播"，还查封了许多刊登、印刷中共思想文章的杂志和书店。在《办法》中，认定陕甘宁边区为"非法组织"，"绝不能令其存在"[1]。还对中共领导的军队进行严格的控制，八路军和新四军的所有编制必须遵照军政部统筹规定，绝对不可擅自招募，不得以任何名义组织游击队或其他武力，除非有战士伤亡，否则不能擅自扩编。为了防止中共发展壮大，严格限制中共私自与地方接触。[2]国民党五届五中全会上通过的各种举措，无论是注重农村党员的发展，还是大力宣传三民主义，抑或是加强基层党组织建设，这都是在从各个领域与中共进行争夺与角逐，防止中共的继续发展。会后，还通过了《限制异党活动办法》《异党问题处理办法》等反共文案，提出"抗战只有一个领导，政令军令必须统一"的口号，还决

---

[1] 安徽省文物局新四军文史征集组：《皖南事变资料选》，合肥：安徽人民出版社，1981年版，第373页。

[2] 魏宏运：《中国现代史资料选编》（4），哈尔滨：黑龙江人民出版社，1981年版，第613页。

定成立"防共委员会"，对八路军、新四军，对边区、共产党也制定了许多限制方法。为限制中共活动，《限制异党活动办法》要求加强保甲制度，在各保甲区实行连坐制，威胁百姓不许与中共往来；每个甲长都要充当政治警察，领导当地人民防治异党活动。国民党五届五中全会是国民党政府在新的政治局势下对中共问题处理策略的转折点，反共倾向由此越发明显。

有总裁指示，下边自然心领神会，卖力行动，于是就有 4 月山东博山惨案、6 月冀中惨案、平江惨案，河北马庄惨案，11 月确山惨案、竹沟惨案、晋西事变、陇东事件。

中国共产党对这种同室操戈的做法极为愤慨，强烈要求停止反共活动，蒋介石却从中共的正当要求中看出了"反叛"的苗头。12 月 30 日，蒋介石在日记中表露了这种心思："昨夜，接朱德等通电，要求政府惩办反共人士，取缔反共言论等，其乱迹已显。但其用意仍在扩充地盘，巩固其边区，甚恐我军进剿也。此种乱党叛徒，近之则不逊，远之则怨，其难养有甚于小人也。"

在贵州都匀的孙立人也在烦恼。在他的努力下缉私总队发展很快，1939年 3 月第二团成立，唐守治为上校团长。到 1939 年底，缉私总队已扩大到五个团和五个独立营，已具备了真正的抗日杀敌的实力，但蒋介石却不再以积极对日作战为主，对中共军事摩擦倒频繁起来，使孙立人苦心孤诣训练的钢铁部队，一时竟有报国无门的感觉。他终日苦闷，难得其解，遂决定抵云南昆明，往见老同学散散心。

昆明，这座春之城，花之城，有四季如春的温暖气候，滋润了树木和花草，到处可见色彩鲜艳、形象别致的花朵，以及根深叶茂、翠绿欲滴的大树，整个城市被郁郁葱葱的树木、花草所包围，显得极为美丽和幽雅。这里远离前线，听不见炮声，看不到硝烟，一切似乎都像战前一样。

在这座美丽的城市，孙立人见到了久别的清华同学王化成、浦薛风、孙国华。同学相见，分外亲切，彼此叙述别后经历。孙立人畅谈了参加淞沪战役经过以及在贵州操练情形。

次日，孙立人、王化成、浦薛风、孙国华一行先在转塘集合，然后乘坐有棚大船，开留声机、玩桥牌，颇不寂寞。抵西山后，大家沿山而上，穿行于古木浓荫中。先观建于大理国时代的华亭寺，再往横坡以南，游境界清幽的太华寺。接着往南登上层峦叠嶂的三清阁。孙立人被大门上一对联吸引住，他不禁念道："置身须向最高处，举首还多在上人。"他觉得这联确具生活哲理，道尽人间一切。在三清阁孙立人与同学共进西餐。下山归城仍旧乘舟，沿途听邻船票友清唱，兴尽而回。

重庆黄山官邸，是侍从室为使蒋介石躲避日寇飞机的轰炸而选中的。这里前临凉风垭、左傍老鹰岩，花木茂盛，风景秀丽，空气清新，十分幽静，夏季气温比市中区低五六度。官邸以云岫楼和松厅为中心结构，云岫楼为蒋介石的住宅，是一座三层楼房，雄踞右面高峰。蒋介石住第三楼右角。房屋三面皆有大玻璃窗，临窗眺望，重庆全景尽入眼底。云岫楼前面一峰独秀，有一小亭，名望江亭。松厅是宋美龄的住宅，在云岫楼后面山下的幽谷里。松厅是半中半西式建筑，正房为中式平房结构，房前走廊很宽，宅后一片松林。夏天在走廊小坐，松影摇曳，清风习习，令人尘烦尽消。厅前院内有两株丹桂，枝繁叶茂如两把大伞覆盖全院，每到秋天，丹桂怒放，香溢四谷。

官邸如此美景，蒋介石无心欣赏，他急于解决共产党问题。蒋介石觉得应尽量在1940年内解决这一难题。1月4日，蒋介石就让何应钦召见叶剑英，指示中共不得扩大编制和边区。谁想19日毛泽东发表《新民主主义论》，反对蒋介石的一个党、一个主义论，抨击了蒋的反共行为。

蒋介石向来倔强，以往连孙中山的命令也照样可以不听，气得孙中山批评他像个君主，这下遇到对手，牛脾气更上来了，非要与共产党一决高下。此时，蒋介石之心路人皆知。

美国记者贝克说得明白："1940年，当我到达中国时，凡有政治头脑的中国人都承认，这个政权正在积蓄力量，准备打一场反对另一个大党——中共的大战。这表现在轻视前方，在前方驻防的都是较差的部队，好的部队反而放在后方。而最亲信的精锐部队则保留在更遥远更安全的大后方。"

蒋介石有时真生部下的气，觉得他们真真正正是一群饭桶——为什么都是中国人，都在中国土地上，共产党人就善于打游击而国民党人就不行？共产党的军队从开始的四万多人，很快发展到十几万人，而他派到敌后的几

111

十万人，不但不能扩大，反倒日益减少，有的甚至完全消亡，这到底是为什么？难道共产党人有三头六臂？蒋介石心里真不服气。

3月7日，蒋介石手书对第十八集团军的指令要点五项：一、不应认防地为私有，不应掩护叛军与袭击友军。二、应言行一致，协力互助，建立共信。三、不应擅委官吏，更不应残杀政府官吏。四、不应尽征民粮，断绝民食。五、不应擅发私钞。9日日记云："军事如常，无变化，惟共党作祟为可恨耳。"蒋介石想解决中共，未想到螳螂捕蝉，黄雀在后，日本也在算计他。

日本尽管在3月26日扶植汪精卫，正式建立汪伪国民政府，但其分化、瓦解抗日阵营的目的并未达到。日军陷入中国战场，欲进无力，欲罢不能，日海军又力主南进。在困境中，日本参谋本部在3月决定，在本年中解决"中国事变"，使中国屈服，然后抽身南进。

在随枣战役中日军死伤惨重

5月，日军发动襄宜战役，以确保武汉并威胁重庆。日军8日占领枣阳。11日国民党部队进行反攻，16日第三十三集团军总司令张自忠阵亡。6月1日，日军攻陷襄阳、南漳，10日中国军队放弃宜昌。

1941年5月7日开始，日本侵略军在华北发动大规模的攻势，进攻重点是山西南部的中条山地区。驻守在中条山地区的部队，有国民党第一战区司令长官卫立煌统辖的中央军九个军：刘峙第九十三军驻芮城地区（后调至晋东南），李家钰第九十八军驻平陆地区，高桂滋第十七军驻绛县地区，刘茂恩的第十五军驻翼城地区，陈铁第十四军驻阳城、沁水地区，孙殿英新一军驻壶关地区，范汉杰第二十七军驻陵川地区，庞炳勋新五军驻晋城地区，豫北沁阳、济源一带驻有高树勋的新八军。第二战区司令长官阎锡山所辖的第八、第十三集团军所属四个军也分别驻守在晋西、晋南和晋东南地区。两战区兵力计有 25 万人。黄河西岸还有几十万围困陕甘宁边区的胡宗南军队。5 月7 日，日军发动攻势时，负责中条山军事指挥的第一战区司令长官卫立煌被蒋介石召往四

1940 年在襄阳与日军战斗中不幸牺牲的张自忠将军

川远离前线。何应钦曾亲赴洛阳指挥，由于指挥失当，国民党军队士气低落，在中条山战役中遭受严重失利。

8 日，西路日军片山旅团由张茅大道南下，对国民党军第一百六十五师、新二十七师发动围攻。11 日晨，日军步兵在飞机协同下再次侵犯南沟，国民党军溃退过河，日军侵占南沟。东路日军从阳城、孟县、济源分别围攻国民党军陈铁、高树勋部，又从西路日军中调出第三十六师团，配合第三十三师团，准备围歼陵川附近的国民党军第二十七军。此时，第二十七军军长范汉杰为保存实力，决定撤出晋东南地区，向太行山东麓河南辉县一带逃跑。"大军浩浩荡荡，在崎岖的羊肠山路上，首尾密集，长达一百余里。先锋已到太行山巅王莽岭、马武寨，后尾还在陵川城。担架兵抬的是各级军官的太太、少爷、小姐。"经过两天一夜，到了辉县，继续向林县前进。途中接到侦察员的报告，日军因二十七军向河南逃跑，连陵川也没有到，即返回原地。范汉杰却对部下说："这次行动避免了与敌人的遭遇，全军作了一次远距离的行军演习，也算最大的收获。"乃命令部队返回陵川。范汉杰返回陵川后，即电告胡宗南："我孤军抗战，腹背受敌，实难取胜……"胡宗南为保存实力，复电范汉杰，返回河南原防地灵宝、渑池待命。

随着战局的不利，内地出现了许多有关不祥之兆的传说，称长城内下了

六月雪，上海的太阳还出现了晕圈。国民党军士气降到最低点，一切都不如意。日本更日夜轰炸重庆，到处撒播死亡的种子。人们面对死亡、暴力，无处可逃，于是学会了逃避，在忍受中用某种哲学来做精神安慰。物价也普遍上涨，早市上讨价还价的尖声频率加大了，店员每天都在更换价目牌，粮店前，争在涨价前购米的人排成长龙，等待开门。傍晚的月光下，双双情侣手挽手边散步边谈论，物价上涨了，不可能结婚了。

孙立人倒是不必为吃饭而发愁，他为上不了战场发愁。正愁着，9月有部下来报告，说地方政府请求助剿地方土匪。孙立人闻听，一口答应，马上派出部队，帮助剿匪。部队一出，小试牛刀，黔南诸匪遂被剿灭。孙立人获得甲种一等干城奖章。11月孙立人觉得缉私总队名不正，遂呈请财政部恢复了原名税警总团。

此时，最高统帅蒋介石心里也憋着火，犯着愁。日本人步步紧逼，经济形势又是如此不好，叫他如何对付中共。他心里想："你们打算盘吧！你们算算我们有多少军队，有多少发弹药，有多少加仑汽油，但是我不在乎。17年前，我开始的时候，才有军校的2000名学生，那时英、法、美、日都反对我，共产党也比今日更强大，我没有钱，但是我向北打败了军阀，我统一了全国。现在我有200万人马，半个中国，而英美又是我的朋友，让他们来吧。要是他们把我赶到西藏，五年后我要回来，并且再征服全中国。"

蒋介石决心按既定方针办，他接连不断地向中共发去令牌。7月16日，中央提示案：

一、划定陕甘宁边区范围，暂隶行政院，但归陕西省政府指导。

二、划定第十八集团军及新四军作战地境，将冀察战区取消，其冀察两省及鲁省黄河以北并入第二战区，仍以阎锡山为司令长官，以朱德为副司令长官，秉承军事委员会命令，指挥作战。

三、第十八集团军及新四军奉令一个月内全部开到前条规定地区之内。

四、第十八集团军准编为三军六个师，三个补充团，另再增两个补充团；新四军准编为两个师。

10月19日，何应钦、白崇禧在蒋介石指使下，向朱德等发皓电，限令八路军、新四军各部队于一个月内全部开到黄河以北。

12 月 7 日，蒋介石批准下达了《黄河以南"剿灭"共军作战计划》，决定：第一步，以顾祝同部兵力于 1941 年 1 月底前"肃清"江南新四军，然后"肃清"江北新四军；第二步，以李宗仁部于 2 月 28 日前"肃清"黄河以南的新四军。

8 日，蒋介石令长江以南新四军于 12 月 31 日开到长江以北，长江以北之新四军于 1941 年 1 月 10 日以前开到黄河以北，黄河以南之十八集团军于 12 月 31 日前，开到黄河以北。

10 日，蒋介石密令顾祝同："按照前定计划妥为部署，至限期该军仍不遵令北渡，应立即将其解决，勿再宽容。"

按照蒋介石的命令，顾祝同集结了七个师约八万人的兵力。1941 年 1 月 6 日至 14 日，顾祝同所属上官云相等部在皖南泾县茂林地区大举围攻新四军，是为皖南事变。17 日，蒋介石下令解散新四军，撤销其番号。蒋介石觉得这是好事，当天在日记中记云："解决新四军案，撤销其番号，此为国民革命过程中之大事，其性质或甚于民国 15 年 3 月 20 日中山舰事件也。经此一举，威信树立，而内外形势，必更为好转矣。"

但此举却对蒋介石无一点好处，美苏均不赞同，全国舆论同情中共，一些原本相信国民党的医生、教师、工程师也不满，议论四起：

"如果委员长果真只是要新四军转移，那就应给以更长的时间。何况，游击队员们都住在家乡，在无战斗任务的时候，要劳动养家，一旦要他们远离家乡，那是要好生安排一番的。"

"为什么要把他们北调呢？一旦把他们放在生疏的地方，他们就不能像在家乡一样，成为好游击队了。"

"为什么要调动呢？那要把大片领土让给日本人呐，中国人不打中国人嘛！"

连事变指挥官上官云相也说："这是内战，自相残杀，在抗日战争民族大义上

当时的《良友》画报对新四军的报道

115

是理屈的，摆不上桌子面的事。"

在贵州的孙立人闻知此事也感到震惊，他以往就曾经说过："我不管什么党不党，一个军人能为国家为民族尽一份力量，就是好样的。"孙立人觉得蒋介石做了一件大错事，古代孟子就说过："人必自侮，而后人侮之；家必自毁，而后人毁之；国必自伐，而后人伐之。"古人都清楚的事，现代政治家蒋介石为什么不清楚？

孙立人也觉察到皖南事变后人们的不安和不满增加了，国民党政府再次加强了思想控制。孙立人也接到国民党中央的指示，严令各部队彻底清查共产党人。孙立人对这个命令不以为然，他只是笑笑，对此无动于衷。

蒋介石心里又怨恨起英美，他怎么也忘不了那令人痛苦的日子。1938年冬，武汉、广州失守，蒋介石把援助的希望寄托于英美身上，谁知英国怕引火烧身未作任何反应，美国总统罗斯福则说："美国当前还不准备承担这个领导责任。"蒋介石碰了一鼻子灰。

蒋介石面临困境，但他不打算屈服，他深信中国将拖垮日本，历史将给他送来盟友，于是蒋介石不顾一切地在崇山峻岭中开凿一条滇缅路。它于1937年冬开工，以昆明为起点，经楚雄、下关、保山、芒市抵畹町，进入缅甸后经腊戍与铁路相连，直通仰光。1938年12月建成通车。通过此路运进国内的物资，每月平均一万吨，成了中国抗战唯一的输血管。但就是这个输血管也被英国在日军战争威胁下于1940年7月18日关闭。

蒋介石不得已在1940年6月底派宋子文以私人代表身份出使美国，请求美国贷款，但最初几个月，宋子文一无所获。

直到1940年9月，情况才有了转机，当时日本占领越南北部，并与泰国签订友好条约，这极大地刺激了英美。25日，美宣布追加对华贷款，26日宣布对日禁运钢铁，10月12日，罗斯福发表演说，称："美国援助被侵略者，无意屈服于胁迫、威吓，而走向独裁者们所指示的道路。"10月17日，英国首相丘吉尔再度开放滇缅公路，援助中国。

蒋介石感到严冬过去了，他会重新有一个良好的开端。他觉得英美态度不定，决定采取独立自主的政策，以观其变。31日他在日记中说："独以倭寇为敌，而对英、美，对德意皆采中立政策，以待俄国表明态度，或其参加战争以后，我乃决定取舍。如此，则对美、对德、对俄，皆有进退自如之余地，而且皆可由我自由抉择。此独立自主政策，乃为目前唯一之上策。"

为求独立自主，蒋介石准备集中力量经营滇缅路。

当年修筑滇缅公路时的情形

1941 年 1 月，英国驻华武官丹尼斯邀请中国派军事代表团前往缅甸、印度、马来西亚进行军事考察，蒋介石欣然同意。他亲自拟订了代表团名单，以商震为团长、林蔚为副团长，成员有杜聿明、侯腾等，并嘱赶快出发。

2 月，代表团启程对印、缅、马进行长达三个月的军事考察，嗣后向蒋介石呈递了《中国缅印马军事考察报告书》，报告书中提议：中英两军为确保仰光海港之目的，应集结主力在缅泰边境的毛淡棉、登劳山脉及景栋以南地区，预先构筑阵地采取决战防御，并将重点指向毛淡棉方面。蒋介石看后认为很好，又得知英国驻新加坡总督波普和驻华武官丹尼斯均十分赞同，并期望中国军队积极部署，及早入缅布防。蒋介石大为兴奋，嘱令马上准备。中国成立了军事委员会驻缅参谋团，以林蔚为团长、肖毅肃为参谋处长。

正当蒋介石跃跃欲试之际，不幸的消息又来了。4 月 9 日，美国同日本达成《美日谅解案》，美国承认伪满洲国。13 日，斯大林同意与日本订立《苏日中立条约》，期限五年，苏联也承认伪满洲国。美苏两国均于危难之时，轻易地牺牲中国领土主权，而换取自身安全。这是举世皆然的"国本位"思想，牺牲者只有弱国。蒋介石感叹弱国无外交。

全面抗战爆发后，蒋介石十分重视与英、美的关系。中美、中英关系时冷时热，但英美总体趋势却在曲折、徘徊中加大对中国的援助力度，英美的对华政策从根本上是出于维护自身利益的需要。英美在华利益随着日本侵华战争的推进而愈加受损。起初的不予理会是因为英美尚未认识到日本的狼子野心,日本全面侵华后与英美的矛盾日益尖锐。英美等国对日态度由纵容转为舆论上的否定,这种转变使国民政府再一次看到了得到英美协助的曙光。

1938 年 10 月,广州、武汉相继失守,中国抗日战争进入相持阶段。蒋介石更倾向于与日本通过和平谈判解决中日问题,于是决定在抗战第二期采取军事与政治手段并用的策略,一面以武力继续抗战,一面谋求与日本秘密谈判。此时国民政府的外交方针是建立在四个原则基础上的:其一要反对日本侵略,保证领土行政主权完整;其二遵守国际公约;其三拒绝与他国缔结反共协定;其四外交自主,为实现中国自由平等、实现三民主义和世界和平而努力。[1]国民政府非常清楚,在战事失利的情况下对日谈判根本没有资本,直接与日本进行谈判,无异于羊入虎口,对于日本提出的漫天要价也是毫无招架之力,必须要借助英美等国从中操作、调停。因此,国民政府大声疾呼,中日战争"非有国际干涉共同解决,则决不能了结。否则,直接讲和,则中国危矣"![2]呼吁西方国家关注亚洲太平洋战事,协助中国对日作战。日本侵华态势的迅猛发展使英美等国不得不重新审视中国的地位。如果继续放任日本对中国的侵略,待到日本征服中国之时就意味着要放弃亚太地区的权益。这是英美等国无论如何也不愿面对的结果,因此英美也不希望国民政府与日本直接交涉,一方面若中日直接达成协定,英美从中无利可图,另一方面也会破坏以中国牵制日本的计划,可能使英美两面受敌。因此为了从中日问题中获益,1938 年 6 月,英国副外交大臣巴特勒就曾表示,英国愿意调停中日问题,同年 12 月,英国驻华大使卡尔到重庆与蒋介石进行了七次会谈,商讨调停问题。

在 1939 年 1 月国民党的五届五中全会上,国民政府认为,在抗日战争第二阶段,"期待外交上之努力更为迫切"[3],要更加积极地争取国际助华抗日。国民党五届五中全会的外交报告中提到,中国的外交途径要从三个方面进行努力,既要使各国拒绝帮助日本,还要让各国支援中国,更要努力让

---

① 毛泽东:《毛泽东选集》第一卷,北京:人民出版社,1991 年版,第 252~253 页。
② 张其昀:《先"总统"蒋公文集》,台北:"中国文化大学"出版社,1984 年版,第 1176 页。
③ 秦孝仪:《革命文献》第 79 辑,台北:"中央文物供应社",1979 年版,第 512 页。

各国运用自己的力量维护中国、东亚的和平。国民政府的外交政策是依托在对内政策之下的。在五届五中全会之后，国民党政府已经再次转向反共，中共的存在虽然有助于国内抗战，但是也给国民党带来了巨大的"威胁"，因此中共的武装力量并不被国民党政府视为抗日所需，而是为国民党政府不允许存在的。于是，此时的国民党更加侧重于争取外国的援助，实行多重外交，将中国的抗战放在国际的反法西斯战争中以谋他国帮助。五届五中全会后，国民政府将驻美全权大使由王正廷更换为更受美国青睐的胡适，兼顾借款、购械、宣传等具体工作，以求拉近与美国的关系。1938 年 10 月，国民政府外交部致电胡适，阐明了中国对美方针：在欧战发生时需促使美国总统实行隔离侵略者的政策，对日实行远距离的封锁，不要置身事外；希望美国将中立法中禁止军火及军用品输出及财政援助等方面对日落实；同时，要努力争取美国政府在最短的时间内给予中国现金或信用借款。[①]

国民政府对胡适的函电其实就是接下来三年中国政府对外方针的纲领。英美在此时仍旧不愿动用军事力量，在经济援助方面也没有对国民政府的诉求做出迅速回应。但是一方面，中国能够起到牵制日本的作用，另一方面美国如果继续无所作为，那么作为唯一援助中国的苏联会在日后控制中国，这样只会有利于共产主义的发展。出于双重考虑，英美决定在经济上给予中国一定的援助。1938 年 12 月 15 日，美国借给中国两千五百万美元的桐油款，这是美国在抗战期间向中国提供的第一笔贷款，标志着美国援华的开始，

时任驻美大使的胡适

对于相持阶段的中国抗战起到重要的鼓舞作用，胡适甚至认为这笔贷款具有救命和维持体力的作用；美国财政部长也宣布延长《中美白银协定》的有效期。

1939 年 2 月，日本登陆海南岛并企图将其作为发动太平洋战争的军事

① 中国社科院近代史所中华民国史组：《胡适任驻美大使期间往来电稿》，北京：中华书局，1978 年版，第 1 页。

基地。蒋介石立即对此发表意见，认为这是太平洋上的"九一八"，必将引起太平洋局势的改变，因此大造舆论。国民政府先后向美英法苏提出建议：中国尽量供给兵力、人力、物力，其他国家尽量调遣海空军来远东协同作战；经济上共同对日实行制裁。① 对于中国提出的建议，美英法都认为时机尚不成熟，远东的局势还未发展到需要与日为敌的程度，因此对蒋介石的高声呼吁并没有予以热情的回应。

1939年3月8日，为了回应蒋介石对日本登陆海南岛的反对之声，英国再次向中国提供借款五百万英镑，7月27日又新增三百万英镑。在给予中国经济援助的同时，英美等国为了在远东复刻慕尼黑阴谋，大量散布为解决中日冲突而召开太平洋国际会议的信息。国民党更加坚定地认为"中日问题将由列强以压力加诸中日两国解决"，因此不断地在舆论上拥护太平洋会议的召开。然而英美等国不过是打着调停的旗号实行侵略之实，英国与日本签订了一系列损害中国利益的协定，企图以牺牲中国利益为代价谋求自身利益。1940年5月，英日签订《天津协定》，将中国存放在英租界的白银封存；7月18日，英国又切断了中国通向东南亚的陆上交通线。

1939年9月欧战爆发，欧洲局势的巨变让蒋介石倍感"欣慰"，期盼已久的国际战争终于爆发，蒋介石"深信国家必能从此复兴也"②。接踵而来，美国取代英国的调停身份，继续推行远东的慕尼黑阴谋。国民党政府非常愿意美国插手中日事务。早在1938年5月美国史迪威上校来中国前线视察时，国民党政府就授意中国第五战区司令长官李宗仁向史迪威上校表达了希望美国予以中国贷款和购买战略物资便利的意愿，并设身处地为美国着想，认为援助中国是美国守卫太平洋地区的最佳选择。抗战期间日本的战略物资和原料绝大多数都来自美国，1939年3月，蒋介石致函罗斯福，要求美国停止对日本提供军用器材，尤其是钢铁、煤油。7月，美国宣布废除《日美通商条约》，对日本采取经济制裁。美国对中国的积极响应使蒋介石"深感振奋"，

---

① 中国社科院近代史所中华民国史组：《胡适任驻美大使期间往来电稿》，北京：中华书局，1978年版，第15页。

② 全国中共党史研究会：《中国抗战与世界反法西斯战争》，北京：中共党史资料出版社，1988年版，第155页。

更有信心能够争取美国的调停。1939 年 10 月，国民政府外交部长王宠惠呼吁美国促成调停。

10 月 29 日至 11 月 5 日，国民党政府召开第二次南岳军事会议，蒋介石再次表示把中国抗日战争胜利的希望寄托在英美的身上，中日问题是世界问题的一环，必须和世界问题同时解决，"一定要与势在必起的世界战争连接起来，并且要与世界战争同时结束，才能获得最后的胜利"[1]。1940 年 7 月，国民党五届七中全会在《关于政治报告之决议》中对日后中国的外交方向做出指导。除了日本之外，对其他国家应继续抱以"多求友少树敌"的原则，联合在太平洋有切身利益的国家。对美、苏，继续加紧努力，增进相互合作；对英、法，要尽力维持固有关系；对德意等法西斯国家"不仅以维持现存友谊为满足，更宜积极改善邦交，以孤敌势"[2]。此后的外交行动不仅仅局限于消极维持现状，更要积极力图改善。10 月，蒋介石两次接见英国大使卡尔，提出具体的军事合作计划，承诺日本如南下太平洋中国会以陆军相协助，日本如进攻云南希望英国以新加坡空军相助。在约见美国驻华大使时，蒋介石表示，在中美合作中，中国愿意追随美国。对于国民党的呼吁美国颇感兴趣，充当调停也能够使美国从中获益。于是美国一方面继续在舆论和经济上对中国予以支援，在 1939 年 11 月 4 日致函蒋介石，保证美中外交的正常化，1940 年 3 月对华贷款两千万美元，10 月签订中美《钨砂借款合同》，再向中国提供两千五百万美元借款；一方面与日本进行交涉，插手中日问题。

从 1940 年到 1941 年，美国与日本针对中国问题进行多次谈判，并向日本提出了美国制定的双方接受调停的条件，即要求日本承认中国独立，并从中国撤兵；恢复门户开放；蒋汪政权合并；中国承认"满洲国"等。[3] 这个调停条件包含的内容无疑是以牺牲中国为前提，满足日美利益需求的远东慕尼黑阴谋，以为如此便能够和平解决中日问题，并保持了中国的独立，守卫

---

① 张同新：《陪都风雨——重庆时期的国民政府》，哈尔滨：黑龙江人民出版社，1993 年版，第 36 页。

② 荣孟源：《中国国民党历次代表大会及中央全会资料》下册，北京：光明日版出版社，1985 年版，第 635 页。

③ 全国中共党史研究会：《中国抗战与世界反法西斯战争》，北京：中共党史资料出版社，1988 年版，第 143 页。

了国民党的统治地位，蒋介石政府想必也不会予以拒绝。不幸中的万幸，日本当时已决意南下，拒绝与中国和谈，不惜与英美为敌，这才使中国避免了成为第二个捷克斯洛伐克的悲惨命运。

而此时，蒋介石十分清楚地认识到中国战场对于英美牵制日本势力的重要性。为了武装自己，国民政府不择手段地逼迫美英给予中国支援，国民政府深知如果还像"九一八"事变后那般单纯地发声呼吁是不可能得到切实的帮助的，于是以与日本媾和作为王牌，通过间歇性地与日本接触来给英美施压，向英美传递中国如果得不到及时的援助随时可能与日本单独媾和的信号。1940年11月21日，蒋介石召见美国驻华大使詹森时表示了日本对重庆提出媾和的条件，以及企图诱降国民政府。同时蒋介石也致电罗斯福，表示日本已经认识到不可能摧毁中国军队，目前渴望与中国签订不苛刻的和约。日本诱降国民政府的风声使罗斯福深感担忧，一旦日本诱降成功，美国在华利益必将遭受空前的打击。"如果我们不赶紧做点什么，自由中国的国内状况就会迅速恶化。"① 于是，11月30日，美国宣布给予中国一亿美元的贷款，英国也追加了一千万英镑援华。

1941年，英国在远东对日本屡屡让步却招致日本得寸进尺的侵略。法国向德国投降之后，欧洲战场的局势不容乐观。而日本对越南、泰国的侵犯严重威胁到英属新加坡、缅甸，美属菲律宾、关岛。但英国在欧洲亦是自顾不暇，不可能分兵守卫亚洲，因此从丘吉尔上台后便开始加大了对中国的援助力度，以求继续以中国牵制日本。1940年12月29日，在第三次连任美国总统一个月后，罗斯福发表了"炉边谈话"，声称在日甚一日的战争威胁下，中美国运密切相关，美国要承担起民主国家军工厂的职责，将向中国提供大量的军事援助。② 这不仅给国民政府带来胜利的希望，也为美国继续增援作战国家和日后参战提供了舆论准备。1941年2月，中美签订《金属借款合约》，美国向中国提供贷款五千万美元，年息四厘，用以向中国购买军用金属，总

---

① 转引自陶文钊：《中美关系史（1911-1950）》，重庆：重庆出版社，1993年版，第218页。
② 罗伯特·达莱克：《罗斯福与美国对外政策》，北京：商务印书馆，1984年版，第369~370页。转引自张同新：《陪都风雨——重庆时期的国民政府》，哈尔滨：黑龙江人民出版社，1993年版，第197页。

价值约六千万美元。3 月，美国《租借法案》的通过意味着出于维护自身利益的考虑，美国终于开始向中国施以实质性的援助。美国总统罗斯福公开表示必援华到最后胜利为止。罗斯福派人从重庆带回中国的援助需求，并且在国会通过的《租借法案》中答应将中国作为受援国。宋子文在美国成立了"中国国防用品公司"，并聘请了罗斯福的助手担任公司法律顾问，以便于与美方联络，筹集军火。

在美国予以中国大量物资支援的同时，苏联一反往日积极援华的态度，丝毫不顾及中国的利益，于 4 月 13 日和日本签订《苏日中立条约》，《条约》规定苏联承认"满洲国"，日本承认蒙古为苏联所有。6 月 17 日订立了《"满蒙"划界协定》。此举严重损害了中国的领土主权，苏联对日的中立态度既不利于中苏在抗战期间一直以来的友好交往，也加剧了日本的侵华态势，使中苏关系再次恶化。《苏日中立条约》签订后，日本在无后顾之忧的背景下立即大举南下，进犯华东、华中、华南等地，使中国的抗战局面陷入了空前紧张和困难。蒋介石为此再次向美国求援。美国总统罗斯福一方面批准了美国军事人员赴中国参加陈纳德飞虎队的请求，协助中国航空作战，一方面决定将四千五百万美元的器材援助中国，并于 4 月 25 日与中国签订了《平准基金协定》。5 月 25 日美国政府批准了第二批价值五千万美元的援华武器。从 1939 年到 1940 年，美国向国民政府投入了近三亿美元的贷款，成为仅次于苏联的援华最多的国家。

美国的一系列行为让国民政府深感欣慰，也更加寄希望于英美势力。苏联在与日本签订《苏日中立条约》后，在公开场合刻意回避中国，为了避免祸水东引，还减少了援华力度，甚至不同意中国的战略物资经苏联运入国内。苏联的举动使中苏关系达到了抗战以来的最低点，也将国民政府不留余地地推向了英美。

贵州都匀，孙立人也面临一大难题。贵州虽是天高皇帝远的边地，但黄埔势力依然存在。蒋委员长用人原则为私，一浙江二黄埔三陆大，凡是系列中人均为天子门生，备受器重。因此黄埔生往往居位自傲，目空一切，大有不可一世之态。孙立人虽有行政院副院长孔祥熙、贵州省主席吴鼎昌的器重与支持，并有恩师周贻春的鼓励，但仍难逃黄埔系的侵扰。

同驻贵州的黄埔一期生刘伯龙，向来目中无人，更容不得别人比他强，他见孙立人训练的缉私总队兵强械精，威武雄壮，反观自己部队自叹弗如。他头脑中根本没有苦干竞争的意识，有的只是对孙立人部的极端敌视、作对，不断挑衅。

一次，孙立人部刘放吾团前往接新兵，路过刘伯龙驻地，刘伯龙即唆使部下开枪挑衅，部下说："这样干会闯祸吧。"刘伯龙眼睛一瞪说："让你干你就干，天大的事我顶着。"当孙立人部官兵返回时突遭刘伯龙部火力攻击，当即伤亡数人。新兵闻枪声大乱，一哄而四处逃散。孙立人闻听报告大怒，亲至重庆据理控诉，但天子门生从下到上都有人，死亡数人的大事，最后大事化小，不了了之。孙立人心中悲愤，愁苦终日。

谁知一波未平，一波又起。当时国民政府后方缉私和检查机关林立，有海关外勤人员管关税，有盐务税警，有统税稽征员、查验所，有公路管理稽查处（曾养甫）、公路统一运输检查处（戴笠）、西南运输处（宋子良）。这些检查机关，经常彼此冲突，冲突结果经常告到上级机关，于是财政部、军委会、交通部经常争论不休。

1941年，李滋罗斯率英国财政金融考察团来华，考察后向蒋介石建议，开辟税源以增加财政收入。蒋介石正为大量财政赤字而头痛，于是欣然接受建议，决定成立财政部盐务总局缉私署。对于署长人选，蒋介石让孔祥熙推荐。孔祥熙与戴笠有私怨，不肯让戴笠做署长，在给蒋介石签呈时，请委杨虎为署长。但蒋介石看后却把杨虎二字圈去，改填戴笠。戴笠终做了缉私署署长。戴笠何许人也？这么得蒋总裁信任？

戴笠，字雨农，1897年生于浙江江山县的一个破落地主家庭。少年好赌，后考入黄埔军校第六期。1928年任蒋介石侍卫随从，1930年组织搜集情报的十人团。1931年蒋介石下野后，组织拥蒋组织"力行社"，次年成立复兴社，蒋介石为社长，戴笠任特务处处长。由于其在西安事变中表现出忠心，1938年，蒋介石亲下手令追认他为黄埔第六期正式生，并介绍他加入国民党，任军统局副局长，掌握实权。戴笠对主子的百般忠诚，使得蒋介石十分宠爱与器重这位"中国的希姆莱"，戴笠与陈诚成了被蒋介石信任的炙手可热的人物。

戴笠欲当缉私署署长，对孙立人的缉私总队垂涎欲滴，遂通过蒋介石，要孙立人把整个缉私总队的军政大权交出，许诺孙立人为缉私署副署长。孙立人内心愤愤不平，他练兵为抗日，而不是为自己升官发财。他往访孔祥熙寻求帮忙，孔祥熙虽然支持他，但因在蒋介石那已碰了一颗钉子，也不好过多介入。

孙立人在无可奈何中，最终表示同意交出一半部队，戴笠终将孙立人部队吞下一半，孙立人满腔怨恨，有口难言。而戴笠由于未全吞占孙立人部队，欲壑难填，一直对他怀恨在心，每天派特务监视孙立人的行动，并经常在蒋介石面前诋毁孙立人及其部队。蒋介石信任戴笠，屡屡下令申斥孙立人。

蒋介石自己觉得已看透了洋人，认为他们反复无常。他觉得罗斯福 5 月第二次炉边谈话"重申援助中国抗战"，是官样文章，没想到 6 月美国援助中国的 100 架 P-40 战斗机，开始首途中国，7 月美宣布冻结日本在美资产。蒋介石又觉得是自己的诚信外交起了作用。

11 月，日军总长杉山元下达了大陆命第 556 号命令，准备对美作战。苏联宣布对中国停止援助，美国亦准备与日本妥协，其议和三条为：1. 日本撤退在越南南部的军队，北越留驻两万五千人；2. 有限度地恢复美日通商；3. 中日间任何问题之解决应基于和平、法律、秩序、公正的原则。

22 日蒋介石复电驻美大使胡适，指示胡适阻止美日妥协。24 日美国坚持美日妥协。蒋介石急电英国首相丘吉尔，请他严正反对美日妥协。丘吉尔致电罗斯福："中国如果崩溃，将大大增加英、美共同的危机。"由于丘吉尔的反对，美国改变了态度。蒋介石擦擦头上的冷汗，舒了一口气说："幸赖上帝眷佑，得运用全神，卒能在最后五分钟千钧一发之际，转败为胜。"

在 11 月，蒋介石就接连接到几份报告，都是指控孙立人部的种种不法行为，蒋介石有些动气了。他觉得既然孙立人部不可救药，那就只好解散。想到这，蒋介石提笔写手令："着将财政部税警总团撤销改编。"

孙立人从内部闻讯后，犹如晴天霹雳，撤销他苦心训练的税警团，就如同挖他心一样。他一刻也待不住，立即亲往重庆见蒋介石。蒋介石一见孙立人，立即大发雷霆，你美国军校的高才生，怎么会带出一支腐化的队伍？你要反省。孙立人急忙向蒋介石解释，他的部队根本不是这样的，是有人故意陷害，"请国家允许这一精锐的部队抗敌卫国，勿任其编散消灭"。蒋介石望着孙立人，注视着孙立人真诚的眼睛，他有些犹豫，有些动心了：这也许是一场误会，孙立人还是以往的孙立人。想到这，蒋介石的目光和善了些，他决定收回命令。于是，蒋介石对孙立人说："你回去好好带队，切勿再让我听到类似的报告。"孙立人保全了部队，心中释然，立即向蒋作了保证。

12月8日，凌晨4时余，蒋介石于重庆黄山官邸接到中宣部副部长董显光的电话，得知日本海军偷袭了珍珠港，美军损失严重。蒋介石接电话后立即于上午8时召开国民党中央常务委员会特别会议，决定对日宣战。

蒋介石抑制不住心头的喜悦，哼起了一段京戏，并且整天向圣母做祈祷。国民党官员也纷纷互相祝贺，仿佛已经获得一次伟大的胜利。街头报童叫卖号外，人们从屋子里潮水般涌出来，争相抢买报纸。在内地城市，欢呼的群众以为东京已是一片火海。一位在重庆的美国人写道："在美国发生珍珠港事件那一天，在中国就好像是在庆祝第一次世界大战停战日。"中国人民高兴理所当然，英美一再对日妥协，牺牲中国，终于养虎成患，祸及自身。

1941年12月8日，英国和美国分别对日宣战。12月9日，国民政府以林森名义对德、意、日宣战。同日，日军第十五军团司令官饭田祥二郎抵达曼谷，部署进攻缅甸事宜。第十五军团下属三个师团，即近卫师团，第五十五、三十三师团。

日本大本营把缅甸战役作为发动太平洋战争的总体格局中最后一次重要战役，计划以驻泰国第十五军团为主要打击力量，在作战初期即摧毁缅甸南部的英国空军基地，而后进攻仰光，增加兵力，歼灭中英联军，进逼印度和中国西南地区。日方的目的是"帝国将继续沿着解决中日事变的方向前进，攻取缅甸的目的就是要切断中国与外界的最后一条交通线"。

中国共产党人对此洞察秋毫，在《新华日报》上撰文指出："日寇对中国战场，我们在太平洋战争一开始就肯定日寇对我可能进行残酷战争，可能切断滇缅公路。"

蒋介石看到日军对中国"输血管"——滇缅路及中国西南的威胁，他认为中国军队必须入缅，一为协助英军作战，一为保卫滇缅路，进而保卫国际交通线，以稳定正面战场的抗日战争局面。入缅作战为国内抗战的继续。中

国在缅甸若取得胜利，也就支持了正面
战场的作战。

　　蒋介石已先一步做了准备，早在这
年秋，蒋介石就动员了两个军，即第五
军，军长杜聿明，辖第九十六、二〇〇师，
新编第二十二师，该军先在安顺、盘县
附近动员、整训，秋天开赴云南杨林、
曲靖待命。第六军，军长甘丽初，辖第
四十四、九十三师，暂编第五十五师，
秋冬时开一部赴滇缅路护路。蒋介石怕
兵力不够用，决定再组建几个军。

国民党第五军军长杜聿明将军

　　孙立人听说要派远征军入缅协助英
军作战，觉得这是摆脱困境的一条出路，便立即向蒋介石送上请战呈条，要
求出国远征，抗击日寇。蒋介石当即批准了孙立人的请求，并电召他到重庆，
面授机宜。

　　11月1日，命令下达了，孙立人
所部三团编为正式国军新编第三十八师
（师长孙立人、副师长齐学启），与新
编二十八师（师长刘伯龙）、新编第
二十九师（师长马维骥），一起隶属于
第六十六军（军长张轸），准备入缅作战。
孙立人与齐学启接到命令后，百感交集，
酸甜苦辣一齐涌上心头，两人情不自禁，
抱头痛哭，忍痛挥别了自己一手铸造的
税警一、二、三团，率四、五、六团前
往贵阳以南地区整训。孙立人部视与日
作战为报国唯一良机，士气高昂，途中
无一人逃亡落伍。

　　一开到贵州兴义，孙立人即向军长

第六十六军军长张轸

张轸报到。谁知张轸却说："哎呀！你怎么当军人呢？太可惜了，你们当学生的何必跑来当军人呢？"孙立人正色地回答："要是一个国家的国民不当军人，这个国家如何成一个国家？"张轸见孙立人反驳，心里不悦，说："我看我这一军三个师，就是你这师最差劲。"孙立人觉得军长太主观，小瞧人，就说："军长怎么这么说，将来看表现嘛。"

新的战争即将来临，蒋介石不放心部队状况，遂命令军事委员会派出点校小组，分别到即将赴缅部队的集结地点校。12月初，在贵州兴义，点校小组对新三十八师进行点校，结果十几位点校委员对该师陈鸣人、刘放吾、李鸿三团的训练非常满意，批准该师由丙种师升为加强师，孙立人心里有说不出的高兴。但军长张轸在讲评时却说："演习是不错，只怕不能打仗。"这使孙立人极不高兴，他认为军长对他成见太大。

1941年12月中旬，日军分兵两路大举进攻缅甸。中英美三国紧急磋商。22日，英国印缅军总司令魏菲尔和美国陆军航空队队长勃兰特从仰光飞赴重庆。23日，中美英三国召开联合军事会议。会议一开始，中英间就发生了争执。

英国表现出的态度十分明确，英国重视本国利益，轻视中国防务。魏菲尔提出三点建议，核心为保卫缅甸，而不管亚洲太平洋战事。中国希望守住缅甸的心情不亚于英国，中国唯一的补给线就是滇缅路，但对英国只顾自己、不管别人大为不满。何应钦对此十分气愤，声言宁可将物资退还美国，也不搞中英美合作了。蒋介石原则上同意魏氏意见，而将重点放于远东军事计划方面，他说："本会主要任务为按照罗斯福总统建议，拟定整个计划及组织永久机构。"魏菲尔一再反对蒋介石的主张。双方不欢而散。

24日，蒋介石于早餐时对魏菲尔说："如果贵国需要，我可以派八万人入缅作战。"而魏菲尔傲慢地说："如由贵国军队解放缅甸，实在是英国人的耻辱。"蒋介石觉得英国人自私之心恶劣极矣，不可不防，遂指示中国军队暂缓入缅。

蒋介石遥控指挥千里外，国军听命惨败野人山
孙立人智勇歼倭寇，一枝独秀出墙来

1942 年，全面抗战的第五个年头，1 月 1 日，宋子文代表中国政府与其他 26 国在《联合国共同宣言》上签字，中国名义上成为世界四强之一。蒋介石掩饰不住内心的喜悦，记曰："国家之声誉及地位，实为有史以来空前未有之提高。"3 日，经罗斯福提议，蒋介石又任中国战区（包括泰国、越南）最高统帅。为加强中美军事联合，蒋介石要求美国派一参谋长到中国战区统帅部工作。他通过宋子文对美国陆军部建议，派往中国的参谋长不必是远东问题专家。如果所派的人对中国知道太多，反而会使他不知所措。美国人知道蒋介石的意思是要美国派一个催促美援的、在中国授意下盖橡皮章的顾问，蒋决不欢迎一个对中国军队有指挥权的人当他的参谋长。

但美国陆军参谋长乔治·马歇尔（毕业于弗吉尼亚军校）和陆军部长史汀生却另有打算。他们怕在中国大量无谓地消耗美国资源，便要派遣一个通晓中国，能有助于中国军事改革的人去当参谋长。他们先选中了休·德鲁姆中将，后又改选为史迪威。

史迪威，1883 年生于美国佛罗里达州，1900 年考取西点军校，1904 年6 月毕业，与麦克阿瑟（1903 年毕业）、巴顿（1912 年毕业）、艾森豪威尔（1915 年毕业）同为校友。1911 年首次来华，1921 年任驻华使馆少校随员，1935 年任驻华使馆陆军武官，是中国通，会说流利的汉语，深谙中国文化与历史。史迪威来华后的头衔是：中缅印战区美军总司令，中国战区总参谋长，租借物资总监督，同盟国战争委员会美国代表。他来华的任务是：保持滇缅路畅通，指挥归他节制的中国军队，协助提高中国军队的战斗力，加强美国援华物资的作用。

美方命令一定，宋子文即电蒋介石，称："史迪威为其（马歇尔）部下最有能力之将才，本拟任为出征军总司令，惟中国事紧要，故派其来华，谅蒙委员长重用。"

史迪威将军

蒋介石阅完电文，心中思量片刻，决定任史迪威为自己的参谋长，并答应给予史迪威军事指挥权。同时，蒋介石致电美国要求十亿美元的贷款，美国回电表示同意给五亿美元。蒋介石的要求虽未得全部满足，但也不便再与美国讨价还价，他觉得还是家门口的事重要。

5日，蒋介石同意中缅印战区之设立，并与英方接洽入缅助战问题。但英方借口滇缅路交通困难，运输不便，拒绝中国军队主力进入缅甸。蒋介石见大好时机失掉，心中甚急。

此时，日军第十五军由饭田祥二郎率领由泰国攻入缅甸。英国在缅甸的守军英缅军第一师、英印军第十七师、英澳军第六十三旅和装甲第七旅，计三万多人，在日军攻击下节节溃退。1月31日，日军占领缅甸第二大港口毛淡棉，逼近拨安，英当局开始慌了手脚。2月3日，英缅军司令胡敦在腊戍会见蒋介石，要求中国军队主力火速入缅。蒋介石态度从容，表示中国军队归英缅军总司令胡敦指挥，第六军接替泰缅边境防务，第五军前出东吁地区，防卫滇缅公路。

2月16日，在中缅边境的中国军队再一次做了动员，并下令："据英方代表请求，仰光情况紧急，速派第五军入缅。"25日，蒋介石亲自飞到昆明部署军事，下令第五、六军均归第五军军长杜聿明指挥。由于交通问题，蒋介石决定第五军第二〇〇师先期深入缅甸东吁一带，直接增援英军，并构筑工事，坚守东吁，等远征军主力到来。2月下旬，滇缅路运输频繁，车队蜿蜒行进，长达数里，浩浩荡荡，大有我武威扬、气吞山河之势。

这天上午，孙立人乘一辆雪佛兰轿车，来到一一二团防地北侧的空地草坪，车停稳后，孙立人神采奕奕地登上讲台，向全团官兵讲话。他首先庄严地宣读作战命令，说："我们这次出师缅甸和英军联合作战，共同打日本鬼子，其目的是保卫缅甸，保卫云南，保卫援助我们的国际运输线。形势危急，我们一定要负起这一艰巨的任务。我们的部队出国，是代表国家，我们与日本鬼子打仗，只能打胜仗，不能打败仗。你们打死了，倘若只留下我一个人，我也要拼到死！为民族的生存而死是光荣的！"

讲话结束，孙立人又召集军官开会，并宣布三条纪律：一要爱护士兵，行军沿途要办好伙食，使士兵吃好饭，有病要医治，要好好照顾，不准随意丢下一个人。在作战时，要注意战法，充分利用地形，尽量减少不必要的伤亡。二要严守军纪风纪，不准骚扰老百姓。三是在作战时，不论兵力大小，尽量避免正面战争，多运用迂回，侧翼袭击。孙立人讲完，望望诸军官，大声问："都明白了吧？"军官们齐声回答："明白了！"

眼看着精锐大军出国了，蒋介石还是不放心，怕将领们干出蠢事来，于是3月1日亲飞缅北腊戌，同时下令以林蔚为首的中国参谋团指导入缅作战事宜。3日，蒋介石在腊戌召集商震、俞飞鹏、林蔚、周至柔、杜聿明、甘丽初、戴安澜等，开高级军事会议。蒋开头即言："此次第五、六两军出国作战，因地形生疏，习惯不同，后方组织尚未完成，故亲自前来主持指导。"他再次重申作战方针："如敌占仰光，且兵力在两个师团以内，则我反攻，若敌有三个师团，我就取守势。如第五军尚未集中，敌军攻东吁，第二〇〇师应死守东吁，一俟第五军集中，即行反攻。"部署已毕，蒋介石才放了心，打道回府。5日，英任命亚历山大为驻缅军总司令。

1942年3月8日，仰光失守，史迪威飞抵重庆就职。9日晚，蒋介石会见了约瑟夫·史迪威，向他介绍了中国军队入缅态势，晤谈气氛甚好。10日，蒋介石闻知仰光失守，甚为震怒，于下午6时再次会见史迪威。蒋介石缓缓而谈："中国军队入缅原意守仰光，现仰光失守，中国军队就要协同英军克复仰光。这个目的达不到，日军将从越南袭击云南，我国必要时要抽远征军回滇及长江流域。"蒋介石还担心地说："我军入缅作战，能胜不能败，盖第五、六军为我国军队的精锐，屡遭败挫，不但在缅甸无反攻之望，即在中国全线欲再发动反攻，滇省与长江流域后备不坚，亦将势不可能。"史迪威连连摇头，说："我可不能保证必胜"，"如要达到必胜，你就只好另请高

史迪威与中国远征军将领研究作战方案

中国第一支机械化部队——国民党
第五军第二〇〇师少将师长戴安澜

人了。"蒋介石忙说:"我相信你,我相信你。你放手干就是了。"

11日,蒋介石正式下令由史迪威指挥第五、六两军。12日成立中国远征军第一路军司令长官司令部,以罗卓英为司令,杜聿明为副司令。中国远征军战略为"以支援英军确保缅甸国际补给线为目的,力求于曼德勒以南地区击破敌军,状况不利时,主力以密支那、八莫为基地,策划持久战,以确保国境"。

日军第十五军司令官饭田也在下达指令:"大致于5月底以前,在曼德勒附近捕捉、歼灭英蒋联军主力。"曼德勒成了敌我双方关注的焦点。日军第五十五师团开始攻击东吁(后增第五十六师团),第三十三师团攻击卑谬。

11日这天,史迪威飞赴腊戍,对中国军队设防的东吁、棠吉、曼德勒进行一周的考察。18日,日军四万余人猛攻中国军队第二〇〇师一万余人防守的东吁,战况激烈。19日史迪威飞回重庆,向蒋介石陈述自己的看法,认为远征军主力应尽量南下,集结三个师于南线东吁。蒋介石表示不同意,认为东吁已有第二〇〇师设防，中国军队主力应集中于曼德勒。蒋介石担心英国军队不能切实配合，造成中国军队孤军作战。

20日，蒋介石连发三封电报给参谋团，指示凡在国外部队，以不轻进、不轻退二言为要诀，"东吁必须死守，我军决战地区必在曼德勒附近为要旨"。蒋介石又对史迪威谈道："如果英国军队守住卑谬，中国军队就可坚守东吁，中英双方保持同一战线，挡住日军北犯，并伺机反攻仰光。"

好像是为了回答蒋介石的担心，25日，英缅军司令亚历山大抵重庆，一面介绍英军布防情况，一面保证英军一定坚守卑谬。蒋介石要求亚历山大一定要信守诺言，"不论在什么情况下，都坚守卑谬一线"。蒋介石见亚历山大言辞坚决，稍感放心。一面命东吁守军坚守阵地，一面命第五、六、六十六军加速入缅。第五军沿铁路布防，警戒腊戍至东吁一带，第六军在第五军右翼，沿萨尔温江布防，第六十六军为总预备队，布防曼德勒以北地区。

27日，日军第三十五师团在飞机、重炮掩护下，继续猛攻东吁，并施放毒气弹，但中国军队仍牢牢控制阵地。

在千里外的重庆，温暖、祥和的气氛中，蒋介石仍在与亚历山大、史迪威晤谈。蒋介石先对亚历山大说："余今日令在昆明新三十八师向腊戍推进，再开赴曼德勒。"史迪威插言道，曼德勒无军事意义，作为防御阵地也无有利条件。蒋介石则认为：曼德勒有城墙环绕，是有利的防御据点。他在地图上围着曼德勒画个圈，说："这里是缅甸防御的关键，别管它的南边发生什么，我们必须在曼德勒部署坚固的防线，保住它。"

史迪威认为，第二〇〇师处境不利，应得到增援，"那是一个很优秀的师，我们不能失去它"。蒋介石说："不必为此担心，我完全可以令该师坚守并战至最后一兵一卒，不必为此不安。"史迪威马上说："这意味着第二〇〇师将被击败，日本人将毫无阻碍地直扑曼德勒。"

蒋介石说："不，事情不会这样发展，"他微笑着举个例子，"我防守郑州时有三个师，我将一个师部署在城内，两个师放于城外50里处，并命令城内部队死守，日军进攻并消灭了城内的那个师，但他们没再前进，这是心理原因，心理的，日本人对这个师的誓死抵抗留下了深刻的印象，已无心进攻另两个师了。"蒋介石俨然心理大师，他很得意，他牺牲三分之一的部队就阻止了日军的进攻。史迪威、亚历山大相互看了一眼，连连摇头，深不以为然。

28日，日军增援部队第五十六师团迂回东吁以东向第二〇〇师进攻，中国军队新编第二十二师也攻到南阳车站，与日军对峙。日军集中力量攻东吁，并施放糜烂性毒气袭击中国守军，造成重大伤亡。一部日军逼近第二〇〇师指挥所，中国军队官兵均奋不顾身，跳出战壕攻击日军，炸死大量日军骑兵，日军败退。

这时，守卑谬的英军却出了问题。英军在日军攻击下溃败，卑谬失守，亚历山大的诺言已弃置一边，东吁防线出现一大缺口，第二〇〇师面临敌军第五十五、五十六、三十三师团三面围攻。

面对险情，参谋团长林蔚决心放弃东吁会战，他致电蒋介石、何应钦，要求：1.保存戴师战力；2.勉求调赴安全地带；3.在彬马拉以南先站稳脚跟，集中力量，再定攻守。

第五军军长杜聿明也决心令第二〇〇师突围，遭史迪威反对。两人争得面红耳赤，互不相让。杜聿明乃电重庆蒋介石，报告战况及他的主张，蒋介石却要他绝对服从史迪威将军指挥。一向不说硬话的杜聿明直言道："这二〇〇师不是美国人的，而是中国人的。"蒋介石沉默片刻，终于回答："撤就撤吧，反正没有军队，也就无所谓武器不武器了……"这样，杜聿明没有理睬史迪威的意见，命令第二〇〇师撤出东吁。

29日夜晚，第二〇〇师向东吁以东突围，渡过锡唐河，在叶达西集结归还第五军建制。30日，日军以重兵对空城大举进攻，空忙一场。东吁之役，沉重打击了日军。但由于主力未到，又放弃东吁要地，使日军可大举进攻中国远征军后勤基地腊戍。因此东吁失守，是中国军队一次大的失利。

此时，日军已将中国远征军视为主要敌人，极欲切断中国远征军后路，饭田司令官命第五十六师团向东通过毛奇公路，出击乐可，并准备突进腊戍。

在东吁之战激烈时刻，3月27日，孙立人接到蒋介石电，他立即率新三十八师从云南安宁出发，由安宁转车入缅。安宁县公路旁，排起了一列长长的汽车队伍，车上贴满了红绿纸条，上书：欢送新三十八师出国远征，扬威异域为国争光。老百姓夹道欢呼，鞭炮声不绝于耳。孙立人很兴奋，他觉得这是甲午以来中国军队第一次出征国外，一定要打出国威来。

4月2日，新三十八师到达腊戌。5日，孙立人奉命派第一一四团（团长李鸿）第一营（营长彭克立）警卫腊戌飞机场。同日，蒋介石从重庆飞抵腊戌，然后乘车赶到眉苗。眉苗位于曼德勒以东60公里，是英国人修建的疗养地，这里林木葱郁，碧草如茵，飞瀑吐珠，鲜花盛开，是避暑胜地。史迪威的司令部也设在此地。

蒋介石无心赏景，他一到眉苗，马上召开高级将领军事会议，要求集中主力在彬马拉与日军会战，并请史迪威转告英军一定守住阿兰庙，以协助中国军队在彬马拉消灭日军主力，进而反攻仰光。

蒋介石之所以关注阿兰庙，是因阿兰庙为重要战略要点。阿兰庙在仁安羌南100公里处，为仁安羌屏障，守住阿兰庙不仅能保卫仁安羌油田，还能向东掩护中国军队在彬马拉作战。

6日，蒋介石会晤史迪威、英缅军司令亚历山大、缅甸总督史密斯，蒋介石谈道："今仰光已失，余对缅战役有两个目标，一尽一切方法保护油田，二为政治上之理由保卫曼德勒。余对曼德勒甚为焦虑，将军可让整个三十八师开入该城，故余将命令三十八师明日离腊戌，开赴曼德勒。"

电波横空而过，孙立人率部于7日从腊戌出发，赶赴曼德勒。8日，到达曼德勒。孙立人环视曼城，这座城市有100多年历史，有金碧辉煌的皇宫建筑群。城外2.5公里处有曼德勒山，海拔326米，是缅甸佛教圣地，山上有许多寺庙。新三十八师司令部与直属部队便驻在皇城的营房中。此刻一些士兵大开洋荤，住在花园洋房中，风扇冰柜、弹簧床、啤酒、汽水、鱼子酱，样样俱全。孙立人可没工夫理会这些，他又急忙赶到眉苗。

蒋介石对孙立人的到来很高兴，他对史迪威说："第三十八师孙师长立人今日已抵眉苗，拟请将军今日下午即偕罗长官与孙师长同赴曼德勒，即由将军与罗长官决定曼德勒防御工事之设计，令孙师长负责完成之。"之后，蒋介石兴致勃勃地与史迪威、罗卓英、杜聿明来到曼德勒。蒋介石决定派孙立人担负守卫曼德勒的责任，并对怎样构筑工事、清扫道路、救灾保民，都有详尽指示。蒋介石强调：皇城左面的小山好像紫金山，伊洛瓦底江好像长江，曼德勒有如南京的形势，而保卫曼城也和保卫南京同样的重要。蒋介石说完，把手中一幅曼德勒地图递给孙立人。孙立人立刻领悟到蒋介石的意旨，他用挺立的姿势双手接过这幅地图，以坚定不移的目光，表达了他与阵地同存亡的决心。

蒋介石将史迪威介绍给孙立人。史迪威对孙立人印象很好，孙立人会说一口流利的英语，机警、精力充沛，有一种不可侵犯之势。孙立人也很欣赏史迪威的作风。两位篮坛好手的手紧紧握在一起，不用多余的言语就沟通了彼此的感情，两人很相像，也很投机。

然而孙立人对杜聿明则另有看法。杜聿明，字光亭，陕西米脂县人，黄埔一期。1927年4月，在武汉因不愿反蒋而被关禁闭，后逃出监狱乘船到南京，投奔他崇拜的蒋校长。他踏实苦干，善于训练，为人处世灵活，升迁极快。1929年蒋介石成立教导第二师，杜聿明为该师中校营长，1930年为上校团长。1932年杜聿明服丧时率军"进剿"鄂豫皖红军，因战功晋升为少将团长。1933年在古北口杜聿明率部抵御日军，秋，加入复兴社。1936年任南京陆军交辎学校学员队队长，1937年任第一个陆军装甲兵团团长。1938年12月，杜聿明升任国民党唯一机械化新军第五军军长。1939年12月，杜聿明率第五军在昆仑关击败日寇最精锐、号称"钢军"的坂垣第五师团的第十二旅团，一时举国欢腾，杜聿明也获殊荣。此时入缅作战，蒋介石信任他，委他以军队指挥实权，杜聿明难免飘飘然。杜聿明一到曼德勒，就召集各师长开会。杜聿明指手画脚大声叱咤，飞扬跋扈，不可一世的样子，给孙立人留下不好的印象。

11日，蒋介石特别派人专程送达手令，任命孙立人为曼德勒卫戍司令。孙立人也不负蒋介石之希望，积极于废墟中整建市容，恢复交通，掩埋遗骸。未及一周，逃亡者渐次归来。孙立人圆满完成第五军、第六军后方连接线的维持任务。但孙立人不满足于此，他希望他的部队不被束缚于曼德勒，而应进入前线作战。孙立人渴望战斗、挑战、进攻，打破常规。

蒋介石原意由第五军在彬马拉与日军决战，第六军控制东线。然而西线的英军主力被击败。7日，阿兰庙失守。日军第三十三师团以第二一三联队、山炮兵第三十三联队、工兵第三十三联队为一路，在荒木大佐率领下，沿伊洛瓦底江左岸前进，攻马圭；以步兵第二一五联队、轻装甲车队、山炮第七中队，在原田大佐率领下攻萨斯瓦、东敦枝方面的英军；由步兵第二一四联队第一大队、山炮第三大队、一个工兵小队为一路，在作间大佐率领下奔袭仁安羌，以断英军后路。

14日，日军夺取萨斯瓦、东敦枝，英缅第一军团司令斯利姆感到英军的防线又要崩溃，下令炸毁仁安羌油田，往油田以北撤退。当天下午亚历山大亲自会见中国远征军代表侯腾，要求中国军队支援。中国远征军司令部紧急开会，做以下部署，起用驻曼德勒的卫戌部队新三十八师，由齐学启副师长率陈鸣人第一一二团和刘放吾第一一三团戍守纳特曼克与乔克巴当两地，负责掩护英军及第五军侧背，曼德勒的卫戌仅由李鸿第一一四团两个营担任。

孙立人接令很不以为然，一个师被调得四分五裂，曼德勒只剩下两个营，等于一座空城，孙立人心里想："我又不是诸葛亮，日本人也不是司马懿，可以吓得掉。"

果然，日军前进比英军撤退要快。日军作间部队于16日推进到仁安羌以东五公里处，其高延大队绕到英军后方。17日，高延大队攻占宾河北岸渡口，断英军后路，配合正面第三十三师团主力将英缅军第一师和一个坦克营计7000人团团围在仁安羌周围。英缅军惊恐万状，不断向中国军队呼救。

蒋介石闻之也甚着急，立即电林蔚："着新三十八师迅以两团增援英军方面，并具报为要。"孙立人心里也急，远征军司令长官罗卓英命孙立人派一一三团前往解围，而令孙立人坐守曼德勒。但孙立人认为此次战斗意义重大，任务艰巨，非亲自前往指挥不可。

孙立人连夜赶到司令部找罗卓英。罗卓英不在，只有参谋长在，孙立人急切地对参谋长说："这样非垮不行，这些兵非我带不行。我并不是说任务困难，任务并不困难，做法不对。我是一个师长，你怎么可以一个钉子一个眼把我钉在曼德勒？这是什么指挥？"参谋长说这是罗司令官的命令。孙立人大声说："司令官的命令，什么命令也好，你说我违抗命令也好，将在外，军令有所不受。"

17日，第一一三团由副师长齐学启、团长刘放吾率领，在夜幕中向仁安羌开进，汽车在距仁安羌约20公里处停下，部队改急行军至宾河北岸。当晚即展开激烈战斗。孙立人随后乘坐一印度人驾驶的给水车前往仁安羌。

一路上孙立人不停地瞭望道路两侧的地形，思考着即将发生的战斗。

18日拂晓，孙立人至前线亲自指挥，到中午肃清宾河以北之敌，夺回渡口。此时，英军不断来电要求中国军队迅速过河解围。孙立人异常冷静。他分析，我军兵力太少，仅1000人，南岸地形暴露，敌军又居高临下，如果攻势受挫，敌人可窥破我军实力，这样不仅救不了英军，我军也将陷入危险境地。因此，孙立人决定暂停进攻，夜间部署，第二天拂晓攻击。犹如他在足球场上，不向人最多的地方硬踢。

英缅第一军团司令斯利姆接孙立人通知后，找到孙立人，说："刚接到被围的英缅第一师师长斯高特告急电，说被围官兵已两天无水粮，若今天不解围，便有瓦解的可能。"

孙立人一再解释利害，并请他通知斯高特务须再忍耐一天。斯利姆正在犹豫间，斯高特又打来急电，说被围部队已到最后关头，再也不能忍耐一刻了。斯利姆马上脸变了色，他凝视着孙立人，神情紧张，目光慌乱。但孙立人依然平静，再请斯利姆转告斯高特："贵师已忍耐两天，无论如何要坚持最后一日，中国军队一定负责在明天下午6点前，将贵师完全解救出来。"斯利姆眼含怀疑之色，一再询问有无把握。孙立人坚决地说："中国军队连我在内，纵使战到最后一个人，也一定把贵军解救出来。"这话使斯利姆大为感动，他和孙立人郑重地紧握着手。

19日，东方鱼肚白还没有出现，攻击就开始了。破晓时，左翼部队将日军第一线阵地完全占领。敌人不顾一切猛烈反扑，我军已得的阵地，三失三得。我主攻部队利用山炮、迫击炮、轻重机枪的掩护，反复肉搏冲杀，第三营营长张琦流尽了最后一滴血，还喊出"弟兄们，杀呀"的呼声。士兵们看到自己的长官壮烈地倒下去，含着热泪，前仆后继地拼死冲杀，一直冲到了油田。山坳里，油田边，到处都堆积着尸体。这场血与火的战斗，从上午8时打到下午5时，日军完全被击溃了。敌军遗尸1200余具，退出阵地，我军全部收复了仁安羌油田。孙立人以阵亡300人的代价，救出被围英军7000余人，以及美国传教士、各国新闻记者、妇女等500余人。英军绝处逢生，一个个对我军官兵竖起大拇指，高呼"中国万岁"。

大捷轰动了同盟国，英美报纸以极大篇幅介绍战斗经过及孙立人卓越战绩，国内同胞闻讯也一致欢呼，孙立人的名字一时传遍世界各地。然而天子门生却不愿提，他们觉得这是孙立人碰巧捡到的便宜。

一向目中无人的史迪威却很客观，他对孙立人大加赞赏："好得很！这家伙太有种了，又不怕打仗，一个货真价实的军人。我希望我们有更多的孙立人，我希望英国人永远记住孙立人为他们做了些什么。"

仁安羌之役后，西线稳定了，情况有利于中英方面。孙立人准备乘此时机集合全师反击当面之敌，扩大战果。他命令在纳特曼克的一一二团和曼德勒的四团主力迅速开赴前线，计划在 21 日拂晓，从右翼进攻敌人，切断敌人退路，将日军第三十三师团压迫在伊洛瓦底江东岸加以歼灭。20 日，第一一二团如期到达，第一一四团也在输送中。

重庆黄山，蒋介石无时不在关注滇缅战场。4 月 18 日，他接到罗卓英电报，称放弃彬马拉会战，准备曼德勒会战，已令第五军北移。旋即又接林蔚来电，称史迪威、罗卓英将各部队置于长达 300 公里的彬马拉—曼德勒公路上，既不能攻，又不能守，使远征军更不利。蒋介石正在考虑这个方案，20 日，罗卓英来电："查孙立人师刘放吾团作战努力，除奖励外，谨闻。"林蔚也来电报告仁安羌之战。蒋介石觉得孙立人未辜负他的期望，中国军队也能打好仗，只是英国人难料，令人担心。

谁知东线又出了问题。第六军力量分散，抵抗不住日军进攻，20 日失彬马拉以东之乐可，22 日失和榜。英国人也落井下石，准备开溜。21 日，亚历山大在眉苗会见林蔚，称："事态发展到不得已需要从缅甸撤退的地步。"

在仁安羌，斯利姆通知新三十八师转进乔克巴当，掩护英军撤退。孙立人脸不悦，心想：你们英国人吃面包加黄油，难道就是为了撤退，不会干点别的？英国人不配合，光凭自己力量没法打，孙立人恨恨地下令撤退。25 日，日军重占仁安羌。

面对危局，中英美三方各怀心腹事，不得不坐在一起讨论今后的出路，英方亚历山大、斯利姆目的很明确，他们要保住大英帝国在远东的殖民地，其保卫的中心是印度，而不是缅甸。英国不想为一个无足轻重的地区牺牲他们的人力和物力，而希望抽身去保卫印度。英国人也不屑同中国人合作。亚历山大直言谈到，"英军必须撤过伊洛瓦底江，然后前往印度"。史迪威手中无美国军队，却希望利用中国军队，要中国军队全力投入。中国的指挥官则不愿听从英国人或美国人指挥，加上英军不合作，中国军队也必须适时撤退。这次会议，中英美三方各执己见，只是在退字上达成了共识。

28日，新三十八师奉命渡过伊洛瓦底江，占领色格，掩护英军退却，史迪威、罗卓英急忙下令放弃曼德勒会战，各部队均西渡伊洛瓦底江，沿八莫、密支那大道后撤。

英国人进攻不行，撤退却飞快，30日，英军全部渡过伊洛瓦底江，并炸毁阿瓦大桥。渡江后，英缅军狼狈地沿弯弯曲曲的钦敦江向西北撤退，到处可见衣衫褴褛的难民，耗尽了油料的军车、坦克，丢弃的武器、弹药，负伤的士兵。一路上日机空袭不断，更令英缅军惊恐不已。5月2日，米内瓦一战英缅军惨败，遂绕道依乌撤退。5日，英缅第一军团主力到达钦敦江东岸，接着用五天五夜渡江。16日，英缅第一军团的先遣部队终于姗姗到达印度阿萨姆邦达武镇。这支部队已无大英帝国军队往日的威风，也丧失了绅士风度，以巨大代价结束了英国军事史上最大的撤退。亚历山大在20日交出了在缅甸的军事指挥权。

在热带丛林中作战的日军

日军也在抢时间，其第五十六师团占领和榜后，连占棠吉、雷列姆、曼卡特，逼近腊戍。蒋介石异常着急，由重庆电罗卓英，要求"将新三十八师主力速运腊戍、雷列姆方面，当先以保守腊戍为主"。史迪威、罗卓英未及时调主力增援腊戍，贻误战机。29日，日本的天长节（天皇生日）这一天，日军的太阳旗插到了腊戍，中国远征军回国主要道路被切断。日军占腊戍后，迅即组成一个以装甲车为先导，并用汽车百余辆运载步兵的快速部队平井部队（平井大佐指挥的搜索联队，包括独立速射炮一个中队，野炮兵一个小队，野战重炮兵一个大队，工兵一小队，卫生队之一部）沿腊戍—南坎—八莫—密支那追击前进。

孙立人闻知腊戍失守，心中依然镇定。5月2日，最后一部第九十六师迫击炮连和机枪连收容队渡过伊洛瓦底江，孙立人完成了掩护任务。3日，杜聿明又命孙立人派一一二团到温早、一一三团赴卡萨占领阵地，掩护主力后撤，并下令说："你部完成掩护任务后，随第五军退向密支那。"

在热带丛林中行军的日军以椰汁解渴

此时左翼日军正沿钦敦江侵入米内瓦。孙立人洞悉日军企图，立即赶到依乌，向亚历山大建议，请英军配属我军一部分炮兵、坦克车，以新三十八师全部先将侵入米内瓦之敌歼灭，然后从容部署，使敌不敢进窥加里瓦。亚历山大作为指挥敦刻尔克大撤退的名将，此时已无斗志，他婉拒了孙立人的请求，推辞说英军已奉命退向印度，坦克、炮兵已后撤，一无汽油，二无给养。孙立人一再请求，终无结果。

孙立人只得按远征军司令部命令，向密支那前进。3日，史迪威、罗卓英获悉腊戍失守，蒋介石又派人带信给史迪威，要史迪威随第五军去密支那。史、罗考虑到畹町、八莫告急，返回中国唯一通道即将被封闭，遂决定撤向印度，同时电告第五军随之入印。杜聿明并不理会，他忠于蒋介石，只执行蒋介石的命令，结果拒绝了能拯救几万士兵命运的正确选择。史迪威望着远去的中国军队，心中困惑不解。为什么？为什么杜聿明这么干？史迪威无可奈何了。他看看蒋介石发给他的印章，上书"同盟国总参谋长"。史迪威对蒋介石着实恼火，正是蒋介石使他什么也干不了，蒋介石到腊戍完全是一场闹剧，"我完全受骗了，我简直是个笨蛋"。史迪威根本管不了高级指挥官，他觉得除孙立人外，其余的人满脑子浸透了蒋介石的军事思想，都认为打防御战得有三比一的兵力，打进攻战得有五比一的优势。如此死板，还打什么仗？史迪威看看手中的印章，觉得闹心，他一气之下将印章抛向空中。

中国驻印远征军孙立人部与日军在八莫展开巷战

6日，史迪威命令砸毁发报机，率一小队人踏上了赴印度的艰难旅程。20日，58岁的史迪威中将一行到达印度英帕尔。美国报刊报道："史迪威中将依然充满战斗精神，他今天宣布：'我们吃了大败仗，我们被赶出了缅甸，这是天大的耻辱，我认为我们应找出失败的原因，打回去，重新夺回缅甸。'"

8日，孙立人率部赶到温佐。杜聿明随即召集各师长开会。杜聿明首先宣读蒋介石的电令："命各部速向密支那转进。"然后以目光扫视大家，询问诸位有何高见。孙立人忍不住站起来大声说："我反对。现八莫危机，密支那也必将不保，密支那一失，回国的路就断了，而取道野人山回国，深入杳无人烟的不毛之地，无异于自投地狱，有全军覆灭的可能"，"唯一的生路就是前往印度"。戴安澜马上站起来说："我服从校长命令，我生为中国军人，死为中国之鬼，决不到印度成为洋人奴仆。"孙立人反驳说："我们到印度是为保存部队，保存中国军队，而不是去做谁的仆从，关键在我们自己要有自信。"然而孙立人的一家之言没人听得进去，大家众口一词，表示坚决执行校长命令。

杜聿明心里高兴，他说："我杜聿明代委员长指挥中国军队，要对部队负责，对委员长负责，我可不愿使中国军队成为流亡国外受美国人控制的军队。"说完，他命令先遣第九十三师在右翼掩护，并于孟拱附近占领掩护阵地，使主力经过孟拱以西以北进入国境，和敌军打游击战。

孙立人眼看部队将被葬送，心中隐隐作痛，连连叹气，随后率部向密支那行进。孙立人一路在想：自己的想法没错，孙子兵法就讲究随时变通，因时因地制宜，蒋介石在千里之外，不可能对战局的进展了如指掌，而带兵指挥的将领更应"将在外，君命有所不受"，独断行事，否则会误大事。

10日，孙立人率部到达达米咱。得知日军平井部队已于3日占领八莫，松本部队（松本大佐指挥的步兵第一四八联队、坦克第十四联队主力）于8日9时占领了密支那。中国军队只能从西北方的胡康谷地，向印度阿萨姆邦的利多方向撤退，除此别无他路。

日军第十五军司令官饭田中将洋洋得意，在其日记中写道："第五军军长和某某军长以及罗卓英等似在密支那北方彷徨之中。"

孙立人觉得从密支那返国已不可能，而在卡萨的第一一三团与八莫之敌激战竟日，已无战斗力，一一二团在温早被日军包围。综合这些情况，孙立人当机立断，决心回师温早，先救一一二团，痛击尾随日军，再作他图。新三十八师之一部迅速返回温早，扑向包围一一二团的日军。日军未想到中国军队还会杀回来，措手不及，被歼八百余人。残敌夺路而逃，一一二团安全出围。

12日，第五军在曼许等待新二十二师一部及新三十八师孙立人部。杜

143

聿明觉得孙立人小小师长不敢犯上，说归说，做归做，孙立人终归要执行命令的。杜聿明望一望碧蓝的天空，把牙一咬，等。太阳逐渐西移，树林沙沙作响，天快要暗了，参谋长可忍不住了，对杜聿明说："我看不会来了，我们还是先走吧。"杜聿明又望了一眼前方，四周仍是那样寂静，他猛地站起来，把手一摆，说："把违抗命令这笔账先给孙立人记上，等到重庆再说"，"军部直属部队及新二十二师马上出发，向北转进"。事后杜聿明回忆说："命令下达后，各部队均遵令转进，独新编第三十八师未照命令，而是照史迪威、罗卓英命令一直向西，经英普哈尔入印度。"

13日，杜聿明率第五军军部、直属部队、新二十二师开始向北转进，拟取道打洛、猛缓、葡萄返国。

在温早，孙立人面临重大抉择。这天拂晓，日军集中兵力反攻，切断了温早通向八莫的公路。孙立人一再向重庆军事委员会请示，亦未得回电。孙立人抬头望望天空，乌云密布，他知道南亚雨季又将来临。他心里清楚，现在仅印度方向尚有一缺口，但这要违抗杜聿明的命令，常言说军令如山。他转过身看着部下焦急期待的目光，考虑再三，把心一横，保全部队要紧。他毅然下令放弃原定回国计划，避开日军围堵，向印度前进。一支整齐的部队向西北山地兼程而行。

14日，第五军军直及新二十二师到达洞洞山中的莫的村。这里山高林密，虎啸猿啼，车辆已无法前进，部下前来请示，杜聿明大声吼道："烧，带不走的都烧掉。"杜聿明眼看车辆、火炮被焚毁，内心痛楚：这些可是中国军队装备的精华，精锐的第五军难道就在我手中完了，难道天要亡我不成？

在杜聿明哀叹时，另一支部队却在为生存而疾进。16日，新三十八师到达刊帝，队伍两边都是悬崖峭壁，部队沿拉马河涉水前进，在齐腰深的河里走了一天一夜，终于18日赶到钦敦江东岸。孙立人到江边察看，发觉江边一些平民装束者，无疑为日军暗探。孙立人觉得情况紧急，日军大队不久即到，他下令立即收集器材渡江。19日，新三十八师渡江刚毕，背后就枪声大作，日军就差半步。新三十八师脱离险境，大踏步奔向印度。

21日，杜聿明率部抵斯委定。连接蒋介石感未机渝、删酉机渝二电，杜聿明一看，是令第五军未奉命令不得入印，且嘱派队赴荷马林迎接长官返部队。杜聿明当即令回电："所部行动当确遵钧命，决不敢违背钧意，自由入印。"

当杜聿明仍在野人山中东奔西闯时，27日，孙立人率新三十八师到达印度英帕尔东南29公里的普拉村。新三十八师进入印度后，孙立人因不知英方态度如何，故未将部队开入市镇，而在山区驻扎，一面派人与英方联络，一面命构筑工事，严加戒备。孙立人特别强调，要把军容整饬一新。

英国东方警备军团司令艾尔文闻知中国军队开入印度，大为惊讶，特向驻德里英军总司令魏菲尔上将请示，并建议为防不测将新三十八师缴械。

在德里的亚历山大当即极力反对，他面见魏菲尔，认为对新三十八师不能缴械，还应以礼相待，中国军队新三十八师有功于英军。在英帕尔养病的斯利姆也力劝艾尔文，新三十八师帮助过英军，于情于理，应加协助。艾尔文听后未敢轻举妄动，决定亲见新三十八师情况后，再作决定。

孙立人闻知英军欲将我军缴械，大为愤怒，表示："倘无理对待我军，余将率部以武力反抗。"谁知一连几天，不见什么动静。

这天，艾尔文突然来访。孙立人搞不清楚他的意图，反正只有一条，实力、自信。孙立人派仪仗队相迎。艾尔文从队前走过，见队列严整，军容壮肃，大为惊异，表示要向中国军队学习。艾尔文还带着主人的架子，对孙立人说："你的部队到此后，必须补给，请替我阻止日军进入印度，我供你补给。"孙立人回答："同盟军有租借法案，你的补给我国会还你。我是中国军队，中国政府要我做什么，我会遵命，你无权指挥我。"

艾尔文没想到碰了钉子，不甘心，挑衅说："我们英国部队都驻营房，现在只有难民收容所可住。"孙立人一笑，正色回答："你的部队能住，我也能住。民房前半段是晒谷用的，现尚未收稻，我就住那里。如果老百姓丢根稻草，我赔他根金条。"艾尔文一脸尴尬，只好说："下次再谈。"

艾尔文返回后，即乘飞机赴德里报告，适逢史迪威在。史迪威大声说："新三十八师在仁安羌救过你们一师7000多人，你还有什么考虑的。"

英方态度大变，主动向新三十八师提供住处、粮草补给。6月8日，刘放吾率一一三团抵达英帕尔归建。20日，孙立人率新三十八师前往阿萨密省的马墨里达休整。7月15日，开往比哈尔省的蓝伽。

日军占领缅甸首都仰光，在大卧佛前欢庆胜利

　　缅甸失守，如同重磅炸弹落在中国人头上。中国人对英美的表现既吃惊又失望。中国入缅前，中国希望得到盟军的援助，英美援助后，入缅战争却失败了，中国处境更糟。唯一的空中航线被迫北移，云南遭到日军进攻。裕仁天皇为报复美国对日本本土的杜利特空袭，发动了浙赣战役，中国军民被杀25万多人。从国民党高级将领到普通民众，都认为日军将进犯重庆，重庆国民政府的态度消极了。

　　"让盟军去干吧"的谈论在重庆流行，大街小巷牢骚四起："美国人不能打仗，只有中国人、日本人、德国人、俄国人能打仗，美国人只会跳舞、喝酒和赚钱，他们除了机器之外，什么也不懂，他们唯一感兴趣的事情就是享乐。"

　　"你知道美国人为什么丢了马尼拉？因为日本人把他们奶牛都炸死了，而美国大兵们只要有一天吃不上冰激凌就拒绝作战。"

　　"你看看美国人在中国怎么生活，就知道他们是什么样的人了。他们只有金钱，没有勇气。"

　　"为什么他们不派美国军队出国作战？他们希望让自己的士兵留在家里，而雇用我们勇敢的中国人夫替他们打仗和受罪。"

　　一些在重庆的美国人抱怨："在他们成为我们的盟友之前，他们反而要友善得多。"

重庆的夏天似乎变了，天空晴朗、碧蓝。编队整齐的美国 P-40 战斗机，机首涂着飞虎队的标志——露着牙齿的鲨鱼头，忽而陡直上升，忽而向嘉陵江俯冲，重庆人发出激动的欢呼声。

在杂草丛生的废墟中，成百上千幢的房屋开始兴建，其中有最时髦的现代化西式建筑，也有刚能避雨的陋房。街道上，新的商店不断开张，出售价格昂贵的进口布匹、罐头、酒类。新的娱乐场所不断开放，电影院、大鼓书院、茶园、咖啡馆、冷饮店、旱冰场。街道墙上涂满了五光十色的广告：香烟、影剧、化妆品、占卜、当铺……暴发户和官僚们坐着崭新的美国轿车，身穿毛料西服和上海旗袍，驱车到处游乐。普通职员、平民手持微薄的薪金，排着长队等候购买政府的限价食品。

重庆黄山别墅，虽凉风习习，蒋介石心里却憋着火，"英国人，娘希匹，以怨报德，势利，无信义。""美国人也不是东西，我把部队交给史迪威，史迪威对我在缅部队掉头不顾，对余无一请示，亦无一报告，独自径避印度，实出人情之外。"

蒋介石清楚地知道野人山的状况，那里到处是崇山峻岭，人烟稀少，给养困难，树木遮天蔽日，蚊蝇成群、蚂蟥、毒蛇、猛兽出没，泥淖遍地，山洪泛滥。

蒋介石似乎看到官兵们在无助中相继死去，白骨曝野。他心中有一声音在呼喊，不能就这么完了，不能让十万精兵毁于一旦。他原来的决心动摇了，他抬头看看日历：5 月 31 日。他觉得能保住部队，保住亲信将领，就是去印度也成。想到这，蒋介石马上喊道："来人，给我电杜聿明，既到清加林，应即西向印度或列多转进，暂时休息，不必直赴葡萄，以免中途被困为要。"未几，杜聿明回电："军遵即改道由打洛向新平洋前进。"蒋介石看过回电，方舒了一口气。

6 月 3 日，重庆天气晴朗。傍晚的田野景色宜人，史迪威飞抵重庆，被迎入 3 号官邸。官邸是座实用的现代化住宅，原属宋子文所有，它包括一间宽敞的卧室，一间浴室，一间小办公室。从官邸平顶的屋顶上可以看到嘉陵江水从北面穿过巨大的峡谷奔流而下。夏天，峡谷的斜坡上一片翠绿，浑浊的江水缓缓流淌，江上中国船工在不慌不忙地干活。冬天，灰蒙蒙的浓雾笼罩了山岭。

史迪威虽讨厌蒋介石，把蒋介石称为"花生米""响尾蛇"等，但他还需要蒋介石。

在仰光失陷后，史迪威已看到第一次入缅作战失败的定局。他明白依靠英军对日作战不现实，而中国部队素质又参差不齐。作为中国战区参谋长，史迪威希望有一支能由其指挥的军队。但他只身赴任，没带任何军队来。他明白美国的政策是通过《租借法案》，利用中国的军队打击日本。因此，为了提高中国军队的战斗力，也为他能更好地指挥这支部队，他计划对中国军队进行整改。这次，史迪威就是为此而来。

6月4日，蒋介石夫妇会见了史迪威，双方似乎都很高兴。蒋介石还邀请史迪威去黄山别墅度周末。史迪威则依旧美式作风，开门见山，向蒋介石讲述了在缅全部情况，并指名道姓，指责第五军军长杜聿明，第六十六军军长张轸，新二十八师师长、新二十九师师长、第六军军长甘丽初作战不力，唯独称赞新三十八师，称"新三十八师战绩特别优良"。史迪威向蒋介石提出整改中国军队备忘录：

1.将目前中国庞大而定员装备不足的各师，改编成武器充足的少数精锐师。

2.彻底清除无能军官，进一步明确指挥系统，以求统一指挥。

3.有关通信、补给、医药等分别按适应作战单位而编制。

宋美龄看过表示："中将的意见过激了，考察中国军队时，应多着眼于现实。虽说应该清除无能的指挥官，如此，最后还能剩下什么呢？"

蒋介石表示同意夫人意见，更进一步表示："正因为我们很了解中国军队高级军官的能力，我才给以适当的指挥干涉。正因为有如此指导，尽管其能力不足，也能平安无事地战斗。"

但史迪威仍然再三热心地继续坚持其主张，其意见渐趋具体化。

蒋介石一脸不悦，只好说："史将军旅途辛苦，休息几日再说。"

史迪威只好告辞。谁知史迪威从6月5日到14日一直休息，蒋介石那儿一点音讯都没有。

蒋介石可没休息，他向来好强，要面子，被人指责可不是滋味。中国人常说：打狗要看主人。史迪威可没把主人放在眼里。蒋介石转念一想，也是，自己的部下也太不争气。得办几个，杀一做百：第六十六军军长张轸，新二十八师师长刘伯龙，新二十九师师长马维冀贪污军饷，每人达3万~4万美元，革除3人职务；第六军作战不力，免去第六军军长甘丽初职务；第五军长杜聿明忠于领

蒋介石夫妇与史迪威将军摄于重庆

袖，且今仍在野人山中，不仅不革职，还要重用。孙立人能打仗，替自己争了面子。对史迪威的整军计划，蒋介石不太感兴趣，他要的是美援。整军嘛，放一放再说。

直到15日，蒋介石在黄山别墅再次会见史迪威。史迪威再次提出整军问题：根据训练华军10万人之原议，美国实愿负完全责任以训练之，配备以在印可得之大炮等武器，供给以营房及医药设备，并希望得升黜陟之全权。

蒋介石已考虑成熟，中国有的是人，就缺山姆大叔手中的武器装备，现军队已在印度，完全由美装备训练不失为一个好买卖。蒋介石提出驻印军队不动，史迪威保有指挥权。蒋介石同时对英国人能打回印度，报以嘲讽的笑声："什么？没有中国军队的支援，他们想都不敢想。"接着大谈有飞机大炮就能赢得战争。

史迪威有点激动，说："赢得战争胜利的唯一出路是彻底重整地面部队，是人不是物，是软件不是硬件。"宋美龄忙走过来，坐在史迪威旁边说："大元帅要考虑某些影响。"史迪威面对蒋氏夫妇发愁了，下一步怎么办？是袖手旁观，还是拂袖而去，一走了之？

史迪威生性倔强，不达目的决不罢休。史迪威先为中国军队在印度安顿

问题与魏菲尔谈判,最后英国人答应把比哈尔省一个不富庶的小镇蓝伽拨给中国军队作营地。英美还议定,作为实施租借法,由英国为中国军队提供住房、粮食、军饷,由美国提供装备、训练。整训中国军队在英美间取得一致。

此刻史迪威已不是一位将军,而成了一位名副其实的外交家,奔走于各方之间。24日,史迪威再次与蒋介石会晤。这回蒋介石很痛快,同意空运5万军队到印度,并大部分接受了史迪威的条件。

关于谁任驻印部队长官问题,史迪威提出用孙立人。

蒋介石说:"太年轻了,再考虑一下吧。"

史迪威说:"必须召回杜聿明。"

宋美龄说:"罗卓英行吗?"

史迪威想了想说:"可以。"

最后议决由史迪威任指挥管训练,罗卓英为副长官,管行政。

谁知好事多磨。26日,因德国隆美尔率军冲到埃及亚历山大将军的大门口,美国被迫从印度调第十航空队支援中东。调走运输机,等于卡住了蒋介石的咽喉。

史迪威奉命将这一坏消息告诉蒋介石,蒋介石被激怒了:"总统曾向他保证第十航空队将派到中国来,为什么不通知他,就把一部分飞机拨走了。"

29日,蒋介石发出最后通牒,提出三项条件:

1.3个美国师应于8月~9月间到达印度,与中国军队合作以恢复缅甸交通线。

2.从8月开始,中国战区空军应有500架飞机连续在前线作战,并给以必要补充。

3.从8月开始,空中运输每月应为8000吨。

如达不到上述三点,"就取消中国战区"。

宋子文也摊牌,撤回驻美外交机构。

7月18日,史迪威为缓和蒋介石与美国政府矛盾,再次见蒋,递交了备忘录。他巧妙利用蒋介石渴望得到美援的心理,提出中国驻印军和滇西部队夹击缅甸的设想,暗示如蒋同意发动反攻缅甸战役,援华物资可得到解决。

这计划太诱人了,蒋介石盘算,按计划不仅能打通滇缅路,而且仰光收复后,中国可得到美国连续半年每月拨给的 5000 吨物资。

8 月 1 日,蒋介石采纳了史迪威建议,接受缅甸战役计划,这样中国军队接受美援与中国军队整改就成为一项相互交易了。

中英美疆场外斗法,蒋介石技高一筹败中求胜
孙立人印度蓝伽大练兵,争国格争人格显英雄本色

1942 年 8 月 3 日,杜聿明率第五军军直及新二十二师走出了野人山,到达列多。曾几何时,这支国家精锐兵强马壮,然而在大撤退中损兵折将,第二○○师戴安澜师长牺牲,1 万余士兵曝尸荒野。杜聿明也因患病差点送命。

杜聿明内心极为痛楚,他看到前来迎接的新三十八师官兵精神振奋,身强体壮,反观自己这 3000 余人,个个骨瘦如柴,破衣烂衫,因多数身患疾病,走路摇摇摆摆。杜聿明委实不愿到印度,尤不愿再见孙立人。

到印度,英国人对他这个副司令并不另眼相看,好像没他这个人似的。英军对第五军军直及新二十二师不另发给养,给养要到新三十八师师部领取长官部也要到新三十八师领取给养。孙立人不说什么,但杜聿明难堪:"这成什么体统,这是英国军队的规矩吗?"杜聿明气得直拍大腿,他眼睛瞪得溜圆,大声喊道:"派人找英国人直接交涉,我就不信要不来。凭什么给孙立人不给我们?"

长官部派人与英军接洽,英国军官面带绅士的微笑,软硬不吃,口中不断吐出:"NO,NO。"杜聿明闻报,肺都要气炸了,可是这是在印度,寄人篱下,也无可奈何。

杜聿明反观孙立人要什么就有什么,并不讲好话来乞求,命令英国军官时,英国军官表情既敬又怕。杜聿明更恨。

杜聿明带着无限的悔恨回到重庆,觐见蒋介石,他检讨了缅甸的失利,请求按军法处置。蒋介石原谅了他,连说:"不能怪你,不能怪你,第五军全军将士浴血奋战,整个世界都知道。"杜聿明得到的不是惩罚,而是升任

第五集团军总司令兼昆明防守司令。

杜聿明未忘记孙立人，他向蒋介石控告孙立人违抗军令，不撤退回国。孙立人由此被蒋介石召回国述职，幸经罗卓英出面说公道话，方使孙立人免受军法审问。蒋介石对孙立人总有不放心之感，他觉得孙立人同英美靠得太近，这是蒋介石的大忌。蒋介石最怕美国人完全控制这支军队，他也深知史迪威的用心，他不能不防。但对孙立人、廖耀湘这两位将军，蒋介石又极为重视，认为两人是控制军队的关键。

8月底，新三十八师、新二十二师等部8千余人集中于蓝伽整训。

在美国提供空运支援后，蒋介石按协议向印度空运兵力。自10月开始，每天16架飞机飞越驼峰，运送士兵650人，至年底已达32000人。

英国人对中国盟友总是心怀疑虑，尤其是对中国远征军这个名称。他们常对中国军人发问："你们怎么远征到印度来了？你们到印度来征服谁呢？"蒋介石为减少英国人疑虑，将远征军第一路司令官部撤销，成立中国驻印军总指挥部，史迪威任总指挥，罗卓英任副总指挥，并成立副总指挥部。中英矛盾缓和了，中美矛盾又来了。

史迪威受命来中国，一方面要监督美援在华运用，维护美国在华利益，另一方面想利用中国士兵和美国装备，在远东创造一番英雄事业，他不希望落在西点同学艾森豪威尔、巴顿、麦克阿瑟等之后。为达到这一点，他就必须取得对中国驻印军的绝对指挥权。

这让蒋介石无法接受。蒋介石是凭军事力量起家的人，历来视军队如生命，绝不容兵权旁落人手，更何况外国人之手。他力争美援，是为加强国民党的力量，巩固统治，因而，无论他对美援是如何渴望，也不肯轻易交出一部分兵权作代价。

孙立人是中国军人，在有关国家、民族、军队的问题上，自是站在中国的立场上，维护民族尊严。

史迪威认为中国军官无能，而中国士兵优秀，遂提出要中国士兵，不要中国军官，尤其不要中国将领。拟将驻印军营以上军官由美国人担任，并且先后从美国调了300多军官准备接替中国军官职务。

1942年9月，史迪威擅自将中国军队改制，孙立人、廖耀湘立即致电杜聿明："奉史迪威命令将新三十八师改为 10 个炮兵营，以孙任炮兵指挥，为军直属部队，新二十二师改为 10 个步兵营，以廖任步兵指挥，长官部所属宪兵亦编入步兵，无形中即将国军师长职权逐除。"表示反对史迪威的做法。

12 日，杜聿明电蒋介石，提出：1. 务必使在印国军保持独立自主，我军制不容任何人改变毁辱；2. 充实在印国军成为健全之战略单位，与同盟国比肩作战，任一方战场之任务；3. 如不能得友邦同意，拟恳令在印所有国军徒步返国，不使我忠勇将士为人奴视，以发扬国军精忠报国之精神。

蒋介石对史迪威的做法极为反感、恼火，他致电史迪威，坚决拒绝史迪威的无理要求。

史迪威无奈，只好将 300 美军官一部分派到昆明、蓝伽训练基地任教官及管理人员，一部分派到驻印军中担任权力极大的各级联络官，通过联络官达到控制中国军队的目的。

史迪威还坚持绕开中国军官，由美方安排军队经费。罗卓英深为不满，向军委会参谋长何应钦发出措辞激烈的电文："设我果将经理实权授予外人，其事受缚，委实无法办理，且必影响国军在外尊严。"

罗卓英还对史迪威要求有权处决少校以下不服从其命令的军官，解除少校以上军官职务的要求不满，认为干预了他的行政权。

史迪威则反击罗卓英，称罗卓英终日绕室彷徨，对于军队的教育训练毫无办法，并列举了罗卓英十大罪状，坚持要撤换罗卓英职务。蒋介石为不影响美援，不愿以小失大，只好让步。10 月底，罗卓英奉调回国，蒋介石撤销了副总指挥部，同时把驻印度主力改编为新一军，由中国派军长负责管辖部队，受史迪威直接指挥。

史迪威虽对蒋介石的限制不满，但在装备、训练驻印军上，却极热情。各部队很快装备上美式装备，每人配有咔叽布军装一套，白色衬衣衬裤一套、毛袜一双、皮鞋一双、毛毯两条、头盔、靴子、背包、步枪，美制卡车、吉普车、无线电装备到连，部队餐餐吃牛肉，每周还看一次电影，一种英国WOOD-BINE 牌香烟免费供应，炼乳、肉罐头、果酱、面包、橘汁也时有供应，医药卫生条件很完善。

史迪威与中国远征军伤员交谈

美国的训练方式也特别。美国军方利用一切可能的条件，如训练辅助物、电影片、唐老鸭漫画等训练。由于语言不通，翻译缺乏，大多数美国教官是通过示范来施教。史迪威也亲临训练场，耐心地卧在每个士兵旁边，为他们做示范，或者校正瞄准点。孙立人更是整天忙个不停。中国士兵虽然多数原是饥饿线上的贫困农民，没有文化，但凭着中国人的勤奋、智慧和对日寇的仇恨，很快掌握了步枪、机枪、火箭发射器、火焰喷射器、迫击炮、平射炮、摩托车、十轮卡车、无线电等武器装备，学会了用竹筒煮饭，用毛巾裹黄泥巴烧饭，用蚂蚁、青蛙及其他野生动植物充饥，利用树木树藤攀登，用感觉树的热度判断方位。驻印军很快具备了作战实力。

中国远征军的炮兵部队

中国远征军的美式坦克部队

1942年12月，经过中美英三国努力，中美英三国决策者之间逐渐有了和谐气氛。三方都同意在明年春季发动缅甸攻势，代号"安纳吉姆"。这个计划对全面反攻缅甸计划作了修正，目标是中国军队从印度列多和中国云南进军缅北部，英军攻占缅西部的实兑，以打通进入中国的补给线——滇缅路。

英国对中国驻印军态度也大为好转。1943年1月2日，印度比哈尔省热烈举行传统的达尔巴日，晨风清凉，阳光照在路旁茂密的榕树上，在兰溪镇的达兰溪克尔登饭店，一场隆重的授勋仪式正在进行。英驻印总督代表英政府将一枚C.B.E勋章授给孙立人，以纪念他在仁安羌创建的功绩。孙立人身穿浅黄色戎装、咖啡色马靴、身材魁梧、气宇轩昂。授勋完毕，孙立人用流利的英语作答："兹承大英帝国皇帝陛下，颁赐勋章，本人觉得非常荣幸。缅甸仁安羌之役，充分体现中英盟军的合作无间，共歼暴敌，这是打倒轴心国和击溃日本最有力的保证。"礼毕，中英美高级将领都涌过来向孙立人祝贺。

由于孙立人的战绩深受盟友敬重，所以中国驻印军与盟军机构的官方交谊常需借重孙立人的影响力，而只要对中国驻印军有利，孙立人无不尽力协助。然而好心换来的是同胞的忌恨。多恩曾说："孙立人机警、渴望打仗，不为他的政府和同胞所欣赏。"

孙立人确实固执、自信，并敢于对抗任何人，包括史迪威在内。只要他认为自己是对的，就从不会为讨好、顺应对方而改变自己的观点。

当美国人要孙立人报新三十八师实力时，孙立人就多报了新三十八师的人数。美国人不相信，派联络官鲁斯克亲自来点。孙立人下令点这个团时，就掺那个团的人，点那个团时，掺这个团的人。于是美国人要求点床位，孙立人就令在营的文官赶快把仓库里的床都搬出来凑数。搞得美国人也无办法。孙立人就是想让美国人摸不清中国军队到底有多少人。

蒋介石也算计着如何与英美做一笔合适的交易。

此时世界战局已发生重大变化，德国隆美尔败于阿拉曼，苏联红军反攻斯大林格勒，太平洋地区日军也因中途岛、瓜岛之败而处守势。蒋介石觉得中英在缅甸应有动作，应夺取仰光，打通国际交通线。蒋介石决心很大，认为为夺仰光，"中国可不惜派30万大军一与搏战"，但仅夺密支那，就无多大意义。

就在蒋介石表态不久，1月14日至23日，美英在北非摩洛哥卡萨布兰卡开会，就如何在缅甸和中国打击日本举行会议。会议议定1943年11月15日发动安纳吉姆战役，除缅北攻势外，在南部发动两栖作战，重新夺回仰光。

蒋介石大受鼓舞，他觉得当务之急是确定新一军军长人选，否则史迪威就会钻空子。派谁好呢？蒋介石手持高级将领花名册，不断斟酌，孙立人？史迪威经常提起他，推荐他，根据这，就不能用孙立人，令人不放心啊。邱清泉还可以吧。先就这样定了。

没几日，军政部长何应钦来觐见，谈及新一军军长人选，何应钦说："委员长，邱清泉恐怕不太合适，徐庭瑶、杜聿明认为邱脾气太暴，怕与史迪威闹翻，影响美援，建议改由郑洞国担任此职，职认为此议较妥，请委员长明示。"蒋介石表示同意。

2月，一日傍晚，蒋介石即召郑洞国到军委会办公处晤谈。郑洞国在会客室内见蒋介石身穿便服，缓缓踱了进来，他立正敬礼："报告校长，职郑洞国奉命前来觐见。"蒋介石微笑着颔首。落座后交谈三五分钟，一位侍从副官即引蒋、郑至隔壁餐厅用餐。蒋介石亲手从盘中取水果，放在郑洞国面前的碟子里，说："郑将军惯于治军征战，也应该能够吃饭哦！"郑洞国深感诧异，蒋介石平时态度严肃，今日却很随和、放松。

饭毕，回到小客厅，蒋介石面容严肃起来，说："郑军长，这次让你回来是想要你担负一项重要任务，我准备委派你去印度，担任中国驻印军新一军军长，你的想法如何？"郑洞国怔住了，没料到出国任军职，"学生绝对服从校长命令，只是自忖才疏学浅，又没有同洋人打交道的经验，恐有负校长厚望。"

蒋介石说："你去那里是一定会有困难的，同外国人打交道不太容易。我反复考虑过，觉得你去是合适的。你身为革命军人，在国家艰难时刻，要以大局为重。"

郑洞国即站起回答："报告校长，我愿意去印度。"

"这样很好，这样很好，明天你就去见何部长，具体领受任务，然后尽快赴印。"

新一军军长定了，孙立人怎么安排？他能打仗，在盟军那里影响也大，不安慰一下不行，蒋介石决定颁给孙立人四等云麾勋章以示笼络。

时任中国驻印远征军副总指挥兼新一军军长的郑洞国将军

2月下旬，在赴印就职前，郑洞国再次觐见蒋介石，向他辞行。蒋介石又叮嘱郑洞国，"遇事要冷静，克制，尽量不与盟军闹翻，史迪威是你的上级，今后必须绝对服从他。"

郑洞国问："如遇重大问题不好处理怎么办？"

蒋介石不假思索地说："可以直接找我，也可以找何部长请示。"蒋介石还特别指示，除新一军外，驻印军总部的其他直属部队，如战车营、重炮团、工兵团，亦要与他们加强联系。

郑洞国肩负重任，先飞昆明，3月中旬到达蓝伽就职。蒋介石同时令孙立人为新一军副军长兼新三十八师师长，新二十二师师长廖耀湘、新三十师师长胡素、舒适存为参谋长。以黄埔为中心的中国驻印军结构形成了。

但到3月，英美又放弃了"安纳吉姆"计划。蒋介石大为不满：娘希匹，英美滑头，什么先欧后亚战略，分明是国本位代名词，根本没把中国放在眼里。在获美国租借物资的国家中，英国占第一位，为70%，达上百亿美元，苏联第二位，中国仅占2%。蒋介石觉得中国军人抗战艰苦，要鼓舞一下士气。孙立人来电请其为4月19日仁安羌战役周年纪念日写点什么，蒋介石觉得该写，他提笔写了一副挽联，上联："中华军人魂仁者必有勇"，下联："世界烈士血异域永增光"。

蒋介石还有得意之作，这就是《中国之命运》，蒋介石把它看成是指导中国前进方向的经典之作。他未想到，此书在民间却不被重视。一个美国记者曾问书店老板，哪一本书较受欢迎，老板答曰：《飘》，并说："这本书人人都感兴趣。年纪轻的人喜欢其中有恋爱的故事，年纪大的人喜欢其中有大发国难财的故事。"

当时，在文化圈流传一个笑话，孔夫子的幽灵驾临现代中国，进行视察访问，他先出现在作家林语堂的梦中。孔夫子曰："奇矣，昔日穷极而著书，今日汝著书而大富，诀窍何在哉？"林语堂答曰："我把《吾土吾民》卖给了外国人。"接着，孔夫子出现在蒋委员长的梦中，孔夫子问："汝亦权势冠天下，诀窍何在哉？"委员长回答说："我出卖的是《中国之命运》。"此黑色幽默反映了一部分人的心态。

1943年3月，蒋介石发表《中国之命运》，公开宣扬一党独裁："没有国民党就没有革命"，"任何党派，任何力量，离开了三民主义与中国国民党"[1]，对抗战无益，对中华民族复兴无益。同时抨击共产党，"无论用何种名义，或何种策略，而来组织武力，割据地方"，不是军阀便是封建。"为什么我们国内的党派，倒反而不肯放弃他武力割据的恶习"，在中央政府"从事抵御外侮、拼民族生命、争国家生存"的时候，"乘机擅自扩充军队，割据地方"，"使他的祖国分裂不能统一，政治不能进入轨道"，这样下去"只有使国家的地位丧失，民族的生命窒息，非至国亡种灭不可"，这样的党就是祸国殃民，害人害己。[2]《中国之命运》的发表为国民党日后的反共活动奠定了基调。5月，共产国际的解散被国民政府认为是一个反共的绝佳时机，

---

① 蒋介石：《中国之命运》，正中书局，1943年版，第113页。

② 蒋介石：《中国之命运》，正中书局，1943年版，第208~209页。

尤其是看到共产国际解散后，世界各地的共产党纷纷宣布解散，蒋介石更是备受鼓舞，在国内大肆宣扬共产主义必将走向灭亡的命运，制造解散共产党的舆论。8月，替国民党发声的《中央周刊》上刊登了《从共产国际的解散展望世界各国共产党的前途》，提出共产国际的解散就意味着国际共产党的解散。[1]国际共产党既已解散，中国共产党也就失去了存在的意义。随后，《商务日报》《益世报》也纷纷发声，希望共产党能够交出军权，服从国民党政府的领导。[2]除了蓄意制造舆论打压中共之外，国民党政府也没有放弃一贯的军事行动，掀起了第三次反共高潮。6月18日，胡宗南在洛川军事会议之后，从黄河河防调动两个军，与封锁陕甘宁边区的两个集团军，总计约五十万人联手包围陕甘宁边区。7月7日，国民党军队炮击陕甘宁边区关中军分区，并于三天后进犯。有了国民党政府前两次反共军事活动的前车之鉴，中共对此次反共高潮予以充足的、坚决的反击。首先，在军事上，调动在延安的五个旅的兵力向交战前线进发，并积极调动农民群众的力量，到群众中去指导自卫军、游击队、民兵作战。在舆论上中共也进行了强有力的质问和反击。毛泽东、范文澜、吕振羽、艾思奇等人先后在《解放日报》上发表文章，揭露蒋介石《中国之命运》的反动论调；还将近年来国民党政府实行的反动举措逐一汇总，并公之于众，如《三年来国民党反动派破坏抗日根据地的罪行一斑》，在舆论上孤立国民党反动派。蒋介石在短时间内一而再再而三地对自己的抗战盟友进行迫害的行为遭到了国内爱国民主人士的强烈谴责，英美苏等国也再次反对国民党发动内战，奉劝国民党与国内各党派处于同等地位以解决纠纷。[3]蒋介石如果继续反共必将陷入孤立无援的境地，因此不得不下令停止进攻陕甘宁边区，第三次反共高潮被击退。国民党三次反共高潮之后，虽然仍未放弃反共政策，但是碍于英美的反对，为了争取抗战胜利，又不得不收敛反共举措。1943年9月，国民党五届十一中全会继续秉承一贯的反共做法，惺惺作态地宣称国民党中央对于中共没有什么特殊的要求，只希望中共能够放弃武装割据，放弃各地区"进犯"国民政府、"妨碍抗日"

三 合作：抗日喋血

---

① 陶百川主编：《中央周刊》第五卷，1943年8月12日，第50/51合刊，第4页。
② 《共产国际和中国革命讲授提纲》，第288页。
③ 《中华民国史资料丛刊》（增刊）第5辑，北京：中华书局，1981年版，第61页。

的政策。① 会上还通过了《关于中国共产党破坏抗战危害国家案件总报告之决议案》。决议案中表示，中国共产党"变本加厉，加紧进行其危害国家，破坏抗战之种种行为"，"希望中国共产党能幡然自反"。② 在抗日洪流的冲击下，蒋介石虽然仍旧继续反共，但又不得不改变策略，违心地表示，中共问题是一个政治问题，"应用政治方法解决"。③ 始终以大局为重的中共随即不计前嫌地表示愿意随时恢复两党的谈判，董必武还出席了三届二次国民参政会驻会委员会第一次会议。国共两党的关系再次缓和。然而，蒋介石却始终未放弃"剿灭"国内共党的想法，利用参加开罗会议之机企图争取英美等国对反共的支持，为后续的对中共作战扫除国际的阻挠舆论。然而，美国坚持中国在抗战期间需建立一个有国共双方联合组成的政府以共同对抗外敌入侵，反对蒋介石的反共计划。

5月12日，盟国在华盛顿召开三叉戟会议，蒋介石特派宋子文参加，罗斯福、丘吉尔、魏菲尔、史迪威、陈纳德均与会。会上英美均贬低缅甸战役之重要性，放弃了"安纳吉姆"计划，把作战严格限制在缅北部。

蒋得知后，立电宋子文：要求反攻缅甸计划，必照卡萨会议完全实施；倘仅攻占缅甸北部至曼德勒为止，不但无补于中国战场，且徒牺牲士兵；望以坚决反对之意，通知英美当局。

17日宋子文力请履行"安纳吉姆"计划。18日罗斯福会见宋子文，保证冬季实施"安纳吉姆"计划。

20日，宋子文与丘吉尔唇枪舌剑。丘吉尔声言："目前考虑进军缅甸非常愚蠢，只有俄国才能给日本致命一击。"经罗斯福协调，会议制订"茶碟计划"：1943年雨季后在缅北发动战役打通滇缅公路，没有占领仰光的规定。

蒋介石仍不满意。为诱使蒋介石同意参加不包括仰光在内的缅甸战役，罗斯福建议颁发荣誉军团勋章给蒋介石和何应钦，以此作为对他们的抚慰，也可以认为是精神贿赂。

史迪威则满心不愿意，他对自己将亲手把勋章戴到蒋介石身上感到恶

---

① 《中共党史参考资料》第九册，第298页。
② 《中国国民党历次代表大会及中央全会资料》下，第840页。
③ 《中国国民党历次代表大会及中央全会资料》下，第841页。

心。他觉得蒋介石这个"部落酋长"根本不配戴此勋章，因而授勋仪式一拖再拖。罗斯福非常着急，一再电促史迪威赶快落实。

而蒋介石听说将由史迪威授勋，也满心不愿意。他曾私下要求换人，但不行。7月7日，蒋介石、史迪威不自然地站到一起，由史迪威代表美国政府将勋章挂在蒋介石胸前。

罗斯福的目的达到了，12日，蒋介石表示同意参加缅甸战役，并以书面形式回答了美国政府。

郑洞国任新一军军长后，中国驻印军的状况并没有根本的改变。以史迪威为首的美国军官严格控制中国部队，不许中国部队长官过问指挥权，同时也不要蒋介石来过问驻印军的事务。当美方联络官认为某个中国军官不行时，只要向总指挥部汇报，就可随时撤换之，并送上飞机回国。

新一军军部对部队无论作战或训练等一切事务均无权过问，军部形同虚设。驻印军总指挥部每星期均开一次会议，参加者有各部队主官和总指挥部负责人。新一军军部常派参谋长舒适存参加。舒适存在会议上提出的建议，均被主持会议的总指挥部参谋长博金准将所否定。舒适存气得脸红脖子粗。每次散会走出来时，大家都无限感慨地说："我们还没有亡国，就先尝到亡国奴的滋味了。"中国驻印度的官兵则由于民族自尊心而坚决反对美方的做法。

孙立人更是有骨气，常教育部队要有民族自尊，反对盲目崇拜美国人。

8月，"温剑鸣事件"发生。温剑鸣担任总指挥部副参谋长，他因事与国内军政部通电，史迪威认为温剑鸣违反军纪，大发雷霆。在日记中，史迪威记道："温剑鸣是狗娘养的，总想干大事业，总写长报告，对基本要求完全无知。他把郑洞国那个蠢东西拉到他一边，想逼迫我们，给四个姓温的安排各种职务，压下往来电报，在我签好字的文书上推荐他自己得青天白日章，因此我治了他一下，免了他副参谋长，让他当了高参。"

为此，孙立人、廖耀湘等中国将领愤愤不平，表示碍难接受，积极支持郑洞国与史迪威交涉。有团结一致的中国将领支持，郑洞国即见史迪威，要求收回成命。史迪威态度顽固，坚决不肯变动。

一旁的鲍德诺更是蛮横无理，说："驻印军是由美国装备训练的，因此军中事务包括人事必须听命于总指挥部，即使中国政府也不得干预过问。"

郑洞国反驳说："中国是个主权国家，不能接受殖民地式待遇。"鲍德诺听后面红耳赤退一旁，史迪威急忙打圆场，把气氛缓和下来。蒋介石即电郑洞国、孙立人，一面斥责史迪威对人事不先请准而擅自撤委，一面安慰我将士安心训练。

孙立人面对中国驻印军情形，心中难安，他亲自找参谋长舒适存商量，决定致电蒋介石，报告在印中美军情形："现驻印军名义在对外关系上，已久不存在，令以应由郑军长负指挥、统御、经理、人事之全责，史将军秉钧长之命，只指挥郑军长一人，不必超级指挥或干预行政。"

蒋介石接电，思量再三。他知道孙立人的建议是对的，但硬顶将影响美援。现国内物资奇缺，军队装备缺乏，如再失去仅有的美援，日子可就难过了。人常言，小不忍则乱大谋。该忍就忍，中国人善于以柔克刚嘛。但又不能完全无为，蒋介石决定派第二子蒋纬国到印度中国驻印军总指挥部任上尉参谋，联络中美双方感情。

然而裂痕毕竟不易弥合。中国驻印军远离祖国，又受尽美国人的气，爱国思想比较浓厚，广大将士比较团结，打回祖国去成了官兵一致的愿望，这成为以后打赢缅北战役的重要因素。

"尖刻乔"史迪威上将屡屡逼宫，"花生米"蒋介石特级上将步步为营
"丛林之狐"孙立人中将异域再扬雄威，痛歼倭寇打通中印路

美国在蓝伽倾注了大量人力、物力训练中国军队，终于取得了成果。蒋介石看到史迪威带来的驻印军训练的照片，心花怒放，对史迪威的整训计划深具信心，同意史迪威扩大整军作业，并决定让史迪威承担全权指挥中国驻印军的责任。

1943年9月底，雨季将止，国民党军事委员会依据魁北克会议决定，与盟军参谋部协调，决定中国驻印军主力于1943年12月下旬，先向缅北进攻，夺取孟拱、密支那要点，然后经八莫向曼德勒前进，将敌压迫于曼德勒附近地区，包围而歼灭之。

10 月，蒋介石又与蒙巴顿、史迪威等在重庆黄山开会，一致讨论了魁北克会议议案。蒋介石认为以夺取密支那、阿恰布、南穆里为目标比较合适，同意此案，但决定 1944 年 1 月执行。

史迪威不愿再等，他已忍耐不住，要报往日的一箭之仇，不等约定的日期到，他就提前发动了缅北攻势。1943 年雨季后，史迪威就下令由列多攻击前进。他任命最喜爱的将领孙立人为前敌司令官，统帅新三十八师为反攻前锋。孙立人发誓不负所望，为史迪威争气。新一军将士高唱军歌，奋勇向前，"君不见，汉终军，弱冠系虏请长缨，君不见，班定远，绝域轻骑催战云！男儿应是重危行，岂让儒冠误此匕生？况乃国危若累卵，羽檄争驰无少停！弃我昔时笔，著我战时衿，一呼同志逾十万，高唱战歌齐从军。齐从军，净胡尘，誓扫倭奴不顾身！忍情轻断思家念，慷慨捧出报国心。昂然含笑赴沙场，大旗招展日无光，气吹太白入昂月，力挽长矢射天狼。采石一载复金陵，冀鲁吉黑次第平，破波楼船出辽海，蔽天铁鸟扑东京！一夜捣碎倭奴穴，太平洋水尽赤色，富士山头扬汉旗，樱花树下醉胡妾。归来夹道万人看，朵朵鲜花掷马前，门楣生辉笑白发，闾里欢腾骄红颜。国史明标第一功，中华从此号长雄，尚留余威惩不义，要使环球人类同沐大汉风！"

8 月底，新三十八师主力从蓝伽出发经过一个多月，到达阿萨密游省的列多。9 月上旬新二十二师也到达列多。中国驻印军士气高昂，装备更精良，已非昔日可比。大量冲锋枪、轻重机枪等自动火器、迫击炮、火焰喷射器、火箭筒、三七平射炮装备到营团。尚有装备 150 毫米重炮的重炮第十二团，及野战炮兵第四、五团，一个坦克营装备美制 M-15、M-35 坦克 87 辆，第十四航空队控制缅北的天空，大量运输机可用于随时补给。正如日本人所说："中国军队的战力已达到不可与昔日相比的精强程度。"

中国军队的对手是防守北缅的日军第十八师团。日军第十八师团是日本陆军中训练最有素、战斗力最强的一个师团，参加过上海、南京战役及第一次缅甸战役、新加坡战役，号称"常胜军团""超人军队""丛林战之王"，师团长田中新一身材矮胖，常头戴一顶钢盔，他老谋深算，善于把握一切有利于自己的条件。该师团有第五十五、五十六、一一四三个步兵联队。

史迪威对中国驻印军深具信心，他并没有把日军放在眼里。令史迪威未想到的是，身后出了问题。10 月 15 日，史迪威回到重庆，感到自己成了打击的目标。蒋介石明确主张召回史迪威，理由是史迪威失去了部队的信任，同中国驻印军的关系搞得很僵，他担任东南亚司令部副司令（1943 年 8 月成立）会引起灾难性的影响。而东南亚司令部司令蒙巴顿抵重庆后，则为史迪威开脱："如果把史迪威撤掉，他就无法实施运用中国军队作战的计划。"

宋美龄、宋霭龄怕撤史迪威会加强宋子文的势力，极力劝蒋介石不要撤换史迪威。宋子文也改变了态度，晚上，宋子文告诉史迪威，只要他去面见蒋介石，说他唯一的目的是为中国好，如有错，并非有意，只是误解，他愿意充分合作，事情就挽回来了。史迪威心中含愤同意，演了一出戏。蒋、史又和解了。17 日，蒋日记中曰："最后允史改悔留任，重加信用。"事后，史迪威在日记中记："响尾蛇未出声就咬人了。"

蒋介石很得意他又赢了。10 月 19 日，英美苏三国外长在莫斯科举行会议，尽管苏联人、英国人反对，中国还是被列为签署四强宣言的签字国。罗斯福为争取美国人对他助蒋的全力支持，在公开场合大力抬高蒋介石，说蒋介石是四强之中的大国领袖，而不是什么"部落酋长"。美国《时代》和《生活》杂志的封面也印上蒋介石子弹般的光头像，并介绍说他是天才和不可一世的民主中国的领袖，蒋介石的头上又多了一层光环。

在缅北，中国驻印军 10 月 24 日由那加山开始向前推进，29 日，新三十八师占领新平洋及瓦南关。10 月下旬，战斗进展到大龙河和大奈河交汇点和它以北的沙劳、临宾、于邦等地。

日军第十八师团长田中的任务是保卫北缅，即使在最坏的情况下，也要特别确保密支那、甘马因一带要地。为完成这项任务，田中制订作战方针：对胡康河谷方面敌军的进攻，应求得将战场置于遥远的印缅国境狭隘的路口附近以急袭一举歼灭之。隘路口是指新平洋附近。他命令第五十六联队主力及山炮兵第二大队疾进大龙河畔，随后又令第五十五联队前往支援。

而盟军情报不准，认为日军在此兵力很少，大龙河沿岸据点，每处只有40 余名缅甸兵把守，因此决定派新三十八师第一一二团担当 150 多公里的防线。

孙立人每隔一两日就至前线巡视，了解到当面之敌为第十八师团主力，就向史迪威要求以新三十八师主力增援。史迪威很固执，以飞机少、兵多、补给困难为由，不予批准。孙立人坚持己见与史迪威争辩，仍未果。

这使陈鸣人第一一二团前进举步维艰，经艰苦战斗占领沙劳、临宾，迫近于邦。11月中旬，李克己营长率二连兵力被日军五倍兵力包围在于邦附近。这时总指挥部才知道于邦为敌军主力。史迪威很不好意思，他很佩服孙立人的判断，立即同意增援。

此刻，蒋介石正坐在飞赴埃及开罗的飞机上，他盘算着如何打开缅战的局面，让英国人加入进来。21日上午7时，飞机抵达开罗培因机场，蒋介石住进了能俯瞰金字塔的米纳饭店。这天下午丘吉尔到。22日，罗斯福到。

1943年10月蒋介石与罗斯福、丘吉尔于开罗会议期间合影

蒋介石会见罗斯福、丘吉尔之前，想得很多。他曾写道："余此去与罗、丘会谈，应以淡泊自得，无求于人为唯一方针。总使不辱其身也。对日处置提案与赔偿损失等事，当待英、美先提，切勿由我主动自提。英美当知我毫无私心于世界大战也。"

蒋介石先后拜会丘吉尔与罗斯福，罗斯福觉得蒋"是一个地道的东方人"，丘吉尔则对蒋的"镇静、缄默和胜任的风格有深刻的印象"。

23日上午开会，蒋介石首先提出反攻缅甸需英国海军向孟加拉湾进军，以便海、陆夹攻，"如海军未集中，则陆军虽已集中，仍少胜算把握。吾人须知，敌人决不轻易放弃缅甸，盖缅甸如失败，则彼在华南、华中皆将不守"。

丘吉尔则说海军集中，事关机密，容后面告，予以搪塞。

晚上，罗斯福与蒋介石单独会谈，讨论了中国领土东四省、台湾、澎湖列岛归还中国，琉球由中美共管。24日晚，丘吉尔以晚宴招待蒋介石，并引导蒋介石于地图室看地图，就是对海军出动地点不予明告。25日，丘吉尔、蒙巴顿来访，仍不谈海军攻缅之事。盖英美早已达成秘密协议，英先以海军收复新加坡，故置缅战于不顾。蒋介石只得留下史迪威替他力争，他先一步回国。他要乘史迪威不在，考察一下中国驻印军。

蒋介石已从郑洞国、孙立人的报告中得知在印中美部队的矛盾，这次他要顺便到蓝伽，想具体了解一下情况，并拟设法缓和。

开罗会议后，蒋介石夫妇视察中国驻印远征军
前排右起：郑洞国、蒋纬国、蒋介石、宋美龄、蒙巴顿

专机在离蓝伽30公里的兰溪机场着陆，郑洞国、舒适存、外事处长叶南（叶楚伧之子）到机场迎接。叶南趁便坐上蒋介石的汽车，在途中就把中美间的矛盾情况详细告诉了蒋介石。蒋介石得知在新平洋一带掩护筑路的新三十八师很艰苦，他们终日处在荒无人烟、蚊蝇满空的潮湿的丛林莽草中，健康很受影响，心中极为关切。

一到蓝伽，美方人员请蒋介石住在总指挥部内，但蒋介石坚持住新一军军部内，令美国人十分尴尬，蒋介石是故意做给美国人看。此后几日，蒋介石极有兴致地视察了训练基地，检阅了由新三十师参谋长吴行中指挥的驻印军部队，并举行阅兵式。蒋介石看到部队装备精良，严整，士气旺盛，深表满意。阅兵完毕，蒋介石对全体官兵训了话，并同郑洞国、舒适存、叶南、吴行中合影留念。蒋对各部队长谈道："前方既无敌情，派在前方掩护的兵力只要一至两个团就足够了，毋须多派。"他还充分肯定了驻印军训练成绩，反复强调争取美援的重要性。

可这恰恰犯了美方的忌，美方最不愿蒋介石对中国驻印军将领有直接指示，于是在蒋介石、宋美龄赴总指挥部拜访时，史迪威的参谋长鲍德诺就委婉对蒋介石说："委员长住在重庆，离此地很远，前方情况瞬息万变，如遇事向委员长请示，必致贻误戎机。"

蒋介石忙说："当然总指挥部是有绝对指挥权的。"鲍德诺说："既然如此，就请委员长当面告诉他们。"蒋无奈，向部队长训话时遂一再强调："切实服从史总指挥。"说归说，做归做，蒋介石表面答应美方，暗地里却给郑洞国、孙立人、廖耀湘每人一套密码，嘱有事与他直接联系。蒋介石依然可以对部队进行指示。

蒋介石刚回国，就传来不好的消息。在随后召开的德黑兰会议上，斯大林坚持尽快实行霸王行动计划，作为交换条件，苏联将在打败德国后立即参加对日作战。罗斯福表示同意，计划通过。丘吉尔找到了借口，要求取消夺取缅甸沿海的海盗计划，以便把登陆艇用于法国南部。罗斯福与斯大林谈及缅甸攻势，斯大林却说："中国军队战斗力低是领导不行，必须使中国人打仗，迄今他们并没有打仗。"

德黑兰会议，斯大林和丘吉尔建立临时联合，即英美开辟第二战场。英国将中英联合反攻缅甸计划一笔勾销，将兵员物资移于欧洲战场，美国也以太平洋战场为优先。德黑兰会议后，缅甸、中国战场被忽视。

12月5日，罗斯福致电蒋介石："经与斯大林元帅会商后，我们将于明年晚春在欧洲有一大战，可望能在明年夏末结束对德战事。但因是之故，遂使吾人不能供应足量登陆艇于孟加拉湾，实行两栖作战。在此情况下，阁下是否仍照原定茶碟计划进行作战，或将茶碟计划延至明年 11 月。"蒋介石感到深为丢脸，他向美国提出 10 亿美元贷款要求，但被拒绝。蒋介石无奈，只好 17 日复电罗斯福："将海陆全面攻势展至明年 11 月较为妥当。"蒋介石又令云南中国远征军暂不出击。虽然英美苏均轻视缅甸、中国战场，但中国驻印军却仍在孤军奋战。

12 月 21 日，孙立人亲率李鸿第一一四团第一、二营，附山炮一连、工兵连赶到前线，负责攻击并歼灭于邦之敌，史迪威亦亲临前线督战，并对部队作了鼓动讲话："只能成功，不能失败。"我军士气大振，发起猛烈攻击，于 28 日攻克于邦。于邦之役是技巧战，驻印军对森林战术运用自如，炮兵射击准确，令盟军军官惊叹。史迪威特制锦旗一面，亲自赠送给孙立人，以纪念胜利。于邦之役亦是精神战，打垮了日军士气。我军渡过大龙河后，沿途可发现许多纸条，上写："中国兄弟，不要追吧"，"这次我们打败了，孟关再见"。

蒋介石也很会把握时机，12 月 30 日他致电新一军郑洞国及孙立人，表达元旦慰劳驻印军之意。孙立人此时已明了电报的作用，它不仅能带来一种信息，还能反映发电人的愿望、心态。孙立人已略知蒋介石的意图，他也愿意及时通报战况，为国家负责，也为不再被小人中伤。31 日，孙立人即致电蒋介石，报告 12 月下旬于邦附近作战经过，并表示"史总指挥带来钧座手谕奉悉，职谨当遵办"。

于邦之战后，孙立人要求史迪威把副指挥博特纳撤换掉，由一名中国指挥官代替，因为博特纳低估了日本人在胡康河谷的力量，使中国驻印军江晓垣连受到不应有的损失。史迪威觉得博特纳跟他到中国来失去了快速晋升的机会，有些对不住他，因而拒绝撤换。孙立人据理力争，蒋介石也支持孙立人撤换博特纳的要求，史迪威作为一名真正的军人，觉得难以辩驳。他也是一条汉子，有错即改，最后同意孙立人的主张，将博特纳调职了。

1944 年悄然来临，战争的阴影依然存在，元旦也没有和平时期的火爆、热烈，一切都在无声无息中进行。

日本的前景更加黯淡，意大利退出了这场战争，德国人在罗马溃败，苏联人已收复了大部分领土，欧洲第二战场的开辟也已在望，美国人从南太洋向北进攻。

1944 年也是中国抗战最艰苦的一年。本年军费为 1012 亿余元，为 1938 年的 138 倍，国库空虚，物价高涨，人民痛苦不堪。

报纸报道：在广西八分之七以上的矿山倒闭，云南著名的锡矿出口下降了五分之四，重庆 18 家铸铁厂中有 14 家倒闭。一家桂林报刊估计，至少 90% 的银行贷款用于商业而不是工业，以致实业界萧条。桂林《大公报》直接称：官员们才是最大的罪犯，他们使用特权逃避法律和税收。报刊上还报道：在军官的克扣下，士兵在挨饿，一些士兵因很小过失就被打死。

蒋介石发起十万青年十万军运动

中央社则报道：为适应高昂的生活费用，对军队工资进行调整，一位将军的工资，提高到每月 2000 元法币，以黑币兑换率计算，相当于 20 美元；而一个士兵每月领到 20 元法币，相当于美元 5 分钱。中央社还报道：美国将军巴顿打了手下的士兵，民主国家也不过如此。

缅甸，胡康河谷战役开始。大龙河河宽 800 多米，和于邦隔岸相望的是乔家。日军在河对岸以乔家为中心工事构筑得非常坚固，假如我军强渡大龙河，就会遭到重大伤亡。孙立人决定使用迂回战术。1 月 11 日，新三十八师留一部在于邦，牵制河对岸敌人，一部从左翼经临宾偷渡大龙河，于 14 日攻占河东岸之大班卡，抄向乔家之敌的后路，东岸敌军河防随之崩溃，我军占领乔家。

在乔家一片林中空地中，沙包覆盖着一个掩体，这就是新三十八师指挥所兼孙立人卧室。这几日，孙立人总觉史迪威做法不对，史迪威直接指挥到团、营单位，一切命令直接发给第一线的团长和营长，概不许军长或师长过问。这不是架空了中国军官吗？而且于邦战后，美方指挥官仍分散兵力，有被敌各个击破的危险。孙立人正想着，史迪威来到乔家。

一见史总指挥到来，师长副官急忙进入掩体内报告，但无动静，孙立人未出来迎接他的上司，副官出来说孙师长正指挥部队作战。时间一分钟一分钟过去，孙立人仍未出来，也不请史迪威进去。史迪威只好独自坐在掩体旁的一个竹凳上等候，从中午时分到乔家，枯候了4个多小时，到太阳快下山时，孙立人终于走出了掩体，走向史迪威，行了一个军礼，领着史迪威走进了掩体。

在重庆，蒋介石也在"顶牛"。史迪威派参谋约翰·克利夫兰上校到重庆游说蒋介石从云南出兵配合驻印军，蒋介石是铁了心了，坚持要英军在缅甸南部发动一场大规模战役，然后他才出动云南部队。史迪威无奈，只好搬救兵。1月14日，罗斯福致电蒋介石："如果不调遣Y部队，看来我们目前不宜向其运送极为重要的物资，并削减在印度继续进行的物资储备。"蒋介石心如明镜，美国人少不了他，因此对罗斯福的威胁也不必当真，Y部队仍然不动。

Y部队不配合，可苦了中国驻印军。好在驻印军士气高昂，很快肃清大龙河两岸敌人，残敌退向大柏家。

孙立人重新部署，以李鸿第一一四团为右翼从康道渡河直抄大柏家的背后，以刘放吾第一一三团、第一一二团二营为左翼向敌左侧背压迫，以陈鸣人第一一二团主力为预备队，担任大龙河岸警戒任务。对孙立人的指挥，史迪威连连点头，表示赞许，"在缅甸与日军作战，我们必须钻过一个老鼠洞，而这个洞要靠我们边走边挖。"

孙立人也很钦佩头发花白的史迪威老先生，这个美国陆军中最优秀的将军，为人直率真诚，富有战斗热情和献身精神，性格偏强，这些与孙立人很相像。史迪威常爱与士兵在一起，睡帆布吊床，用钢盔洗脸，与士兵一起排队吃饭，"对于处在社会最底层的士兵往往给予特别的关心"。他总是称赞中国士兵是世界上所有的军队中最坚强的行军者，具备了优秀士兵的素质：勇敢、顽强、自觉、关心国家命运。为实现收复缅甸的愿望，史迪威将家族的好几名成员调来缅甸。他的儿子小乔是情报处处长，他的两个女婿欧内斯特·伊斯特布鲁克上校和埃内斯·考克斯少校都在中国部队中担任联络军官。孙立人与史迪威在一起感到坦然，不必提心吊胆防着什么，也不会被打小报告。

1944年中美军官在印度兰姆伽营地合影
前排左起：美军战车总联络官、中国驻印军副总指挥郑洞国、
美籍营地中心训练主任
后排左起：廖耀湘、新二十二师副师长李涛、新一军参谋长舒适存

在大柏家前线，孙立人与史迪威、郑洞国经常到前方巡视。他们3人士兵打扮，头戴钢盔，背着步枪，来到第三连，孙立人看到第三连连长王家义坐着吃饭，就持枪敬礼："报告连长！"王家义抬头一看，是3位将军，就赶紧站起来。孙立人看他紧张，就说："你是连长，我是一等兵。"王家义笑了，大家都笑了。

1月17日，新三十八师左翼部队向大柏家疾进，途中歼敌增援的一个中队，2月1日占领大柏家。2月6日，左翼和正面的日军已被我军割成几段，一一包围起来。新三十八师右翼部队用一个月时间迂回敌后，经大小50余仗，击破日军一个联队的抵抗，歼敌 600 人，于 21 日和左翼队在大奈河东岸渡口会合。孟阳河的日军被全部肃清，孟关之敌已无险可守。

史迪威收集到日军全盘配置的准确情报，决定中国驻印军新二十二师从正面攻击孟关阵地，新三十八师和美军一部由东方突进瓦鲁班背后。3 月初，孙立人亲自率新三十八师左翼队向孟关敌后做深入迂回，连克清南卡、恩藏卡、康卡、阳卡、丁宣卡、中马高、下马高、瓦卡道、沙鲁卡、山那卡等 30 多处据点，进展 90 公里，一直攻到孟关背后东南侧瓦鲁班附近。这时，新三十八师右翼队也连下 10 多处日军据点，与左翼队取得联络。新三十八师肃清大奈河北岸之敌，胜利迂回到孟关背后，切断日军归路，孟关日军闻知军心大乱。

日军第十八师团长田中新一急忙下令：

1. 相田部队不要经孟关至瓦鲁班的大道，要经宁库嘎、渡过南比河，准备攻击瓦鲁班。

2. 其他师团主力要沿大道转进，夺取南比河渡河点，攻击瓦鲁班方面之敌。

日军第十八师团根据上述命令，于 3 月 3 日黄昏开始行动。4 日拂晓，日军先头部队第五十六联队第二大队突破南比河渡河点，开始攻击瓦鲁班，美军被迫后撤 13 公里。孙立人见状，乃以一支部队支援美军，经两昼夜急行军，进入阵地，向瓦鲁班日军进攻；以一部切断日军向孟关退路，配合新二十二师向孟关的正面攻击。

5 日下午，新二十二师经激战占领孟关。8 日晚，田中率日军乘着黑夜，依靠事先开辟的两条秘密道路逃出瓦鲁班，向南方约 30 公里的杰布山隘附近后退。9 日，新三十八师攻占瓦鲁班。15 日，胡康河谷之残敌全被肃清，日军被击毙 1500 余人，伤 3000 人。中国驻印军一片欢腾，新三十八师为庆祝胜利，部队临时休整了几天。师里有一个鹰扬剧团，是重庆一个有名的京剧团从军后改编成的。剧团演了几天戏祝捷，慰劳官兵，各团营轮流看。剧场设在森林里，演的是《八大锤》，岳家军大战金兵的故事，十分精彩。孙立人崇拜岳飞精忠报国的精神，常以岳飞的事迹教育部队，勉励大家杀敌立功。而在 3 月 18 日，蒋介石致电新二十师师长廖耀湘：克复孟关胜勿骄，"并望对立人同志勿分彼此，相亲相爱，精诚团结，共成大业也"。

史迪威却面对难题，笑不出来。日军第十五军军长牟田口发动了英帕尔战役。牟田口身体肥胖，脑袋长得像子弹一样，眼睛透出凶狠的目光，嘴唇肥厚，他全然不顾棘手的后勤问题，要求在1个月内达到目标。

日军一个星期就突破了钦敦江，第二个星期便到达离钦敦江35英里的乌克鲁尔近郊。

对史迪威来说，日军进攻所展示的前景相当可怕，如果英军撤退，日军切断阿萨姆—孟加拉铁路，他的全部努力将付之东流。史迪威写道："这会把一切都毁了。"他只有再次忍受耻辱，翻过喜马拉雅山，返回中国。

史迪威发电报给马歇尔，要求其给予支援，并向蒋介石施加压力，将Y部队投入战斗。

美国总统罗斯福3月17日致电蒋介石，希望蒋介石关注："新一军正给第十八师团以沉重打击，日军缅甸方面军主力已被拖在英帕尔和阿恰布方面的有利形势"，希望蒋命令云南Y部队发起攻势。

20日，史迪威的参谋长霍恩少将衔罗斯福之命，飞往重庆，以第163号备忘录一件呈蒋介石，请求云南方面中国远征军及时开始攻击，牵制日军等五十六师团，以配合中国驻印军作战。

蒋介石出于政治考虑，对使用中国军队投入决定性的进攻极为慎重：一旦消耗他的嫡系部队，就直接削弱他个人势力，并危及国民党统治。加之，日军正加紧集结，有对京汉线发动大规模攻势的征兆，不能轻易抽调兵力。

史迪威已下达夺取杰布山的命令，3月15日，新二十二师攻占了丁高沙坎，沿正面公路直叩孟拱河谷大门。新三十八师则爬过杰布山，迂回隘路后面，在英开塘切断第十八师团后路。史迪威闻知蒋介石不肯出兵，遂决心自己试一试，"如果我不能说服花生米，这个季节就一切完了"。27日，史迪威飞抵重庆与蒋介石会晤，蒋介石很固执，坚持不派Y部队，但他保证加强新一军。一个月后，蒋介石的保证兑现了，第十四师、第五十师以前所未有的速度被运到阿萨姆。同日，蒋介石致电罗斯福，明确拒绝了他的要求，并向罗斯福交了底："中国在过去长达7年之久的对日战争中所征之兵力、物资已达到相当大的数量，如再强行投入超出中国国力的战斗，必将招致日军入侵云南、四川，以及新疆革命、山西赤化与最终全国赤化的局面，进而使我政府无法尽战争之义务，以致失掉对日作战之基地。"蒋介石进而要求："惟有目前中国战区得到适当加强，方能策划自云南发起攻势。"皮球又踢给了美方。

史迪威无法，只好 30 日回到前线。此刻新二十二师与新三十八师会师于沙都渣，日军杰布山隘已为我军掌握。战事进入孟拱河谷。史迪威命令：驻印军迅速南下，沿河谷两侧而进。4 月 5 日，中国驻印军对孟拱河谷的进攻正式开始，新三十八师为左翼队、新二十二师为右翼队，沿南高江东西两岸南下追击。孙立人豪迈地宣布："不到孟拱，不刮胡子。"在缅甸战役正激烈进行的时候，Y 军却按兵不动，重庆啧有烦言，许多不满蒋介石解释的中国人深感不快，蒋介石却无动于衷。

4 月 3 日，罗斯福语气强硬的电报又来了："我感到不可思议。你们美式装备的 Y 军居然打不退不堪一击的日本第五十六师团。我看是时候了，不要再拖延进攻了。我切望你能行动起来。"蒋介石的回答是不予回答。

美国人不耐烦了。10 日，美国陆军参谋长马歇尔通知史迪威：除非云南军反攻，否则将停止向中国运送《租借法案》物资。史迪威通过他的参谋长转告何应钦。蒋介石考虑到策应中国驻印军攻击密支那，打通中印公路的意义，在美国的压力下，终于不得不回心转意，下令 Y 军行动。

4 月 14 日，总参谋长何应钦签署了怒江攻势命令，以第二十集团军霍揆彰部为攻击军，向腾冲进攻；以第十一集团军为防守军，负责怒江东部江防。何应钦还特地通知马歇尔："进军决定是中国自己做出的而不是屈于外来的压力。"

驻印军总指挥史迪威对此"深为欣悦"，这样"必将激励在缅甸丛林间作坚韧奋斗之中国部队之士气"。英国首相丘吉尔致电蒋介石，表示无限欣慰，并"伫候其进展之佳音"。

1944 年 5 月 11 日，中国远征军在滇西强渡怒江，揭开滇西战役序幕。

然而在此关键时刻，日军为击溃国民党中央军、迅速灭亡中国，以全力对付太平洋战争，而发动了一号作战。日军共投入兵力 50 万人，4 月 17 日 17 时发动攻击，自中牟横渡黄河，然后向郑州进犯，河南会战开始。

1944 年中国远征军总司令卫立煌（左一）与云南省主席龙云（前骑马者）检阅部队

蒋介石感到日军"其最主要的目的就是要打通粤汉与湘桂两线，为他在缅甸、在越南、在中南半岛以及孤悬在南洋海岛上的各处日军，辟一条败溃时的逃生的道路"，"敌寇今日的狂妄行动，真是日暮途穷，计无复出的最后一掷"。

蒋介石部署以第一战区对日华北方面军，他投入兵力 40 余万，欲与敌寇以重大打击。然而没想到汤恩伯集团连连败北，20 日失郑州，26 日失洛阳。蒋介石气得直骂。

史迪威在缅甸也忙于调兵遣将。根据最新情报，史迪威决定大胆行动，创造奇迹。他决定在孟拱河谷作战的同时，派一支部队攻占密支那。

密支那位于缅北中心，喜马拉雅山南端，是一个群山环绕稍有起伏的小平原，遍地是低矮茂密的丛林。是飞越驼峰空运线必经之地，也是打通中印公路、接通列多至昆明输油管的必由之路。史迪威决心以 4 月 21 日为期发动攻势。

谁知英帕尔战场，英军危急。日军切断英帕尔—科希马公路，使英帕尔只能通过空中与外界联络，危及驻印军物资供应基地。史迪威别无选择，他向斯利姆表示，愿派英勇善战的新三十八师支援英印第十四军，并停止孟拱河谷作战。然而斯利姆很有信心，他拒绝，并要求史迪威尽全力向密支那前进。他保证，即使在最坏的情况下，10 天以内后方联络线不会被切断。

史迪威刚松一口气，蒋介石那边电报又来了。蒋介石担心中国驻印军退路被切断，重蹈第一次入缅的覆辙，力主暂缓向密支那进攻。孙立人、郑洞国站在史迪威一边，支持史迪威大胆进攻密支那。

史迪威很振奋，决定以驻印军新三十师八十八团、第五十师一五〇团、美军加拉哈德部队 3 个营，混合组成中美突击部队，奇袭密支那，攻击日期为 5 月 12 日。

中国远征军冲入密支那

5 月 17 日，中美突击队夺取密支那机场。捷报传来，驻印军司令部喜气洋洋，蒙巴顿在给史迪威的嘉奖令中指出："这是一个非常杰出的成就，将载入史册的一个功绩。"

孙立人也很受鼓舞。5 月 21 日，他根据情报判断，日军因伤亡惨重，兵力已全部用于一线，加迈后方空虚，而缅北雨季马上就要来临。孙立人决心尽快夺取加迈，南下孟拱，策应密支那作战，早日结束缅北战事。

孙立人急匆匆找史迪威，史迪威一见他就说："孙立人爵士，又有什么好主意？"孙立人将攻击加迈方案交给史迪威，史迪威阅后，连连说好，当即表示同意。

孙立人即指挥新三十师南下，以第一一二团迂回加迈以南、偷渡南高江，攻西通切断加迈—孟拱公路补给线；以第一一三团为正兵，从正面扫荡当面之敌；以第一一四团为伏兵，直捣巴棱社，截断库芒山中敌军后路。5 月 21 日，陈鸣人团长率第一一二团背上 4 天的干粮和一个基数的弹药冒大雨出发，翻山越岭，在没有路的地方，秘密开出道路，绕过瓦兰，偷渡棠吉河，越过日军重重封锁。

在指挥所里，孙立人发现史迪威心事重重，就问有什么问题不能解决，史迪威总是闪烁其辞，孙立人也不多问。26日上午11时，第一一二团准时到达加迈以南的南高江东岸。史迪威大为惊喜，感叹新三十八师训练有素，然后骂了一气，原来史迪威派美军一部做同样迂回，结果迷了路，无功而返。

5月27日，新三十八师第一一二团从西通沿公路展开攻势。当时日军正在早餐，突遭袭击，疑为空降部队，一时各处空袭警报大作，伤亡甚大。一日之内，日军被击毙900余人。第一一二团占领公路线长6公里，完全断绝加迈日军补给，陈鸣人团长由此获得"拦路虎"的称号。随后，第一一二团顶住日军第五十三师团第一二八和一五一各一部二个联队的进攻，激战到6月16日，共击毙日军大队长增永少佐以下2700人，我军伤亡300多人，坚守住了阵地。第一一三团于6月9日占领支遵和通向加迈的渡口。第一一四团也在6月15日攻占距孟拱城6公里、处在孟拱和密支那公路交叉口的巴棱社。加迈日军已被重重围困。

中国驻印远征军孙立人部正在进攻缅北密支那日军

史迪威为支援密支那之战，决心不待攻克加迈，即以新三十八师第一一四团协同英印军第三十六师1个旅，奇袭孟拱之日军。孙立人即命第一一四团沿公路东侧之孟拱山秘密急进。6月22日，第一一四团攻占孟拱外围的建支、汤包、来庄等重要日军据点，日军万万未料到我军如此神速，慌忙退入城内。

到孟拱外围，为了预防日军来袭，孙立人决定采取添灶之策。本来我军是数人一灶，孙立人规定一人一灶，每一个人都把美式钢盔当作自己的锅，烧起火来。日军不知我们只有两千人，看见两千个灶炊烟浓密，遍于山间，以为有几万大军，遂不敢轻举妄动、前来进攻，只能龟缩城内，等着挨打。眼看孟拱即下，孙立人很兴奋，他可以理胡子啦。

这天，一批粮食、弹药刚运来卸下，一个军械上士还未开始摆好，被孙立人看到，他一急拿起马鞭打了军械上士，说："平时怎么训练你的，东西摆得乱七八糟。"上士说"东西刚到，他不晓得"，这时一排副说："你昏了头，你要打，打我，这个事情是我负责的。"孙立人觉得错怪了上士，内心不安，他就升排副做了排长。

在中国驻印军的强大攻击下，孟拱河谷日军据点如成熟的果实，相继落入我军之手。6月16日，中国驻印军占领加迈，24日攻占孟拱，8月3日，更击破日军的死守，占领密支那。整个缅北的军事形势为之一振，缅北、滇西战场遂连成一气，形成了壮丽的大反攻局面。

密支那战役后，史迪威个人威望显著提高，并被美国晋升为上将。蒋介石也于8月5日给史迪威发来贺电："中正对我部队能达成任务，同所嘉慰，特电驰贺阁下之成功与盟军之胜利，并请转郑洞国、孙立人、廖耀湘各将领暨各师师长、副师长、参谋长及全体官兵，代达余嘉勉之意为盼。蒋中正。"

蒋介石同时下令，以郑洞国为驻印军副总指挥，将新一军分成两个军，新一军和新六军。新一军以孙立人为军长，辖新三十八师、新

中美联军联合进攻缅北日军

三十师和战车一营；新六军以廖耀湘为军长，辖第十四师、第五十师、新二十二师。

然而，蒋介石并不是真的高兴，面对局势他也高兴不起来。

此时，经济萧条，税收减少，农民依然深受拉壮丁、强行征粮之苦。路边到处可见因饥饿或伤病而跟不上队被遗弃的士兵，他们远离家乡，得不到帮助，只好低头哈腰，以行乞为生。政府官员们则肆无忌惮地通过五花八门的贪污诈骗手段从千疮百孔的经济体中牟取暴利。报纸则普遍、公开地批评政府。学生举着标语上街请愿，国民党政府在慢性自杀。

关于蒋介石的谣传也多了。一种说法是说蒋介石又找到了一个新的情妇。蒋介石不得不开一个茶会辟谣。然后正如一位美国记者说的："大多数听众在听到这条消息之前，并没想到蒋介石还有情妇；而听到消息后，便立刻断定他确实有一个。"

与此同时，重庆还纷纷谣传蒋介石已经认识到他在军事上的虚弱是由于残暴地征集和对待士兵而引起的。据说当他乘车经过市区时看见虐待士兵的场面时，他用自己的手杖打了那些残暴的军官。这类故事很多，以致他们组成了一幅画面，蒋委员长在首都飞快地转来转去，他靠在那辆防弹汽车的后窗上，到处寻找弊病，挥舞手杖。

然而军官们的残暴和军事虚弱的局面未变。一个美国记者写道："一百年来，中国人民一直为把自己从不会治理国家的政府下解放出来而斗争，但每次改革或革命的努力反过来都变成了更沉重的压迫和腐败，就像玩弄巫术的王子反被巫术变成了蛤蟆一样。"

河南会战、湖南会战的惨败，更大出蒋介石意外，他深受打击。蒋介石认识到整军改革的必要。这年 7 月，蒋介石曾召开黄山整军会议。他谈道："自从这次中原会战与长沙会战失败以来，我们国家的地位、军队的荣誉，尤其是我们一般高级军官的荣誉，可以说扫地已尽，外国人已经不把我们军人当作一个军人……如果我们再不痛切省悟、彻底改革，又如何能对得起一般已死的军属先烈？"

"我常常听到各地来渝的人说，我们各军事机关的主官，交际应酬真是应接不遑，有的一顿饭要吃两三处地方，我听了这种报告，真是痛心！前方官兵过的是什么生活？而我们天天还在宴会？"

"我看到红十字会负责人送来的一个在贵州实地看到的报告，沿途新兵，都是形同饿殍，瘦弱不堪，而且到处都是病兵，奄奄待毙。这种情况，兵役署长知道不知道？可知我们现在一般机关真是有名无实，内部一天天地空虚，一天天地腐败，长此下去，我们国家只有灭亡。"

"这一次整军会议，是我们生死存亡所关的一次会议，从机关到部队，从团体到个人，都要彻底检讨，彻底改进；尤其是军需、兵役两个部门所用的中下级机关的人员，积弊最深。从今天为始，人人要负责知耻，尽职服务，卧薪尝胆，奋发图强。如此3个月，或半年之后，我相信我们全国的军事机关和部队，必能朝气蓬勃，面目一新。"蒋介石讲得慷慨激昂，决心也是相当大的。

蒋介石希望靠军人自己的良心和觉悟达到尽职，实际上毫无作用。随之而来的是一连串失败，8月8日衡阳失守。

蒋介石又埋怨他的精锐部队被调往云南，在备忘录中他写道："5月初北缅战将中国所有储藏之装备一概用尽，同时又将应行空运来华之吨位占去，以致中国境内其他之军事供应概受影响。日本乘我北缅出兵之时，对于豫湘两省猛加攻击，中国国内战场因北缅作战之故，既乏军械之补充，又缺驼峰空运之接济，而其所受日军压力更六倍于北缅之遭遇，北缅一隅之胜利不足以抵中国东战场之损失，质言之，因攻下密支那而失却东战场，此种责任史迪威无所逃避。"蒋介石要抽回驻印军，参加国内作战。

罗斯福对蒋介石的失败大为不满，更加支持史迪威改革中国军队的主张。他致电蒋介石，要蒋把史迪威从缅甸召到中国，在蒋的直接指挥下"统帅所有中国部队和美国部队，阻止日军的进攻浪潮"。

蒋介石在惨败下，已无昔日强硬态度。他不好公开拒绝，也不愿把军事指挥权交给史迪威，不得不巧妙搪塞，说："必须有一准备时间，可使中国军队对史将军能绝对指挥。"并要求派一私人代表来华。

9月6日赫尔利来华，8日谈判开始。蒋介石要求驻印军向八莫进攻，把龙陵日军吸引过去，而史迪威强调驻印军需休整，拒绝了。15日，蒋介石又要求驻印军一周内进军，否则他撤回远征军。18日，罗斯福给蒋介石发来函电，其口吻像一位校长对待一位迟钝而又无可救药的学生："你目前能够阻止日军达到其在中国的侵略目标的唯一办法是立即增援萨尔温江部队，继续使他发动进攻，同时立即使史将军能不受限制地指挥所有中国军队，否则停止美援。"

赫尔利（前排左一）

史迪威非常高兴，19 日他持电报到黄山，当着何应钦、白崇禧、赫尔利的面将电报交给蒋介石。蒋介石读过中译电文后，看了史迪威一眼，说："知道了。"他坐下沉默片刻，起身宣布散会。"怎么搞的，没动声色？"史迪威回到住处，觉得长江彼岸景色迷人，山城重庆华灯初照。当晚史迪威在日记中记道："我把花生米打翻在地。"蒋介石则在日记中写道："实为余平生最大之耻辱也。"

蒋介石和史迪威两人的意志一样坚定，互相敌视，不肯屈服。蒋介石容不得别人在他头上，他怨恨地说："在中国，史迪威将军的权力比我的权力大。"史迪威信奉的格言则是："不要让那些狗杂种把你咬倒在地。"

蒋介石决心对抗到底。19 日晚，20 日，蒋介石与赫尔利会谈，请罗斯福撤换史迪威。22 日停止对龙陵进攻。24 日，又同赫尔利长谈：中国主权与蒋个人人格，绝不容许损害。赫尔利看出蒋介石的决心，他致电罗斯福："蒋总裁非常难对付。"

中国远征军战士正在向龙陵发起进攻

9月25日至10月1日，罗斯福苦苦思考，未作答复，但有意牺牲史迪威。赫尔利、孔祥熙将此信息分别转给史、蒋。

蒋介石决心先下手为强，10月2日，他召开国民党中央执行委员会常务会议，蒋介石很激动，不时地拍桌子，坚持史迪威一定要走人。蒋陈辞："美国人以另一种方式侵犯中国主权，这是一种新形式的帝国主义，如果我们同意这种形式的帝国主义，我们只能做傀儡，我们也可能要倒向汪精卫。"会上一片窃窃私语，一个常委斗胆回答："史迪威了解中国，而换一个美国人可能还不如他。"

何应钦、张治中、陈布雷、王世杰与蒋介石分歧严重，反对撤换史迪威，宋子文则站在蒋一边。

王世杰认为：蒋介石此举将导致一系列严重后果，美国会改变对日战略，不再考虑从中国大陆进攻日本，而改为直接攻击日本本土，这样一来，中国沦陷区收复日期将大大延长，东北问题将更加复杂而危险。

10月3日，王世杰、张治中又一起向蒋介石提出异议。张治中询问："蒋先生何故发电要求撤史参谋长之前，不与文武僚佐细商？"

蒋介石说："系因预知你等不会同意此项办法。"

王世杰接上说："就令如此，蒋先生亦宜先与我等商讨。"王世杰虽再三劝说，亦不能使蒋介石改变态度。最后，王世杰说："罗斯福复电来时，务让大家参加意见。"

5日，罗斯福答复蒋介石，同意解除史迪威中国战区参谋长及负责租借物资之责，但仍任缅甸中国军队总司令。蒋介石乃约国民政府各院长及王世杰等人午餐，席间大谈没有美援也能抗战。蒋介石的话只换来一片沉默，但蒋介石准备一意孤行。9日下午，王世杰向蒋介石力陈"不宜再拒绝罗斯福之提议"，但蒋介石仍拒绝。

王世杰忧心忡忡，当晚找宋子文，试图说服宋子文影响蒋介石。王世杰对宋子文说："此事不可以在此时闹僵，否则我方军事危机，必更严重。"并说，陈布雷、何应钦也持同样看法。宋子文则说："蒋先生如对此让步，则将成为傀儡。"宋子文成为唯一主张撤史之人。晚上，宋子文与王世杰别后，立即到蒋介石处。蒋宋一致认为，"事态已发展到这一步，在撤换史迪威上不能做半点让步"。

10日，蒋介石回绝了罗斯福建议，回电称："只要我是中国国家元首和中国军队最高统帅，我觉得毫无疑问，我有权要求你们把我不再信任的军官召回。"

由于复杂的考虑，19日，罗斯福致电蒋介石将史迪威从其所在战区召回，同时将中缅印战区分为缅印战区和中国战区，索尔登任缅印战区司令，魏德迈任驻华美军司令兼中国战区参谋长。史迪威已感到斧子砍下来了，但他仍不服输，他拒绝了蒋介石要授予他青天白日特别勋章的好意。20日，史迪威在赫尔利、宋子文、林蔚陪同下同蒋介石告别，蒋介石很和蔼，彬彬有礼，他"对这一切感到十分遗憾，只是由于性格上不和"，希望史迪威与他通信，继续做中国的好朋友。史迪威说得很简练，只请蒋介石记住他所做完全是为了中国的利益，"祝你们取得最后胜利"，说完就走了。

21日，寒风萧瑟，乌云密布，赫尔利、宋子文、何应钦到机场送史迪威，史迪威向四周看了看，说："我们还等什么呢？"飞机起飞了；22日，到密支那，24日到德里。两天后，史迪威最后看了一眼他熟悉的中缅印战区，飞回美国。

史迪威的调回，令缅印战区中国驻印军将领震惊，赞同蒋介石的不到

10 人，多数对史迪威离任十分惋惜，孙立人更是如遭当头一棒。他了解史迪威，史迪威为人正直，喜欢发泄怒气，对富裕和势利眼深恶痛绝，常板着面孔，严厉，不爱奢华，被称为尖刻的乔；他不会向任何他不尊敬的人讨好；他具有战略头脑，勇于献身军人事业，这些与孙立人有许多相似之处。

在缅甸丛林中，孙立人与史迪威成了至交。两人一同训练军队，一同制订战斗计划，一同率军作战，两人感情很深。史迪威欣赏孙立人的才华，孙立人钦佩史迪威的为人，两人真真切切是一个战壕里的战友。史迪威在临别之际，向孙立人修书告别，全文如下：

中国驻印军新一军军长孙立人将军

亲爱的孙将军：

我已被解除中印缅战区职务，必须和您分别。要在长时间的并肩战斗后就这样离开您，对我来说是很难的。如您所知，我一直坚持中国军队只要有适当的装备和训练，就可以和世界上任何军队比肩，我很欣慰我们已经有机会将之证实了。您已经充分证实了中国军队的勇敢和能力，而能为此略尽微力让我非常骄傲。没有人能抹杀我们证明了的事实。从此以后，您已是世人瞩目的军人了。您已经为一支新的善战的国家军队打好了基础，在这个基础上，将能够建立起使中国自由和强盛的陆军。您应该以您的此一成就自豪，我希望您能够忘却我们之间以往的所有误会和冲突，把我当作您和中国的朋友。

忠实的，史迪威美国陆军四星上将

史迪威调回国后，孙立人曾向罗斯福递交了一份中国军官要求史迪威返回中国的请求书，虽然此书如石沉大海，但它表露了孙立人的真实感情。

蒋介石在与史迪威的斗争中保住了面子，国民党在中国人民中的信誉却扫地。11 月，桂林、柳州、南宁相继失陷，日军迫近贵州。在世界反法西斯战争中，国民党一败涂地，一亿人口落入敌人之手，蒋介石却依然掌权。

用一位中国人的话说："他统治起来力量太弱，但要推翻他，他又太强。"

三
合
作
：
抗
日
喋
血

1944年10月14日，蒋介石为加强部队，发出十万青年十万军号召，大批青年报名加入，一部分被空运参加了新一军。这批刚刚跨出校门的学生刚到缅北前线，孙立人就接见了他们。孙立人仪容端庄、态度和蔼，看上去是慈祥之人，与电影中挺胸凸肚气势蛮横的高级军官形象大相径庭。孙立人说："我们中国人要有骨气，不要受美国人的气，出了事有我支持你们。"这些新兵深受鼓舞。

一次，新一军新兵受命去交涉一批马匹渡河，管摆渡的美军不让渡，说理交涉无效，这12个新兵端起冲锋枪，一字排开，子弹上膛，把4个美国兵吓傻了，只好殷勤地协助渡过河，临别时还"OK""顶好"喊得挺火热。

1944年10月中旬，雨季将结束，中国驻印军总指挥部下令南进。孙立人率新一军沿密支那—八莫公路南进。

中国驻印远征军孙立人部与日军在八莫展开巷战

孙立人自知有人会给蒋介石打小报，说他与史迪威关系密切、为史的红人，天子门生向来打击别人以抬高自己。为摆脱不利处境，孙立人学乖了，他主动电蒋介石报告战况、进展，请求指示。没了史迪威，蒋介石的直接指挥也更如鱼得水。他对驻印军的人事也大做文章，凡史迪威任命的人，他一律予以撤换。新一军新三十师师长胡素，在密支那之战期间，被史迪威下令撤职，即刻返国，史迪威任命新三十师吴行中为师长。11月新三十师接到蒋介石命令："派新三十八师副师长唐守治为新三十师师长。"孙立人知道为什么蒋介石这样做，他什么也未说。

孙立人率新一军向八莫奋勇前进，在前进的路上回荡着新一军男子汉们唱出的雄壮军歌："吾军欲发扬精诚团结无欺罔，矢志救国亡，猛士力能守四方，不怕刀和枪，誓把敌人降，亲上死长效命疆场，才算好儿郎。"激昂的战歌令日军胆寒。新一军已成为名副其实的国民党精锐部队。在歌声中，12月15日，孙立人指挥新一军攻占八莫，毙日军指挥官原好三大佐以下4000人。孙立人同时令新三十师南下南坎。12月9日，新三十师与日军激战于南坎附近，日军利用地形优势反复冲击，几处阵地被突破，师指挥部也遭袭击。孙立人亲由八莫赶到南坎指挥战事，14日战局稳定。日军复猛攻5338高地，发射炮弹五千余发。日军打红了眼，一队队不用枪，改用战刀、手榴弹进行肉搏。但肉体毕竟抵挡不住冲锋枪、机枪、迫击炮、山炮的射击，每次冲上来的日军均被强大火力吞噬。残敌见势不好，向密林遁去。新三十师乘胜派第八十八团攻占卡狄克，歼日军神田大队，敌遗尸1263具。新一军兵临南坎城下。

此刻中国远征军在滇西也节节胜利。9月7日占松山，14日占腾冲，11月3日占龙陵，20日克芒市，12月1日占遮放。蒋介石很兴奋，中印公路即将打通，大批美援也将来临。

中国驻印远征军第一军军长孙立人（右）和中国滇西远征军第二军
军长王凌云（左）在芒友胜利会师

蒋介石内心急于打通中印路。12 月 12 日，他致电何应钦、卫立煌："着远征军迅速攻击畹町之敌。"15 日，蒋介石接孙立人报告，知驻印军已攻下八莫，迫近南坎，心中暗想：孙立人真乃虎将也，难怪美国人、英国人这么敬重他。可他仍觉得远征军前进速度太慢。19 日，蒋又电何、卫："查我驻印军已克八莫，进道南欢，希仍遵前令，即向畹町攻击，以期早日会师。"谁知两天过后仍无动静，蒋介石恼了，21 日再电："昆明何总长、保山卫长官：据报畹町敌军数目不大，且驻印新一军自攻克八莫后，继续前进，颇为顺利，希仍遵前令，从速进攻畹町，以期与驻印军早日会师。"

缅甸战役即将结束，而围绕缅甸问题，中英关系又趋紧张。为此，12 月 3 日，徐永昌致蒋介石签呈，建议："国军深入缅境作战，英方疑忌甚多，勉强行之，在政略上、战略上均属害多利少。以驻印军入缅，既可达成美国利用中国部队在印缅获有利地位，又可避免与英国直接冲突。1. 远征军以第十一集团军（第二、六、七十一军）留驻国境线内，补训、掩护中印公路，其余（第五十三、五十四军）调回；2. 驻印军继续推进至马宾、新维之线，停止整训，改取守势。"

中国远征军战士正在向松山发起进攻

蒋介石阅毕深以为然，英国人不是东西，英国是帝国主义的楷模。别的不说，就说 1942 年 12 月中英关于签订新约的谈判，中国坚决要求收复九龙，英方一方面威胁如果中国坚持收回九龙，英国将放弃废除不平等条约，另一方面由薛穆出面，私下向顾维钧许诺，说英政府战后一定会把香港归还中国。

蒋介石于是接受顾维钧的意见，但他亲笔批示："英国要宣布归还九龙租借地。"谁知1943年1月中英新约签订后墨迹未干，英国即宣布战后不归还香港。蒋介石很恼火，曾说战后要武力收复香港。想到这，蒋介石在签呈上批下"可如拟"。

1945年1月15日，新一军新三十师攻占南坎，16日，索尔登、魏德迈飞抵前线，向孙立人祝贺，然后一同去遮放。19日，孙立人回来，带来振奋人心的消息，不日远征军克畹町，驻印军将与远征军会师。

24日，蒋介石致电何应钦："1.远征军所有部队即撤至畹町或中缅边境北部地区。2.扫荡公路残敌与占领腊戍任务，交由索尔登将军指挥之驻印军负责。特电遵照，中。"25日，蒋介石又致电索尔登将军，由他指挥新一军前进。

27日，新一军新三十八师攻占芒友，与滇西远征军会师，当一名美国记者问远征军士兵感想时，他们高兴地诅咒说："他妈的，我们险些开枪射击这群日本鬼子，我们还没见过中国士兵在前线穿着皮鞋。"

28日这一天，即将在畹町举行中印公路通车典礼。大喜的日子，重庆《大公报》随军记者吕德润来到密支那一所木房子里见到孙立人。两人很熟，吕德润见面就说："明天一大早，我即随首批车队回国作沿途采访，你有什么东西需要我帮你带回来？"孙立人说："我将参加在畹町举行的典礼，但不随车队行动，至于去不去昆明，尚待批示。"孙立人顿了一下又说："如我不去昆明，就请你方便时，看看昆明市上还有没有卖冥钞的，如碰上就代我买一些回来。"孙立人苦笑着说："并不是我迷信，只是我实在不知道如何表达我对为了这场胜利而战死在外国荒山密林中的那些忠魂的哀思。"孙立人说完，泪水盈眶，再也说不下去了，两人久久对坐、无言，谁也不看谁。随后孙立人去畹町。

由重庆、昆明、密支那飞来的中美双方的头头们，索尔登、魏德迈、陈纳德、皮可、宋子文、卫立煌、孙立人等来到畹町。宋子文走上礼台，代表蒋介石出席庆祝会，并向为这条路奋斗的全体将士致意。几十架美机的轰鸣声如雷贯耳，从蔚蓝的天空，掠过人头顶。演讲完了，护送队隆隆驶过花枝招展的桥梁，摄影师忙于照相，记者们忙于编写乐观的报道。一位摄影记者拍下一个肩戴带丝的国民党将军正在大嚼的场面，标题是："美国的援助终于来到。"中印公路通车（该路从印度列多经密支那、八莫、保山到昆明，全长1800公里）。

蒋介石在重庆同时宣布："我们已经打破了对中国的封锁，为了纪念约瑟夫·史迪威将军的卓越贡献，我把这条公路命名为史迪威公路。"而在大洋彼岸，史迪威沉思道："是谁叫他这样做的？"

为维维护中印公路侧翼安

中印公路一瞥

全，孙立人奉蒋介石之命率新一军继续追击日军，2月8日占南巴卡。20日占新维，中午孙立人进入市区巡视，在一堵墙边，一名战士机警地注视着敌方。孙立人问了他的名字，知道他名叫安宇，河南人，29岁。孙立人又问他打死几个敌人，家庭情况怎样。战士回答："以前在卡狄克和南坎打死40来个，这一次最少，打死5个。俺家里很穷，俺也未读过书，一个兄弟死了，一个哥哥也当了兵，家里仅剩下70多岁的老母，家乡又闹饥荒，真是没有办法。去年捎两封信回去，也没回信。"他像许多穷苦人一样忍受着说不完的苦难，但在战场上却是打击日本鬼子的英雄。孙立人听完，心中苦闷，对战士表示同情，安慰了几句。

新一军攻克新维之后，迅即沿着公路和两旁的山地，分开三路向前推进。腊戍地区分为老腊戍和新腊戍，新腊戍位于海拔三千尺的高地，可以俯瞰老腊戍和火车站。3月5日晚，新一军攻占老腊戍、飞机场与火车站，残敌纷纷退入新腊戍阵地。当孙立人陪同盟军缅北战区总指挥索尔登中将来到

蒋介石给魏德迈授勋

前线视察时，退守新腊戍高地的敌军，看到有几辆吉普车在老腊戍街道上疾驰，知是盟军高级将领前来巡视，炮弹随即落下，当时局面甚为惊险。

孙立人与索尔登中将回到新维城军部，两个人坐下来，讨论中国驻印军完成缅北匕战事之后，将来调回中国本土继续对日作战问题。索尔登中将遂建议孙立人最好先至欧洲战场观摩盟军对德作战的实况，以供来日对日军作战参考。这一番话正好解答了孙立人近日来一直萦绕在心头的问题。

3月7日，蒋介石得知孙立人新一军已攻到腊戍，决定停止战斗，他通过魏德迈电告索尔登，拟将缅北中国军队撤退回国。东南亚盟军总司令蒙巴顿见电报后，甚为惊异，这会影响北缅战事发展。同日他偕夫人飞重庆，与蒋介石多次会谈，劝蒋收回原意。但蒋介石坚持，说计划今年秋用这些部队向日军反攻。蒙巴顿遂不再坚持，同意蒋的主张。并于 11 日返回印度。

蒋介石则通过孙立人电报，掌握着新一军的进展；3 月 8 日占腊戍，24 日占西保，27 日占猛岩，30 日占乔梅与英军会师。蒋介石下令停止战斗，新一军集结密支那，待命返国。

此时，盟军在欧洲战场作战已近尾声，柏林指日可下。索尔登中将关于邀请孙立人至欧洲战场观摩盟军对德作战实况的建议，首先获得美国陆军部核准，再由艾森豪威尔统帅备妥邀请函，送达华府，美国陆军部始正式行文，将艾帅邀请函于 4 月初送达缅北，由索尔登中将转交给孙立人将军。孙立人接到艾森豪威尔邀请函后，立即乘军机飞往重庆，向蒋介石报告缅甸作战胜利情形，以及驻印军将来调回国之作战计划；同时报告盟军统帅艾森豪威尔邀其赴欧洲战场参观的事，向蒋委员长请示。这时索尔登中将与魏德迈将军都在重庆开会，大家谈到这件事，一致认为有此必要，蒋介石迫于美国人的压力，勉强同意。

战争将结束了，孙立人想得很多。经过几夜反复思考，4月10日孙立人上蒋介石函，建议为配合盟军在我国东南沿海登陆作战，我军应采取如下策略：1.派军协同登陆；2.派军自陆路支应；3.派人化装潜往策应。5月4日，蒋介石回电，表示重视，"各节正办理中"。5月初，孙立人由重庆经密支那回到缅北军部，适值德军于5月8日正式向盟军无条件投降。孙将军回到军部之后，一方面将军中重要事务做个交代，同时由缅北美军司令部安排赴欧参观行程。

而蒋介石考虑的是集权和消灭共产党。1945年5月5日，国民党第六次全国代表大会召开。会上，陈果夫、陈立夫及党徒联名提出修改党章草案，要求把党的总裁定为终身制，说领袖被选，殊非尊重之道。但此议未被通过。邹鲁首先反对，他说："总裁终身制，即等于君主专制。"孙科则说："现在是什么时代，是民主时代，因此党章也要反映民主的精神。"还有不少人，都反对总裁终身制，这使蒋介石丢尽了面子。

19日，蒋介石欢宴与会各代表，但到会代表不足三分之一，蒋介石气得竟然说出："要清查不到者的名单，予以相当处罚。"在这次大会上，蒋处境相当难堪，语无伦次，把肺腑之言都挤出来了！他的黄埔弟子们也说："我们真想不到，领袖讲话如此缺少分寸。"在国民党六大上，蒋介石作了政治报告，指出对中国共产党必须消灭之，这是今后的主要任务，必须坚决完成。

蒋介石鉴于孙立人在缅战中的表现，决定颁发一枚奖章。5月17日，一枚青天白日章送到孙立人手里，孙立人抚摸奖章，念及同生共死的齐学启及历次战役殉国的将士，不禁悲从中来，痛哭失声。

一切办理妥当后，5月17日，孙立人由密支那乘专机启程，英文秘书衣复得上校随行。当日抵达印度加尔各答停留两日，稍事整理行装。新一军则由贾幼慧副军长率领，陆续空运回国，集中于广西南宁。20日，孙立人由加尔各答乘美方军用专机向西飞行，途中经过印度佛教圣地盖亚及艾格拉，至印度首都德里小停，换机续飞行九小时，抵达伊朗著名油田区艾巴登。

由该地美空军基地司令招待晚餐，室内有冷气设备，大吃牛排。饭后，继续航行七小时，飞抵埃及首府开罗。21日在开罗休息一天，顺道拜候中国驻埃及公使许念智，并由其导游埃及金字塔，及中英美在开罗开会的会场米纳宾馆。22日清晨由开罗乘专机起飞，经希腊雅典稍事休歇后续飞，下午六时，降落意大利那普拉斯。亚历山大伯爵听到孙将军路过那普拉斯，便派员至机场迎接，邀请孙将军在意大利多停留三天，看看他的部队，同他在一起谈谈。孙将军因急于要去看艾帅，而且行程已经排好，不便更改，遂前往拜候亚历山大伯爵，两位老友重逢，晤谈甚欢。孙立人说明不能多留的原因，请他谅解。23日清早，孙立人乘专机由那普拉斯起飞，经罗马及法国马赛，于下午五时飞抵巴黎。盟军统帅艾森豪威尔将军派人在机场迎接，招待至艾帅在巴黎的旅社住下。24日，拜候中国驻法大使钱泰先生。25日到美军各单位接洽，安排参观欧洲战场的行程，顺便赴巴黎各地观光。当天蒋介石忍着火气，致电巴黎孙立人："出国期间职务准由贾幼慧副军长代理。"26日继续与美方接洽参观欧洲战场日程，并游览巴黎风景名胜。晚间，孙将军应邀参加美国高级军官在旅邸举行的盛宴，大家相聚饮酒跳舞，相谈甚欢。

27日抵艾森豪威尔总部，次日访艾森豪威尔，然后从29日马不停蹄地参观美第十二、十五方面军，第五装甲师，第三、七军。6月5日，飞回艾森豪威尔总部所在地弗兰克福，7日从弗兰克福驱车南下至德国赫德柏格参观美国第六方面军，6月8日，乘飞机赴德国瑞士交界处林大参观法国第一集团军、法第四山地师、战车部队，6月12日飞往荷兰的艾帕道恩参观加拿大第一集团军，13日返巴黎，17日参观诺曼底并抵伦敦，然后拜会驻英大使顾维钧，并参观英国陆军部、参谋大学、皇家军校、英国皇家海军学校，23日搭机离开伦敦飞抵美国华盛顿，拜会驻美大使魏道明，25日拜会美国防部长马歇尔、副参谋总长韩定，7月2日至8日参观美国装甲步兵等军事学校。一路上孙立人被当作贵宾，招待极佳。孙立人是大开眼界，满意而归。7月中旬，孙立人离开华盛顿再到纽约，住了四天，并参观纽约附近的军事基地。然后由纽约飞往英国百慕大，回到法国巴黎，停留两天，启程回国，途经葡属艾柔瑞斯，换机飞过意大利、希腊、开罗，循原路回至印度加尔各答。在加尔各答住了两天，于7月底飞返八莫，时新一军已奉命调回国，孙立人在八莫住了两天，即飞回昆明。蒋介石心中不悦，对回国的孙立人不予理会，也不下命令，打算让孙立人冷一冷。

此刻反法西斯战局已发生重大变化，5 月德国投降，仅剩日本尚在顽抗。日本一批法西斯死硬分子仗其本土尚有 200 余万军队，以及在中国东北还有号称百万的关东军，准备顽抗到底。他们高叫"本土决战"，"一亿玉碎"。7 月 28 日，日本政府公开拒绝了波茨坦公告。

美国加强对日本本土空袭。8 月 6 日、9 日，美军在日本广岛、长崎投下两枚原子弹。苏联遵照承诺，转入对日作战。8 月 8 日，苏联政府宣布对日作战。9 日，苏联红军百万大军分三路进入中国东北，进攻日本关东军，太平洋舰队亦攻占南库页岛、千岛群岛以及朝鲜北部许多港口。蒋介石极为关注事态的发展，10 日，国民党中央执行委员会和国防最高委员会举行联席会议，讨论日本投降问题。日本召开第二次御前会议，日本天皇裁决，决定无条件投降，但要求保留天皇制。对此，蒋介石是赞成的。

11 日，蒋介石一连下达三个命令，一个是要解放区抗日军队就原地驻防待命，不得向敌伪擅自行动；一个是要他的嫡系部队积极推进，勿稍松懈；一个是要伪军切实维持地方治安。国民党中宣部发言人对于延安总部所发出的限令日伪投降的命令，竟诬为非法行为。

12 日，美国驻国民政府大使赫尔利给美国国务院一份电报，内称：我已建议依照投降条件，日本须将所有的在中国的武器，交给中国国民政府。同时，麦克阿瑟以远东盟军总司令名义，对日本政府和中国战区的日军下令，只能向蒋介石国民政府及其军队投降，不得向八路军、新四军投降。

8 月 13 日，朱德总司令、彭德怀副总司令致电蒋介石，坚决拒绝他的错误命令。八路军、新四军和其他人民武装在对日军实行全面反攻中，取得了巨大的胜利。在抗日战争时期，中国共产党根据中日战争的特点，明确提出实行全面抗战的路线和持久战的战略方针，确定了向敌后发展、建立敌后抗日民主根据地、发展游击战争的战略任务，开辟了广大的敌后战场。敌后战场的人民军队在 8 年中对敌作战 12.5 万余次，消灭日军 52.7 万余人，伪军 118 万余人，有力地打击了日本侵略者，积聚和发展了人民抗日力量，逐步改变敌我力量对比。敌后战场的开辟和发展，吸引了大量的日本兵力，减轻了国民党正面战场的压力，成为促使国民党抗战到底的一个重要因素，也为赢得整个抗日战争的胜利做出重要的贡献。

对美、蒋的活动，中国共产党人坚决反对。毛泽东说："蒋介石在磨刀，因此我们也要磨刀。"

14日，日天皇于宫中防空洞开会，同时颁发停战诏书，宣布无条件投降。15日，这一难忘的日子，中国接到日本天皇决定无条件投降电文。蒋介石于重庆发表《抗战胜利告全国军民及全世界人书》，大谈：中华民族传至高至贵之德性为"不念旧恶"及"与人为善"，决不以日本人民为敌，亦决不对敌人以前之暴行加以报复。同日，蒋介石打电报给日本侵华军总司令冈村宁次，指示他六项投降原则，并派何应钦代他接受侵华日军之投降。

9月2日，日本代表重光葵、梅津美治郎，在东京湾美国密苏里军舰上向盟国签署投降书，正式投降。蒋介石记曰："五十年来最大之国耻与余个人历年所受之逼迫污辱，至此自可湔雪净尽。今后之雪耻，乃雪新耻也。"蒋介石说的新耻乃是共产党也。他曾言："抗战虽胜，而革命并未成功，第三国际政策未败，'共匪'未清，则革命不能日成也。"

他为了与中共一争高下，急忙调兵遣将抢占战略要点，新六军空运南京，第七十四军、九十三军、五十二军、五十四军空、海运至京、沪、青岛、北平。

9月7日，新一军奉令接收广州，由副军长贾幼慧率领入城，并以新三十八师布防广州市内外，新三十师布防石龙、东莞、第五十师进驻香港九龙。9月16日上午10时，广州地区日军投降仪式在广州中山纪念堂举行。仪式由张发奎主持，孙立人与广州市市长陈策、第十三军军长石觉、第五十四军军长阙汉骞等中方代表出席。日军投降代表是第二十三军司令官田中久一将军、参谋长符田少将及海南岛海军指挥官肥厚大佐等人。

孙立人即向蒋介石建议把香港、九龙、澳门一并收回，蒋介石也有此意，他坚持由中国战区派人至香港受降，但美国总统杜鲁门偏袒英国，并致电蒋介石，说英国在香港拥有主权，不应因此而争执起来，否则影响不好。蒋介石考虑在对苏交涉中要依靠英美，只好让步，电告麦克阿瑟，可以中国战区最高统帅名义，授予英军司令官以接受香港日军投降的权限，同时后撤香港、九龙地区军队。英方坚持自行派员接收，蒋也坚持不让步，最终英国人答应接受蒋之委托，于香港受降。中国派罗卓英参加，但遭英国冷落，以示故意蔑视中国。

不过，令孙立人欣慰的有两件事。第二方面军司令长官部移驻广州，令新一军派一连官兵担任长官部警卫。一天深夜，长官部有位处长外出归来，说不出当天口令，守卫士兵不许其入营。事后张发奎将军闻悉，对新一军如此严明的纪律，赞不绝口，并令该连调回新一军归建。张发奎将军告诉孙军长说："我把这一连官兵调回归建，不是看不起你的部队。正好相反，我非常欣赏你的部队的纪律，是一支作战坚强的部队，不能调来担任勤务守卫的工作。"从此之后，张发奎将军对孙立人更加敬重。新一军驻防广东期间，与广东部队相处和睦，从未发生不愉快事件。初接收广州时，有一位新疆籍的中尉马木提，他从缅北蛮荒之地来到广州城里，尽兴吃喝玩乐，什么都来，赌钱输了，负债还不起，就打歪主意。一天，这个年轻军官邀同一位美军上尉，开吉普车到广州白云山郊游，车开到荒僻郊外，竟把美军上尉打死了，将枪支拿走，吉普车卖掉。案发后，美军上尉尸首被找到，美军提出强烈抗议，依军法判马木提死刑。孙立人看了全案，感到没有办法救了，要侍从官把马木提叫到面前询问，马木提坦承都是他做的。孙立人心有不忍地对他说："你是新疆人，属边远民族，虽有抗日战功，但是军人一定要遵守军纪。今天你犯了大错，我也没办法保护你了。你有什么遗言，希望我能帮你一点忙。"他说他家有爸妈家人，希望将遗物交给他的家人。孙军长答应他。待他被枪毙后，孙立人特别派人将遗物送给他新疆的家人。这件事传开之后，新一军驻防区内更是秋毫无犯了。

孙立人将军在广州完成受降工作后，心中最惦念随他出国远征印缅的战友。为了使他们的忠烈事迹光耀人间，他决定要为新一军阵亡将士建一座公墓。为了选择墓地，他曾乘飞机在广州上空观察3次，并亲自登白云山下马头岗视察，才决定在马头岗征集100多亩地为墓地，并亲自为公墓设计图样。新一军纪念公墓从1945年11月5日开始兴建，至1947年9月6日落成。所建的阵亡将士纪念碑的费用，完全是新一军全体官兵自愿捐献凑足的，落成时有2000多人参加追悼公祭典礼，从中午12时到下午1时半，孙立人都在主持。在报告筹建公墓经过时，他很哀感地说："我站在墓前，遥望西南，十分怀念那些印缅阵亡的袍泽。他们英容雄姿，仿佛就在我的眼前。我时时在怀念他们，我永远在哀悼他们。"

孙立人忘不了当年万里远征与他并肩作战、宣誓"不作回国之想、不作生还之望"的全军弟兄，他总牵挂着这些英勇将士的后事及他们的孤儿寡母。他长期有一心愿，找到当年随他对日作战、远征缅甸而为国捐躯的原新三十八师中将副师长齐学启的墓地。抗战胜利后，孙立人派专人到仰光，经当地华侨的协助，寻得齐将军的遗骸，专机运回长沙，安葬于岳麓山下蔡锷、黄兴两先烈墓旁。几十年后，墓园已荡然无存。1988年恢复自由后，他又惦念着为国捐躯的老战友，托回大陆探亲的旧部查找齐氏遗属，查看墓园状况。当得知因年久失修，几至湮灭时，他集资6000美元，委托旧部齐立忠、彭克立携款赴湘，与湖南省有关部门洽商，重修了陵墓。孙立人还亲撰"墓园记"，又向帮助办理这件事的长沙黄伟民先生寄去了一副亲手书写的对联："万里云山劳想象，一生宗仰重湖湘。"表达对当地政府感激之情与对乡土眷恋之情。

仁安羌战役，为解救英军，三营营长张琦壮烈牺牲。孙立人下令步兵团抢回张琦的遗骸，为张亲选墓地，自绘葬图，令工兵连夜造棺、安葬。他对抢遗骸的步兵团长说："如果不抢回张营长的遗骸，我对不起他的父母。"1988年，为找到张琦的后代，并把一直保留在身边的颁给张琦的一枚勋章交到张的后代手上，孙立人特地撰文，在报纸上表达了这一心愿，孙的旧属写信到张琦的故乡湖南祁阳县政府与公安局，查询张琦的遗属与家庭情况。后经当地政府多方查找，了解到张琦的父母已先后去世，张琦的独生女儿张锦兰已建立家庭。当信息传到孙立人那里，孙十分欣慰，终于又了却了平生一大心愿。1989年4月，应张锦兰之请求，孙立人亲为撰书"故陆军中校张琦成仁纪念碑"，乃嘱旧属蒋又新等3人，再度发起募捐，凑足5000美元，连同勋章，并由旧属蒋元携回大陆，亲自交到张琦女儿手上。

1945年9月9日，何应钦于南京代表最高统帅，主持中国战区侵华日军无条件投降签字仪式，侵华日军总司令冈村宁次在无条件投降书上签字，抗战最终胜利了。中国为赢得这场战争付出的代价是：总计伤亡人口3500万人，军人伤亡总计322万人，军费支出995亿元（法币），财产损失313

亿美元（以 1937 年 7 月美元币值计算）。然而抗战的胜利并未给中国带来真正的大国地位，而且中国依旧失却香港、九龙。中国政府同苏联签订《中苏友好同盟条约》时，对下列国家权益，不得不作重大让步：承认外蒙的独立自治；东北长春铁路的共同经营；宣布大连为自由港，对于长春铁路直运苏俄及由苏俄出口之货物，免除关税；旅顺口由两国共同使用为海军根据地。

胜利的中国依然满含苦涩，步履蹒跚，屈从于大国的意志，这是蒋介石未想到的，孙立人未想到的，也是全体中国人未想到的。睡狮尚需猛醒。

孙立人作为国民党军五大主力（新一军、新六军、第五军、整编十一师、整编七十四师）之一的军长，回国后无事可干了。他深知蒋介石对他不满，有意将他打入冷宫，但孙立人性格倔强，一点也不后悔。

蒋介石在为中共问题奔忙，他对中共方针明确，就是"军令政令必须统一，军队必须一律归还国家统辖"。蒋介石觉得此时是解决中共问题之大好时机，苏联已许诺支持他，不支持中共。斯大林表示，即使中国实现联合政府，也最好由蒋介石统治，英美自是站到蒋介石一边，蒋决心消灭中共。

然而美国希望用谈判方式解决中共问题，苏联也持同样态度，中国的民族资产阶级、小资产阶级也希望"民主统一，和平建国"。蒋介石军队又未部署好，蒋介石也只好打出和谈的旗子。8 月 14、20、23 日三次致电毛泽东，请毛泽东赴重庆谈判。

22 日，斯大林致电毛泽东，促赴重庆谈判。23 日，中共中央召开政治局扩大会议，决定毛泽东去重庆谈判，在毛泽东离延安后，由刘少奇代理中央主席。28 日，毛泽东、周恩来、王若飞由赫尔利、张治中陪同飞抵重庆，当晚，出席蒋介石宴会，并住在蒋官邸山洞林园。

蒋介石与各院院长开会，决定对军事不稍迁就，对政治则可以宽容一些。以政令、军令之统一为中心。蒋同时关注东北的接收，8 月 31 日，蒋介石成立军事委员与东北行营政治委员会，以熊式辉为行营主任，以莫德惠、马占山等为委员，以蒋经国为外交部驻东北特派员。

9 月 3 日，国共双方开始谈判。其间，蒋介石约毛泽东面谈 10 次。蒋介石曾对陈布雷说："毛泽东此人不可轻视，对他的决心和精神，不可小视啊！"9 月 5 日，蒋介石下令发表任命东北九省二市主席、市长令。

经国共谈判，10月10日，签订会谈纪要，又叫《双十协定》，共计12条。同日，蒋介石派东北行营主任熊式辉及蒋经国、莫德惠等40余人赴东北进行行政接收。11日，毛泽东、王若飞飞返延安。

蒋介石则利用和谈，向华北、东北、上海等地依靠美国空海军运输精锐部队，迅速接收和抢收。同时印发"剿匪"材料，计有《"剿匪"文献》《"剿匪"战术》《"剿匪"诀歌》等。

抗战胜利后，美援华运输机飞越驼峰航线，帮助蒋介石运输军队，为内战做准备

蒋介石太忙，对孙立人态度依旧，只是10月10日颁给孙立人一枚忠勤勋章，恐怕要孙立人记住要忠于领袖吧。

蒋介石指挥国民党军队自9月大肆进攻，进攻地域包括晋南、豫西、广东东江、浙江。10月11日，国民党军傅作义部攻占中共重要城市张家口、通辽。10月上旬，国民党3个军进攻豫东解放区，内战烽火遍地，看不出和平的迹象。蒋介石已命80万军队先后向各解放区进攻，并占城市31座。

10月18日，蒋介石为争夺东北，又成立东北保安司令长官部，以亲信杜聿明为司令长官，郑洞国、梁华盛、马占山为副司令长官，赵家骧为参谋长，在其行政接收东北遇阻后，准备武力接收。

由于主要铁路均被切断，蒋介石依靠美国援助，丁10月中旬，分别从九龙、越南海运第十三军（辖第四、五十四、八十九师）、第五十二军（辖第二、二十五、一九五师）在秦皇岛登陆，并由杜聿明统一指挥这两个军。

11 月 1 日，国民党第十三军开始向山海关作试探性进攻，11 日起集中十三军全部及五十二军主力共 5 个师，在大量炮火掩护下，向东北解放区门户山海关发起全面进攻。

在战火遍地之中，孙立人在南国广州却很逍遥。他觉得老这样僵下去不是事。作为领袖高高在上不便让步，而作为下属应该主动些，于是 11 月 19 日，他飞抵重庆，觐见蒋介石。蒋介石一听孙立人来到，以为他来认错，很高兴。谁知一见面，孙立人呈上一份国际形势报告书，并无悔过之态。蒋介石表面不说，心中不快，只应付了几句，并未给孙立人任何新任务。孙立人无奈，只好飞回广州。

此时，国共东北争夺战已经展开。

四 分歧：内外有别

蒋介石看好大东北，欲行政接收，中共技高一筹捷足先登
武力接收，孙立人新一军登场

国民党元老吴稚晖曾说过一句名言："不到东北，不知中国之大，不到东北，不知东北的危险。"确实如此。

东北重要在于它的战略地位。东北地区（当时包括热河及内蒙古地区一部分总面积 130 万平方公里）矿产丰富，煤、电力、钢铁、水泥产量均占全国一半以上。铁路交通便利，占全国铁路总长二分之一。东北号称谷仓，是全国余粮最多地区。

蒋介石看好黑土地，在一次内部会议上，他强调说："国民党的命运在东北，盖东北之矿产、铁路、物产均甲冠全国。"

毛泽东也看好东北，他在中共七大的结论和关于选举候补中央委员问题的报告中说："东北是很重要的，从我们党，从中国革命的最近将来的前途看，东北是特别重要的。如果我们把现有的根据地都丢了，只要我们有了东北，那么中国革命就有了巩固的基础。当然其他根据地没有丢，我们又有了东北，中国革命的基础就更巩固了。"

驻扎在东北的苏军官兵

苏联出兵东北后，中共中央就派曾克林、唐凯率冀热辽东路部队于9月上旬到沈阳，并将部队改称为东北人民自治军，接收了沈阳的兵工厂、仓库、水电公司等部门，并建立了沈阳市人民政府，以白希清为市长。9月15日，中共中央政治局在听取了曾克林汇报后，决定成立中共中央东北局，并向东北派10万大军和几万干部。17日彭真、陈云到沈阳，第二天开会，组成了以彭真为首的中共中央东北局，决定"把东北变成我们的解放区"。19日中共中央发布关于《目前任务和战略部署》的指示，提出全国战略方针是"向北发展，向南防御，只要我能控制东北及热察两省，即能保障中国人民的胜利"。我党口号是："控制东北，保卫华北、华中。"争取控制东北之任务以原在山东的八路军力量为主。

山东的主力部队第一、二、三、七师及第五、六师大部约9万人，在山东军区司令员兼政委罗荣桓率领下，开赴东北。

新四军第三师3万2千余人在师长兼政委黄克诚率领下，从苏北出发，经津浦线、承德进入东北。此外，三五九旅一部，陕甘联防军警备第一旅，陕甘联防军教导第一、二旅，延安抗日军政大学、炮校也开赴东北。东北主力部队计14万人。

根据中共中央10月9日指示，成立东北军区司令部，以程子华为司令员，彭真为政治委员。10月31日，中共中央撤销东北军区司令部，成立东北人民自治军总部，林彪任司令员，彭真、罗荣桓分任第一、二政委，全军共27万人。中国共产党争取到了先机之利。

为阻止国民党军队进入东北，我军主力主要分散在以沈阳、安东、锦州为中心的东北南部。10月下旬，中共中央指示"我军集中主力于锦州、营口、沈阳之线，次要力量于庄河、安东之线，首先保卫辽宁、安东，守住东北的大门，然后掌握全东北"。东北我军进行保卫山海关—锦州地区的作战。我守山海关部队主要是原冀热辽军区的第十九

林彪

203

旅、十二旅，山东杨国夫一个旅，共8千人，且无建制和加强炮兵，防御正面宽大。

11月6日，蒋介石召见杜聿明，并命令他向榆、锦进攻。8日杜聿明赶回秦皇岛，开始准备，杜聿明指挥的两个军，第十三军全部美械装备，火力强大第五十二军是半美械装备，火力中等，补给依靠秦皇岛、北宁路，较便利。11日开始进攻，遇我军顽强抗击，死伤300余人。15日国民党军再次进攻，攻入山海关西北城子峪，以及义院口、九龙口、黄土岭。为争取主动，东北人民自治军于16日全线后撤。

我军放弃山海关后，原拟以山东1师、华中3师沿山海关、锦州线节节抗击，但国民党军依其优势兵力，乘隙急进，沿宁线猛烈进犯，19日占绥中，22日占兴城、锦西、葫芦岛，锦州遂告危急。蒋介石闻讯连电嘉奖，鼓励杜聿明，"击灭共军完成收复东北的任务"。24日杜聿明即指挥第十三、五十二军向锦州攻击前进。这时，东北人民自治军械弹不足，衣鞋缺乏，参战部队皆极疲劳，且新兵很多，未经训练，战斗力较弱，加之当时群众没有发动，土匪到处横行，地理、敌情不易了解。为避免仓促应战，以致被敌各个击破，遂决定放弃锦州及以北两三里。26日，国民党军占领锦州。

蒋介石随即来电。一面慰勉有加，一面严令非有他的手令不准继续前进。杜聿明接蒋介石令后，虽内心不同意蒋的处置，但又不敢违抗他的命令。同时由于国民党军受打击严重，杜聿明感到如不加以整补，有被消灭的危险，遂不得不令停止于锦州附近。

蒋介石也有难处，近一个月来，国内反内战运动风起。11月2日，民盟发言人提出："国家的一切问题，都应该用和平的方法来解决。谁要用武力来解决党争问题，谁就负内战的责任，谁要发动内战，谁就是全国的公敌。"18日成都各大学21个团体联名发表《制止内战宣言》，19日，文化、工商各界500人集会，由沈钧儒等发起成立了陪都各界反内战联合会，提出了"内战必先停止，是非再付公论"的主张。昆明的西南联合大学更是反内战争民主的重要阵地。28日，西南联合大学、国立西南中山大学、云大等31个大中学校的学生发表《为反对内战及抗议武装干涉集会告全国同胞书》，提出"立即制止内战""组织民主联合政府"等主张。昆明"一二·一"惨案更在全国引起巨大反响,重庆、成都、上海人民先后举行了追悼四烈士大会。

国际上也对蒋介石不利。苏、美、英三国外长莫斯科会议关于中国问题的协议重申了"不干涉中国内政政策","一致同意,必须在国民政府之下建立个团结而民主的中国,国民政府的各部门必须广泛地由民主分子参加,并且内战必须停止"。11月27日,杜鲁门批准赫尔利辞去驻中国大使职务,任命陆军上将马歇尔为总统特使,赴中国调处国共冲突。

蒋介石和蒋纬国

对于联合政府,蒋介石根本不予考虑,但对苏美英的态度,蒋介石不能不考虑。

12月15日,蒋经国应斯大林之邀访苏,以蒋介石私人代表身份同斯大林会谈。斯大林说:"我再三声明,也是我最大的一个要求:你们决不能让美国有一个兵到中国来,只要美国有一个兵到中国来,东北问题就很难解决了。"果然因美军到中国来,苏联到12月仍未撤军,后经中苏双方协议,延至1946年2月10日撤军。

同日,杜鲁门向马歇尔发出训令,要他"用适当而可行的方法,运用美国的影响,尽快地以和平民主的方法达到中国的统一"。

蒋介石觉得和平的姿态要做,战争的准备更是必需,他召杜聿明到重庆,面示东北军事行动方针:对新民以东、以北苏军占领区,用外交方式接收,对新民以西,应向共军占领区扫荡,并打通承锦线,巩固北宁路。

蒋介石同时按《双十协定》的约定,准备召开政协会议。12月16日中共代表团抵渝,20日马歇尔来华。27日中共代表团向国民党政府提出无条件停止内战三项办法。31日国民党表示同意,并派张群、邵力子、王世杰与周恩来、董必武、王若飞商谈。

蒋介石忙乱中想起了孙立人，觉得该起用他了，他与美国人关系密切，现在处处仰仗美国人，正好发挥其特长。1946年1月1日，孙立人奉命参加由商震任团长、桂永清任副团长的国民政府代表团，出席在华盛顿举行的联合国参谋首长会议。似乎是为了安慰孙立人，蒋介石同时授给他胜利勋章。孙立人苦笑，不及主持新一军的阅兵典礼，就于清晨从广州飞往南京，然后赴华盛顿。

1月5日，国共双方达成了《关于停止国内军事冲突办法的协议》。蒋介石却暗中令东北杜聿明继续进攻。国民党军遂于1946年1月4日占北票，5日占朝阳，9日占叶柏寿、盘山，10日占凌源、营口。

根据停战协定，1月7日，组成了以马歇尔、周恩来、张群参加的三人小组。10日，由张群、周恩来签署了《关于停止国内冲突的命令和声明》，正式发布"一切战斗立即停止，军队调动一律停止"的命令，停战令至迟于13日午夜12时生效，并成立北平军事调处执行部，执行部三委员分别为国民党郑介民、中共叶剑英、美国罗伯逊。蒋介石、毛泽东分别下达了停战令。但是，蒋介石看到东北的军事形势发展对其有利，因此在停战协议公布的同时，又片面宣布"国共停战，东北除外"。

10日上午政协会议在重庆开幕，国民党代表8人，共产党代表7人，青年党5人，民主同盟9人，无党派人士9人。

蒋介石作为会议召集人及主席，代表国民政府致开幕词，并宣布了决定实施的事项：给人民言论、出版、集会、结社及身体之自由，各政党在法律面前一律平等，并得在法律范围内公开活动，实行由下而上的普选，释放政治犯。会上蒋介石显得很真诚，有板有眼、侃侃而谈，然而，他却于10日夜密电杜聿明："停战令即下，于1月13日午夜起生效，着令各将领督率所部星夜攻击前进，务于停战令下达生效前占领平泉等重要城市。"

杜聿明奉令后，即派第十三军向平泉攻击，于13日攻占平泉。

中国共产党人也在积极准备应战。根据中共中央"让开大路，占领两厢"和建立巩固的东北革命根据地的指示，东北我军主力遂改变战略部署，除集结于阜新、黑山地区的四分之三的主力部队外，以师为单位，开始有重点地分兵于"西满""北满""东满"广大地区进行剿匪及发动群众，建立根据地的工作。

1946年1月14日，东北人民自治军奉命改称东北民主联军，林彪任总司令，彭真任政治委员。为适应作战需要，2月初，东北民主联军对各部队各军区机构作了调整，将原来划分的军区合并组成"东满""西满""北满""南满"四大军区，主力部队除山东第一师和华中第三师七旅仍归前总直接指挥外，其余大部分主力均划归各军区指挥，进行整编，充实了力量。

虽然东北国民党军进展还较顺利，但蒋介石感到那么大个东北，仅有两个军是不够的，必须增加兵力，而且必须是精锐部队，他想到了缅印战场上屡建战功的新一军、新六军。30日，他即令广州的新一军于2月10日前集结九龙待命。

此刻孙立人正悠闲地坐在大洋彼岸的美国，整日忙于应酬、会谈、看文件听报告，2月10日，他还获美国颁发的自由勋章。蒋介石闻知也来凑趣，不失时机地颁给孙立人荣誉蓝旗一面，以示未忘记他，但也暂不用他。

国民党东北保安司令杜聿明出席国民党军进驻沈阳大会

蒋介石继续督促杜聿明收复"失地"。杜聿明即兵分三路，以新六军新二十二师为南路，向盘山、辽中进攻；以第五十二军第二师为中路，沿北宁路向新民以东进攻；以第十三军第八十九师为北路，向公主岭、秀水河子进攻。没想到第十三军第八十九师以一个加强团 2 月 11 日攻占秀水河子后，14 日晚东北人民自治军抓住第八十九师士气低落、战斗力弱的弱点，集中力量将该团全部消灭，团长只身逃回。卧在病床上的杜聿明得到这一消息后，表面上镇静，内心却非常丧气。

杜聿明连夜致电蒋介石申述意见，谓接收东北，以秀水河子战斗经验看来，共军日益强大，战略战术非常机动神速，势非增加兵力不可。杜聿明还在向蒋介石请假诊病的同时，向蒋介石保荐第三方面军副司令官郑洞国为东北长官部长官代理司令长官职务。

杜聿明想得很多，他怕病一时不能好，蒋介石派别人代替自己的职务。他既舍不得丢掉在东北的高官厚禄，又怕同他一道去东北的几百幕僚也会丢饭碗，一朝天子一朝臣嘛。而郑洞国与自己两度同学，长期共事，患难过，关系很深，由他代理，可以保全自己的班底。

郑洞国遂先于 20 日抵北平见杜聿明面谈情况，然后赴南京把杜聿明的意见向蒋介石报告，蒋介石当即决定派郑洞国到东北，并指示他，不必等任命发表，即先行到锦州视事。

蒋介石下决心在东北与中共一决高下，他准备下更大赌注，不仅要增派部队，而且要派精锐部队。新一军、新六军在缅印屡立战功，且美式装备精良，应该调去。他立即下令从上海、广州、越南等地运送新一军、新六军、第七十军在秦皇岛登陆，增援东北战场。

2 月 26 日，新一军在副军长贾幼慧指挥下，在秦皇岛登陆，然后兼程赶往沈阳附近集结，并于 3 月 12 日向北挺进。

国民党军利用苏军开始从东北撤退之机，派第五十二军于 3 月 13 日进占沈阳，18 日东北行营及保安司令长官部由锦州移驻沈阳，并下令分三路出击，南路新六军主力，由台安以南之新开河向辽阳进犯，21 日占辽阳，31 日占鞍山；北路新一军 24 日占铁岭；东路第五十二军从沈阳沿浑河向抚顺进犯，21 日占领抚顺。

蒋介石大为兴奋，认为东北已唾手可得，东北一得则大卜定矣。3 月 22 日，苏联政府照会国民政府，通知苏军将于 4 月底全部撤回。蒋介石更觉有机可乘，企图借苏军撤走之机，沿中长路大举北犯，夺占四平、长春，以此作为向"北满"进攻之基地，进而夺取全东北。

为给大规模进攻东北制造舆论，蒋介石还指示国民党宣传机关，挑起一场东北问题真相的大争论。国民党大谈自己是"爱国主义者"，历来就认为"东北的存亡就是中国的存亡"，"过去为了这个地方流了无数的血"；对于坚持14年东北抗日战争的中国共产党及其领导的抗联，居然提出"他们是从哪里来的？"说什么东北没有中共军队，把人民武装诬为敌伪余孽。

然而国民党的造谣中伤，遭到民主党派和各界民主人士的强烈反对，反而孤立了自己。

蒋介石向来不把什么舆论放在眼里，他注重的是权力、实力。国民党军第七十一军4月4日占领法库后，沈阳周围只有本溪尚未攻下。蒋介石即致电熊式辉、郑洞国，限令在4月2日以前占领四平。

四平地处松辽平原中部，系贯通中长、四平、洮南、四梅铁路交叉点，是东北重要战略要地之一，向来为兵家必争之地。城东北山丘绵延，城西沟壑纵横，地形险要。人民解放军于1946年3月18日攻克四平，俘国民党辽北省主席刘翰东。

国民党对四平异常重视，蒋介石认为它是"党国命运之所系"，"没有四平就没有东北"。在4月1日国民参政会第四届二次全会上，蒋介石表示：不夺下四平，不停止战争；不打到长春，不商谈和平。

3月底，蒋介石派范汉杰前往东北，名义上视察部队，实际上是准备主持东北国民党军队的指挥，范汉杰与东北行营主任熊式辉商议后，命令各部队继续前进，于4月2日拿下四平。

熊式辉、郑洞国决定派长官部副长官梁华盛到铁岭设指挥所，指挥新一军向四平街前进，另以第五十二军第二师及新六军第十四师进攻本溪。准备一举拿下两城。

谁知天公不作美，3月~4月间，正是辽北地区雪化季节，沿途道路泥泞，新一军都是美械重装备，车炮在泥水中干打转，就是不动，只好让士兵推，找木头垫。加之东北民主联军装备轻，运动迅速，战术灵活，士气高昂，新一军虽以美械人炮、火箭炮及空军无情地轰击东北民主联军的阵地及城镇村落，亦不能稍挫东北民主联军锐气。一直打到3月27日，新一军始占开原，

4月4日进占昌图。

中共中央也极为关注四平，在我军重占四平后，1946年3月24日，中共中央发出了《关于控制长哈两市及中东全线保卫"北满"给东北局的指示》，提出："全力控制长、哈两市及中东路"，"坚决控制四平地区"。4月4日，中共中央发出《关于打击进攻四平之敌给林、彭的指示》，要求东北我军"尽力阻止顽军进入四平"。东北局决定"力争阻敌于四平以南，以便确保以长、哈为中心的'北满'全部在我手中"。为此，东北民主联军在四平作战方针，是以运动防御为主。在战役具体部署上，将主力置于敌之侧后，寻机歼敌。

遵照毛泽东的指示，4月4日林彪带领他的指挥部到达四平。5日，林彪看完四平地形后，电告东北局和中央，决心死守四平。毛泽东看到林彪电报非常高兴，立即指示林彪说："集中六个旅在四平地区歼灭敌人，非常正确……希望你们能在四平方面以多日反复肉搏战斗，歼灭北进部队的全部或大部。我军即有数千伤亡，亦所不惜。"毛泽东的决心之大，对林彪和东北我军是一个巨大的鼓舞。自进军东北以来，除秀水河子一战，我军一直且战且退，国民党军队趾高气扬，林彪也是憋了一肚子火，现在他要在四平与国民党王牌军大干一场，叫他们尝尝我军的厉害。当时四平城内仅有保一旅及七纵第五十六团共5千余人的兵力防守。另以华中第三师第十旅，在铁岭以北、四平以南地区进行阻击，掩护我山东第一、三师、七纵，华中第三师七、八旅主力、独立旅共6个师（旅），迅速向四平地区集中。同时令我军主力一部夺取长春、哈尔滨、齐齐哈尔。

国共两党血战四平

这时，蒋介石限令攻占四平的期限已过，尚不能完成任务，熊式辉整天坐卧不安，许多天晚上睡不着。4月7日攻本溪惨败，损失1800人，更使熊式辉不安，他遂找赵家骧等彻夜研究各方情况，企图打破僵局。此时，孙渡率领云南部队第六十、九十三军开到东北。熊式辉与郑洞国商量，决定把这两个军分开，不让它在东北形成一个集团的势力，将第六十军用于中长路方面，第九十三军使用于锦州、热河。为了派系的猜疑，宁可牺牲战略上的利益。此时，蒋介石又限令4月8日夺四平。由于国民党军处处被牵制，熊式辉一筹莫展，只有严令梁华盛督率新一军向四平进攻。4日，新一军由昌图向四平以南泉头一线之靠山屯、八家子、东沙河子等地进攻。7日新一军新三十八师由左侧公路进至泉头以西之兴隆泉、柳条沟一带，我军乃集中山东第一师、二师、七纵、华中第三师八、十旅主力、独立旅一团等部，于4月8日晚反击，至9日晨，歼新三十八师先头部队两个营，给号称“天下第一军”的新一军以首次重创。

梁华盛急得日夜哇哇乱叫，要求熊式辉派兵增援。熊式辉认为梁华盛沉不住气，就同郑洞国商量，决定调梁华盛回沈阳，由郑洞国到前方指挥。

10日，郑洞国到开原指挥所，指挥新一军及第一九五师继续向四平攻击，略有进展。在飞机大炮掩护下，激战数日，曾一度突入四平，因后续部队支援不及时，突入部队被消灭，攻击顿挫。

第七十一军八十七师进至昌图以西金家屯附近大洼时，4月15日晚遭东北民主联军突然袭击，八十七师主力大部被歼。此时第七十一军军长陈明仁因其师长胡家骥被撤、杜聿明未与其商量而大闹情绪，与几位亲信待在沈阳，成天打牌、喝酒，消磨时光。

在国民党军攻击四平、本溪受挫之际，东北民主联军发动夺取长春、哈尔滨、齐齐哈尔之战。三战皆很顺利，4月18日攻占长春，25日占齐齐哈尔，28日占哈尔滨。

四平不能按时占领，又丢了长春，蒋介石大为恼火。熊式辉指挥无方，范汉杰是胡宗南的人，东北国民党军将领不欢迎他，内部矛盾重重，蒋介石考虑再三，还是选中了杜聿明。当时杜聿明做完肾切除手术，正在北平住院，蒋介石指示他立即返回东北，指挥军事。杜聿明养病期间，看到范汉杰顶替了他的职务，以为蒋介石不用他了，心里酸溜溜的，现在蒋介石要他重返东北，他当然非常高兴。杜聿明不顾手术后尚未痊愈，于4月16日返回沈阳，主持军事。

4月18日，郑洞国指挥新一军猛攻四平。林彪急电长春我军南下支援，几天内，东北我军云集四平，总数将近8万人。19日，新三十八师攻击三道林子北山阵地侧后之莫杂货铺、杨木林子、八大泉眼。国民党军首先集中炮火轰击，倾泻了数百吨钢铁，交通沟被炸平，掩体轰塌了，整个阵地硝烟弥漫。炮击3小时后，新三十八师发起冲锋，解放军七旅二十一团勇猛出击，击退了敌人。

21日，新三十八师又掉头进攻三道林子高地。三道林子位于四平西北，距四平约1公里，是东西走向长臂形的高地，为四平西北面制高点，为关系四平得失的要地。上午8时，新三十八师一个营攻占警戒阵地，并投入2个营向纵深渗透，三道林子危急。东北民主联军七旅急令二十一团接替三道林子防务。这天，毛泽东电告林彪："新一军是缅甸远征军，蒋军主力，我必须集中绝对优势兵力，养精蓄锐，待其疲劳不堪，粮弹两缺，选择良好地形条件，以数日之连续战斗，将其各个击破，全部或大部歼灭之，就可顿挫蒋方攻势。"22日，新三十八师先炮击40分钟，然后以连、排的密集队形向二十一团冲击，被击退后，仍不断反复组织冲锋，前后9小时，攻击8次。至黄昏，国民党军弃尸200具始退。23日新一军又以第三十师发起猛攻，从上午8时一直战到黄昏，7次冲锋被击退，伤亡惨重，第三十师副师长也被击伤。

新一军连续3天碰了钉子，伤亡惨重，新一军指挥官恼羞成怒，为挽回面子，决定孤注一掷。24日继续以第三十八师进攻三道林子。上午8时，三道林子方向新三十八师炮火极其猛烈。两个小时后，东北民主联军第四连阵地被毁，伤亡较大。新三十八师乘机攻占该连一前沿阵地，并向纵深发展。在危急时刻，东北民主联军以第二营五、六连出击，经过多次肉搏战，阻止敌人前进。敌人的冲锋山连排级逐步升级到整营集团冲锋。为顶住敌人进攻，东北民主联军遂将二十一团预备队一、三连投入战斗。敌我短兵相接，展开肉搏战，至黄昏阵地失而复得。25日，敌以陆空配合，再攻三道林子，炮火像下雹子似的袭来，阵地一片焦土。在飞机、坦克、火炮配合下，敌人连续发动5次集团冲锋，均被击退。在三道林子5天拉锯式的激烈争夺中，新一军新三十八师被毙600人。郑洞国无奈，要求杜聿明增加兵力，由四平东北迂回攻击，但因抽不出部队，只得作罢。

蒋介石在重庆心神不定：东北久战不下，打成僵局，马歇尔3月11日回国，至今未回，不知山姆大叔态度怎样。

正当蒋介石大为着急之际，马歇尔4月17日返华抵北平，19日至重庆。蒋介石马上见马歇尔，要求美国进一步支持他，改变以往"消极政策"。29日，蒋介石与马歇尔再次会面，马歇尔明言支持蒋介石，并帮助他要回长春。蒋表示：对共产党既非空言所能制止，唯有准备实力，积极行动，协助他，则俄、共皆将慑服。否则，美国在东亚领导声望决难维持下去，而第三次世界大战，也必因此而起。蒋介石占东北，决心是很大的。

由于东北战局不妙，四平久攻不下，蒋介石寄希望于战将孙立人。他暗想派这位昔日虎将或许可以起死回生，然孙立人现仍在美国开会，坐冷板凳，应马上将他召回。蒋介石遂马上致电孙立人，让他火速回国。

蒋介石急，孙立人可不急，他觉得蒋介石冷落他，他也不能一点就着，他要回敬蒋介石一下，当年刘备请诸葛亮不也三顾茅庐吗？况且美国的环境也不错。

这天东北保安司令长官部司令官杜聿明亲临四平前线视察，与郑洞国分析了情况后，决定暂时停止对四平的进攻，先集结优势兵力，迅速攻下本溪，解除沈阳之威胁，然后再转移主力，一举攻略四平，并乘胜夺取长春、永吉，以打开僵局。

杜聿明派新六军、第七十一军八十八师、第五十二军于4月28日分南北两路向本溪进攻，东北民主联军三纵九旅及保三旅一部面对5师之敌英勇阻击，终因兵力单薄，防线过长，阵地为敌突破而逐步后撤，5月3日主动撤出本溪。

5月5日，国民政府还都南京，蒋介石、宋美龄与文武百官在孙中山陵前举行还都典礼。次日，斯大林命苏驻华武官罗申请蒋经国转达欢迎蒋介石访苏的邀请。蒋介石怕美国疑心，便婉言谢绝。蒋介石并不问苏联态度，而一心进攻东北，消灭中共军队。

蒋介石对孙立人很恼火，电报发出后，一直没有回音，这分明不把他这个委员长放在眼里。他又第二次致电孙立人，促其返回。同时，蒋介石致电杜聿明征询新一军军长人选的问题，准备将孙立人免职。杜聿明也很聪明，他知道蒋介石是想借他的手对孙立人开刀。杜聿明考虑了很多，认为孙立人在东北没有美国主子直接做他的靠山，在其大权独揽之下，孙立人不至于再像缅甸那样不听他的命令，同时不明不白地撤换一个将领，总会引起许多的非难，不如等孙立人回来，看看他的表现再说。杜聿明向蒋介石表示以暂不换为好，蒋介石同意了。

第二封电报发出后，还是没有音讯，蒋介石有些动气了，他又发了第三封。

孙立人接连获三封电报，心想蒋介石是真急了，也该给领袖一个面子了。5月10日，会议尚未终结，即从华盛顿飞回国内。15日到南京觐见蒋介石。蒋介石一肚子气，但此刻还要用孙立人，遂压下火气，指示孙立人立即飞赴东北，率领新一军攻下四平，完成党国大业。孙立人又见了陈诚，然后于16日飞抵沈阳，见了顶头上司杜聿明。两位往日的对头见面，彼此都很客气。杜聿明脸上带着上司宽容大度的微笑，介绍了东北的战况，希望孙立人回去带好新一军，为党国再建功勋。对杜聿明这位顶头上司，孙立人心里并不服气，他脑海里又浮现出杜聿明刚撤到印度时的狼狈相，应付几句后，孙立人即告辞。两天后返回部队。

此时，国民党军在南线占领本溪后，为夺取四平，即对"南满"采取守势，而集中主力转向北面作战。将第七十一军八十八师、新六军十四师、新二十二师北调四平前线。国民党军在四平前线已有10个整师，分成3个兵团，从5月14日开始，向四平发起全面进攻。蒋介石还命令，不夺取四平，校官以上都自杀。从15日起，中央兵团新一军新三十八师，连日炮击解放军三道林子北山阵地，第七十一军也轮番向四平西北獾子洞、海清窝棚进攻，发炮3000发，轰击如雷，落弹如雨。17日新三十八师在飞机大炮的掩护下，向三道林子北山阵地猛攻，在这高不到20米、宽不及百米的阵地上，新三十八师以平均每分钟发射炮弹100发之浓密火力进行轰击，阵地烟雾弥漫、尘土蔽天。东北民主联军待新三十八师逼近阵地时，发起反击，与之展开白刃肉搏战，双方伤亡惨重。国民党军右翼兵团新六军军长廖耀湘刚在本溪打了个胜仗，这次也想在杜长官面前露一手，在初战得胜占领威远堡门后，下令新六军全力推进，夺取叶赫和哈福。激战一日占领叶赫，17 日、18 日又乘虚攻占火石岭子、平岗和西丰等地，并向四平东北赫尔苏东北民主联军侧后迂回。同时，第一一五师亦于 17 日占哈福车站，配合新一军对四平东南之塔子山阵地，形成东、西、南三面包围之势。

塔子山距四平 20 余华里，为东北民主联军四平防线左翼阵地之左端，为附近群山最高者，可俯视四平东北之全部阵地，是四平的咽喉。该阵地得失，关系四平城防之安危。东北民主联军为增强东线守军之力量，将三十旅东调增援。5 月 18 日一早，新六军在猛烈炮火支援下，集中兵力，从东、南、西三面向塔子山阵地反复冲击，东北民主联军华中第三师七旅十九团不顾重大伤亡，与敌英勇拼搏，反复争夺，终因敌火力过强，我军伤亡过大，无力增援，该日下午，塔子山阵地为新六军占领。在危机时刻，林彪果断做出决定，全线撤退。

18 日下午 4 点，孙立人赶到四平前线，立即由作战参谋潘德辉作军事汇报。孙立人随即看地图，并了解了 3 个师的状况及友邻部队情况。孙立人认为四平很快可攻下，因新六军攻占塔子山，造成了完全封闭市内东北民主联军守军退路的重大威胁，东北民主联军如继续守四平，将陷入极其被动和危险的境地。孙立人下达军令，命令 3 个师长于次日下午 4 点正，在四平城中天主教堂开会。军官们深觉诧异，心想城未攻下，如何在城中开会，众人看孙立人威仪从容，胜算在胸，不敢多言。各师接到开会通知后，闪入脑中第一个念头是老军长回来了，一时奔走相告，士气一振。

东北民主联军各部因经月余作战，伤亡较大，亦无足够力量保卫四平，为摆脱不利与被动的地位，乃于 18 日夜迅速秘密地撤出四平。5 月 23 日，毛泽东又电令林彪、彭真，要他们守住长春和公主岭，但这个指示已无法执行。

19 日 13 时，国民党军始进入市内，占领四平。孙立人原定的军事会议准时于下午 4 时在城中天主教堂召开，孙立人由此获战神之名。

本来，在向四平发动进攻时，蒋介石对这一战役的成败甚为担心，特派副参谋总长白崇禧于 5 月 17 日飞到沈阳视察。当晚白崇禧与杜聿明详细研究了参战双方的情况。白崇禧传达了蒋介石的意见，不拟再向长春北进，一则蒋介石恐在长春附近遭东北民主联军顽强打击，与四平一样旷日持久，造成师疲兵劳，二则为缓和舆论的非难，再则可以整训部队。杜聿明却说："攻四平的目的，就是为击败共军主力，一举收复长春、永吉。现在命令已经下达，中途变更部署很困难，有被敌人各个击破的危险。打到永吉，可与共军隔江对峙，较为有利。"白崇禧虽同意杜的看法，但对进占长春十分怀疑，主张"如无十分把握的话，即到公主岭为止"。杜聿明坚持："不到长春绝不止。"白崇禧也有意拿下长春，就说："我看只要能拿下长春，蒋先生也不会不高兴吧！咱们明天到前方看看再决定。"

第二天，白崇禧、杜聿明一同到前线，得知进展顺利，白很高兴，最后说："如果确有把握，我同意一举收复长春、永吉，你照原计划打，我马上回去同委员长讲。"19 日，白崇禧直飞南京。

白崇禧刚走，蒋介石即电杜聿明，要攻占四平后，暂不进入长春。杜聿明要既不违老头子命令，又要实现自己的目标，他细看蒋的来电日期，发现是在白崇禧飞返南京前发的，便喜出望外，仍令各部向长春前进，其中右翼新六军、第七十一军八十八师、一九五师，以主力向长春、永吉、小丰满、松花江东岸追击前进，以一部经东丰向海龙、梅河口追击。中央新一军沿中长路（不含）以西经怀德、长春、德惠、农安向松花江北岸追击前进，以小部向梨树扫荡。左翼向辽源双山追击前进。杜聿明还分别电令孙立人、廖耀湘两军，首先进入长春者，奖东北流通券一百万元。

同日，中共中央发出指示："应以一部在正面迟滞敌人，主力撤至两翼休整，准备由阵地战变为运动战。"根据这一指示，东北解放军乃决定将主力部队撤向松花江北岸。5 月下旬开始，东北民主联军主力向松花江以北作战略转移。

当孙立人看到杜聿明的命令，把攻击长春的任务划归新六军时，大为不满，他觉得新一军攻四平出了不少力，攻打东北名城长春也应让新一军承担，不能让新一军吃力不讨好，因而对杜聿明的命令不愿执行。

杜聿明下达命令后，犹不放心，恐右、中两队不能密切配合，为东北民主联军所乘。19日晚即乘车赴泉头指挥所。20日清晨，杜聿明刚到泉头，郑洞国即对他说："新一军孙立人回来后，反不如他不回来好指挥。今天孙立人的队伍尚未出发，仅令第五十师向公主岭、长春方面追击前进。"杜聿明忙问什么原因。郑洞国怕杜聿明发脾气，只说可找孙立人谈谈再说。并说陈明仁与廖耀湘两军均照令前进。杜聿明一听，觉得孙立人中央队如不配合前进，万一被东北民主联军看出破绽，对新六军反攻，就吃不消了。

杜聿明心急如焚，即同郑洞国马上赶往四平。到达双庙子车站后，得知四平桥梁尚未修好，即在该站停留指挥。不久，新一军军长孙立人来见杜聿明，说："部队作战过久，疲劳不堪，要求停止整补。"杜聿明忍着火气，对孙立人详细分析情况，希望他能遵令向长春追击。孙立人仍坚决不追击前进，并称梨树附近尚有大批敌人，扫荡也要3天至5天，否则大军北进，后路被敌截断，危险甚大。杜聿明说："据各方情况判断，梨树不会有大量敌人。"孙立人说："正面仍令第五十师追击，主力先将梨树之敌消灭后再行北进。"杜聿明不同意，力劝孙立人遵令，认为对梨树方面仅派一加强团足矣。孙立人反唇指责："长官部不明情况，即下令部队北进，后方截断，谁负责任？"

杜聿明问孙立人："你看到命令没有？原来命令中就令新一军以一部扫荡梨树之敌，现在还未派出，假如出了问题，你看应该谁负责？"孙立人仍不肯从命。郑洞国从旁规劝，孙立人亦不理，一直争吵到中午12时。杜聿明遂下最后命令，"现在已到中午，各路进展顺利，并未遇敌抵抗，新一军应迅速照令前进，否则长春攻不下，出了问题要你负责。梨树方面你派一个团，出了问题我负责。"在参谋人员催促下，孙立人怏怏回部，仍未理睬杜聿明命令，仅派一部向梨树扫荡。当晚向杜聿明报告：梨树之敌经派队扫荡后，已向辽河北岸撤退，正面第五十师到达辽河南岸附近。杜聿明见孙立人不接受命令，亦无可奈何。

就在杜聿明为孙立人不服从指挥而发火、为廖耀湘孤军前进而担心的时刻，下面报告：林彪总部的作战科科长王继芳前来投降。王继芳随身携带了大量机密文件，向国民党交代了我军各部队的实际情况。杜聿明从而得知我军在四平之战后，主力受到重大损失，他立即改变以往谨慎的做法，命令新六军以机械化部队为先导，大胆分兵冒进，紧追不舍，力求把我军截在松花江南岸。于是国民党军队大踏步前进，21日，占领公主岭，22日占领范家屯，23日占领长春、海龙、德惠、农安。几天以后，又占领九台、永吉。国民党军打到松花江南岸，占领了广大的地区和主要城市。1946年5月下旬的局势是非常严峻的，国民党军队快速推进，把我军各部队切断或冲散，造成了我军进入东北以来最严重的损失。

四平之战后，杜聿明原打算乘胜进军，越过松花江占领哈尔滨。但是有两件事情使他在松花江边停住了脚。一是蒋介石来到东北，二是"南满"我军发起鞍山、海城战役，从后面牵制住了国民党军队。

东北国军"大捷"，蒋介石忘乎所以亲临指挥
特级上将越帮越乱，孙立人、杜聿明将帅失和

南京，蒋介石对东北战局忧心忡忡，打一个小小的四平尚如此难，占领整个大东北就更难上加难，这次派孙立人去东北，不知能起作用否？

正想着，杜聿明来电，称国军进展顺利，已于5月22日占领长春。蒋介石阅后大喜，比原来估计的要好。5月23日，蒋介石、宋美龄在白崇禧、张家璈陪同下亲赴沈阳视察，熊式辉、杜聿明等少数几人前往迎接，蒋介石参观了沈阳故宫和北陵，视察了沈阳工业区，接见了东北国民党军部分营以上军官。29日出席了沈阳市民的欢迎大会，30日，蒋介石又飞往长春视察。在一周的活动中，蒋介石都是笑容满面，情绪极佳，仿佛中国已是他的一统天下，杜聿明也向蒋介石表功。蒋介石到东北，国民党高级将领都来拜见，自然停止了军事行动。

蒋介石一到沈阳，问题就来了。国民党军各高级将领，原来都以直接通天为荣，对于中间的指挥命令，本来就有些人不愿服从。蒋介石为控制部队，也一贯喜欢超越指挥，越级下手令。他觉得部下太蠢，素质太差，不及时指导就会做蠢事，而他则一贯正确，是超人。蒋介石一到之后，更加深了矛盾，而且蒋介石走到哪里，都要亲自指挥，又把杜聿明原来的部署给打乱了。

在蒋介石到达沈阳时，鞍山、海城方面情况已非常紧张。国民党第六十军一八四师以一个师分驻于鞍山、海城、大石桥、营口等地，兵力分散，处处薄弱，且军心极不稳定。

第六十军一八四师原属云南地方军，抗战爆发后开赴抗日战场，曾转战于台儿庄、武汉地区，1939年奉调回滇。1945年8月，日本投降后，滇军以8个师入越受降。乘此机会，蒋介石密令杜聿明解决云南省主席龙云。9月19日，蒋介石秘密下达了免去龙云本兼各职，调任军事委员会军事参议院院长。30日，杜聿明率军仅用50分钟就解除了除五华山之外的龙云全部军警宪武装，龙云在宋子文陪同下被迫离昆明赴重庆。龙云逢人就骂杜聿明"蔑视国法，背叛长官"，蒋介石则对杜聿明非常满意。10月14日，蒋介石召见杜聿明，说："你解决龙云为国家立了功，可是得罪了龙云，你应该为国家背过。我表面上先公布将你撤职查办的命令，以后再任你别的职务。"不久，杜聿明到东北高就。但此事件令滇军绝大多数将领深为不满。1946年4月，滇军第六十军、九十三军调到东北。国民党对滇军不放心，派一批谍报队、特务深入一八四师各团，又派两名少将高参进驻师部监视。滇军各部被分散使用，一八四师师长潘朔端面对如此险境，不断思考本军前途，收听中央电台广播，做了起义的思想准备。

为配合"北满"解放军的战略退却，钳制"南满"国民党军，"南满""东满"之我军乘敌兵力分散，后方空虚之机，主动出击。东北民主联军四纵于5月23日夜，向鞍山发起攻击。

杜聿明接第一八四师告急电，心中大惊。如一八四师失利，则沈阳门户洞开，万一东北民主联军来个奇袭，沈阳没一个正规部队，蒋介石和在沈阳的国民党将领会被东北民主联军一网打尽。想到这，杜聿明乃集中数十列火车，限令新一军（除第五十师外）于5月26日以前集中辽阳，迅速解鞍山、海城之围。

命令下达后，杜聿明恐怕孙立人不能遵照命令，立即见蒋介石，说明第一八四师兵力分散，又非基本部队，万一救援不及，会影响全军士气。现已令四平新一军星夜前往解围。杜聿明又说："如孙立人来见时，请命令他一定要遵照命令迅速去解鞍山、海城之围。"蒋介石郑重地对杜聿明说："一定要新一军赶快去解第一八四师之围。"

5月25日，孙立人觐见蒋介石。孙立人陈述了新一军状况，说明在四平之战中新一军损失不小，部队疲劳，极需休整，如劳师远征怕也不利。孙立人还对长春之战后廖耀湘任长春警备司令不满，指责杜聿明偏心。

蒋介石觉得孙立人能打仗，他18日到四平指挥，19日就占四平，是员虎将，应多多安抚。于是，蒋介石劝孙立人要以党国大局为重，不要计较小事，大敌当前，理应精诚团结。同时，他同意孙立人请求，允许新一军休整3日再行出发，以示安慰和关怀。

蒋介石立即召见杜聿明，对他说："我已允孙立人休息3天，应令第一八四师死守待援。"杜聿明听了非常诧异，觉得蒋介石有些糊涂，情况这样吃紧，还要孙立人休息3天。杜聿明便对蒋介石说："这样鞍山、海城会出乱子，沈阳亦将危急。"蒋介石则说："不要紧，我看第一八四师守得住。"杜聿明对蒋介石放纵孙立人贻误戎机十分不满，又无可奈何，只有一面令本溪之第五十二军抽调一师前往增援，一面等27日运新一军去解围。

东北民主联军四纵于5月26日全歼守敌一八四师五五一团，占领鞍山，并击溃辽阳国民党军第二十五师的增援，接着又围攻海城、大石桥之敌。26日晚，东北民主联军第四纵队向海城发起攻击，使一八四师前沿部队遭受了重大损失，促使潘朔端下定决心，派人持密函飞速前往东北民主联军第四纵队取得联系，当即受到第四纵负责人韩先楚、蔡正国的欢迎，并研究了两军的具体配合行动计划：由四纵监视国民党中央军，一八四师在27日凌晨撤出阵地，开往东南90里的解放区析木城。

28日，新一军先头部队到达辽阳。29日全军集中后，孙立人派一个师南进到鞍山。30日，第一八四师师长潘朔端、副师长郑祖志等联名通电全国，宣布坚决反对内战并起义。潘朔端起义后，震撼了整个国民党军。熊式辉和杜聿明及一些将领，都认为潘朔端的起义完全是由孙立人的自私自利、见危不救而逼出来的，可是蒋介石对此却一声不吭。或许他在利用这个机会消灭杂牌部队呢。

东北民主联军则乘胜进击，6月3日歼灭一八四师五五〇团，占领大石桥，复占营口。孙立人率新一军配合第六十军、第九十三军各一部向东北民主联军反扑，重新夺占鞍山、海城、大石桥等地，并准备向安东方面进击。6月4日，孙立人向蒋介石报大捷。5日，孙立人又接受美国因缅北战役而发的银棕叶自由勋章。

当6月初国民党军队突破松花江防线时，中共东北局准备放弃哈尔滨，到农村打游击，让各部队独立开创局面，化整为零。就在他们向中央请示时，毛泽东获悉蒋介石要准备停战，立即急电东北局，要他们坚守哈尔滨10天。面对东北形势，蒋介石则心满意足地由沈阳返回南京。这时，美国仍未改变实现联合政府的政策，马歇尔仍力主双方停战，并向蒋介石施加压力，不停战即终止美援。蒋介石考虑到需争取时间加紧内战部署，同时应付全国人民反内战的要求，在得到中共同意后，6月6日，蒋介石宣布从6月7日正午开始，在东北休战15天。13日，毛泽东电告林彪，争取于15天内保持平静，争取延长停战时间，变暂时停战为长期停战。同时我东北全军应积极准备再战，并应准备长期战争。

孙立人接获停战令后，即率部分驻鞍山、海城等地整训，军部及新三十师驻海城。一天，新一军作战参谋潘德辉骑马到海城四周察看地形，路过一大宅院，听到院内有凄惨的哭叫声，皮鞭的抽打声。潘德辉好奇，遂下马爬上院旁大柳树窥看，一看，差点惊得滚下树来：院内正进行一场威胁日本妇女接受玩弄的丑剧，除两名日语翻译正在鞭打日本女人外，全是新一军师团级干部。见此情景，潘德辉飞奔回部报告孙立人。孙立人见潘匆忙的样子，忙问发生了什么事情，潘说军长你去就知道了。孙立人即与潘德辉乘吉普车赶到该宅院，撞开大门，一见那种情形，孙立人愤怒至极，不由分说，手执马鞭，口中不断骂畜生、不是人，逢人便抽打，打得那批不顾脸面的人东逃西窜。事后，孙立人非常伤心，没想到他最痛恨腐败，而今他的新一军也腐败了，这样的军队将丧失战斗力。

而东北民主联军从四平、长春等地撤退后处境极为困难。国民党军侵占了东北人口53%以上的地区，控制东北70%~80%的工矿企业和主要大中城市、交通要道。国民党在东北有7个美械化和半美械化军，总兵力30万人，其中有蒋介石头等精锐、五大金刚中的两个王牌军：新一军和新六军。东北解放区面积缩小，并处于被分割的局面。东北民主联军在四平之战中，虽歼敌 1 万余人，自己也伤亡 8000 人，部队骨干减少，少数部队暂时失去战斗力，还来不及补充。土匪乘机骚扰，沈吉线与沈阳、长春以西地区地方武装到处叛变、溃散，"北满"双城发生骑兵团叛变，10 万多主力部队退到吉东地区，军用粮食只能支持 10 日。

在这重要关头，6 月 16 日，中共中央发出关于东北干部分工问题给东北局指示，决定以林彪为东北局书记、东北民主联军总司令兼政治委员，以彭真、罗荣桓、高岗、陈云为东北局副书记兼副政委，并以以上 5 人组成东北局常委。

根据中共中央指示，7 月上旬，东北局在哈尔滨召开东北局扩大会议，7 月 7 日通过了委托陈云起草的《东北的形势和任务的决议》，决议强调了建立巩固的东北根据地的正确方针，及发动农民的重要性，制定了在敌强我弱下的我军的作战原则，不争城市得失，力求消灭敌人力量，一般不作阵地战，广泛使用运动战、游击战。决议号召东北党的干部，"走出城市，丢掉汽车，脱下皮鞋，换上农民衣服，不分文武，不分男女，不分资格，一切可能下乡的干部要统统下到农村去"，为建立巩固的根据地而奋斗。

当时形势也有利，自 6 月 7 日东北休战 15 天后，因国民党准备新的进攻遇到很大困难，除个别进攻外，实际停战了 4 个月。利用此大好时机，东北局积极领导农村土地改革、剿匪斗争、各级政权建设、工业农业的恢复发展；加强人民武装建设，在扩兵中停止收编伪军、土匪，而以基本群众为主，补充主力部队，改善装备。1946 年 8 月至 10 月，将"北满"我军编成 3 个野战纵队和 7 个独立师。一纵（辖 3 师）司令员万毅、二纵（辖 3 师）司令员刘震、六纵（辖 3 师）司令员洪学智。到 1946 年 11 月，东北我军发展到约 36 万人，力量大为增强。

蒋介石在国民党军队进占长春后，认为完全有把握用武力消灭共产党，特别是他有一批掌握武力、忠于自己的黄埔学生，这些黄埔将领主要有：王叔铭任空军总司令；桂永清任海军副司令；张镇任宪兵司令；方天任总参谋次长。

在武汉行营：第六绥靖区整编第六十六师师长宋瑞珂，第七绥靖区整编第四师师长王作华、整编第二十六师师长马励武，第二十七集团军总司令李玉堂。武汉警备总部，整编第十一师师长胡琏。

徐州绥靖公署：副主任李延年，第一绥靖区司令官李默庵，副司令官陈大庆，第十九集团军总司令张雪中，整编第七十四师师长张灵甫，整编第八十师师长李天霞。

第二绥靖区：司令官王耀武，副司令官李仙洲，廖运泽；第二十集团军总司令夏楚中，第八军军长李弥，第九十六军军长陈金城，第七十三军军长韩浚，第五十四军军长阙汉骞，整编第六十九师师长梁汉明。

直属部队：整编第八十八师师长方先觉，整编第二十八师师长李良荣，整编第五十七师师长段霖茂，第五军军长邱清泉。

郑州绥靖公署：副主任胡宗南、第一战区司令长官胡宗南，参谋长范汉杰。第三十一集团军总司令王仲廉，整编第二十七师师长王应尊。第三十七集团军总司令刘戡，青年军第九军军长钟彬，整编第三十六师师长钟松，整编第七十六师师长廖昂。第三十八集团军总司令董钊，副总司令张耀明。整编第一师师长罗列，整编第三十八师师长张耀明，整编第九十师师长严明。第五绥靖区整编第三师师长赵锡田。

北平行营：副主任王叔铭，第十一战区第三军军长罗历戎，第九十二军军长侯镜如，第九十四军军长牟庭芳，第十六军军长李正先。第十二战区第六十七军军长何文鼎。

西北行营：参谋长宋希濂。

东北行营：东北保安司令部司令长官杜聿明，副司令长官梁华盛、范汉杰、郑洞国，副参谋长彭杰如，锦州指挥所参谋长唐云山。第一绥靖区第一集团军副总司令陈铁，第七十一军军长陈明仁。第二绥靖区司令官石觉，兼第十三军军长。第三绥靖区第六十军军长曾泽生。第四绥靖区司令官兼新六军军长廖耀湘。

广西行营：参谋长甘丽初。

重庆行辕：西昌警备司令部司令官何绍周。重庆警备总司令部司令孙元良。

在军事部署完毕后，蒋介石准备首先对以鄂北宣化店为中心的中原解放区发动大规模进攻，他以郑州绥靖公署主任刘峙为总指挥，调集11个正规军 26 个师约 30 万人包围这个地区。6 月 22 日，蒋介石密令刘峙指挥中原地区国民党军队向各进攻地点集结。26 日，国民党军队开始大举进攻中原解放区，并扬言要在 48 小时内一举歼灭中原解放军，全面内战由此爆发。中原解放军遵照中共中央指示和周恩来在宣化店时一起研究的作战部署，以主力西向，分三路全部突出重围。

随后，蒋介石以徐州绥靖公署主任薛岳指挥 58 个旅约 40 万人进攻华东解放区；以郑州、徐州两绥署和第一、第二、第十一战区各一部共 28 个旅，约 25 万人进攻晋冀鲁豫解放区；以第十一战区司令长官孙连仲、第十二战区司令长官傅作义和第二战区司令长官阎锡山指挥 38 个师约 20 万人向晋察冀、晋绥解放区进攻；东北行营主任熊式辉及东北保安司令长官杜聿明指挥 7 个军 16 个师约 16 万人，以主力一部监视"北满"我军，主力位于沈阳以东地区，对付"南满"我军，第一战区司令长官胡宗南所部 19 个旅，约 15 万人进攻陕甘宁边区，人民解放军进行了防御作战。

全面内战爆发后，国民党还想利用谈判作为烟幕来掩盖内战的扩大，并想把和谈破裂的责任推卸给中国共产党，因此并不宣布停止谈判。7 月 2 日，周恩来和董必武会见蒋介石，蒋介石重复提出要中共让出苏北、安东、胶济线。他说："这个解决了，全国就和平了，一个月以后就可开国大，改组政府。""苏北地方并不大，让出来不算什么。你们还有很多地方可以生存。现在大家都看到，你们在苏北，对南京，上海威胁很大。胶济路如不让出，则常遭破坏交通，就无法安定。北宁路无承德掩护，也不安。"最后他说："如你们让出这些地方，全国人民都说你们好，你们不会吃亏的。"周恩来回答说："今日必须一面求全面停战，一面开政协，谈改组政府。"他对蒋介石所提问题逐条给以答复，并对驻军方案提出具体建议。蒋介石丝毫不予考虑。于是，双方因"无话可谈而散"。

3 日，国民党政府又以国防最高委员会的名义宣布：决定在本年 11 月 12 日召开国民大会。7 日，周恩来便向蒋介石提出书面抗议。国民党在 7 月中旬集中正规军 50 万人，向华东解放区大举进攻，进攻的重点是苏北中部的苏中解放区。周恩来在 12 日致电延安，及时通报这一严重敌情："苏北大战即将开始，（国军）部队由徐州向南、津浦路向东、江北向北，三面同时开始进攻，以武装难民作先锋，先求解决苏北后，再打通津浦，平汉等。"人民解放军对国民党军队的进攻奋起反击。苏中地区的解放军在粟裕等指挥下，以3万多兵力迎战进犯的12万国民党军队，从7月13日至8月31日，七战七捷，共歼敌5万余人，迟滞了国民党军队对苏皖和山东的进攻。

1946年9月4日，国民党政府参谋总长陈诚公开发表谈话，宣布国民党军队将进攻张家口。10日，蒋介石手令北平行辕及第十一、第十二战区部署对张家口的进攻，它表明国民党决心实行最后破裂。于是，周恩来决定暂时退出谈判，他16日离开南京，乘飞机来到上海。19日，周恩来在周公馆单独接见美国联合社记者，声明："本人已暂退出南京政治谈判，不再与政府及美国代表进行'无意义'之磋商。"10月1日下午，周恩来在上海周公馆举行记者招待会，他说：从上次8月底和诸位见面后，过去了的9月份正如所预料的一样，是在"拖中大打"的局势中过去了。全国内战越打越大，现已打到察哈尔大门。如果政府军不停止对张家口及其周围的军事进攻，我们便认为蒋主席决心破裂，最后放弃和平谈判，一切严重的后果和责任都应由国民政府负之。

部署完毕，蒋介石偕宋美龄于7月14日由南京飞九江，15日转到庐山。杜聿明指挥国民党军于8月继续进攻东北解放区，先后侵占承德、法库、康平、拉法等地。

面对黑云压城的局面，中国共产党人镇定自若。在陕北延安，毛泽东对美国记者安娜·路易斯·斯特朗侃侃而谈："一切反动派都是纸老虎。看起来，反动派的样子是可怕的，但是实际上并没有什么了不起的力量，从长远的观点看问题，真正强大的力量不是属于反动派，而是属于人民。"

8月10日，马歇尔与司徒雷登发表联合声明，宣布调处失败。蒋介石更放手大打。

在东北民主联军休整和扩编的同时，东北国民党军也利用休战加紧增调和整补，至1946年9月底，已有正规军25万余人，地方军15万人。但由于其占地广、战线长，无力发展全面进攻，遂决定改变在东北的战略方针。9月中旬，参谋总长陈诚参加蒋介石在庐山召开的军事会议后，迫不及待地飞往沈阳，召开东北国民党高级将领会议，制定了"先南后北，南攻北守"

的作战方针，企图首先消灭"南满"解放军，占领"南满"，切断东北解放区和华东解放区的海上联系，然后再全力转兵北上夺取"北满"根据地，以实现占领全东北之目的。为此，杜聿明对部队作了调整，将孙立人新一军调至长春地区。

首先令杜聿明头痛的是孙立人。自从廖耀湘任长春警备司令后，孙立人大为不满，认为廖为杜聿明的基本部队，杜聿明有意偏袒廖。孙立人态度激烈，给东北军事当局带来一场不小的风波。远在沈阳的人也被不实的谣言弄得忧心忡忡。传言新一军与新六军，可能在长春发生火并。中央社随军记者陈嘉骥为证实一下，特去询问沈阳警备副司令彭璧生，彭璧生说："这不太可能，蒋委员长指挥下的中央军，如出现这种情形，那还了得？那不成了军阀了吗？我相信他们谁也不敢。"

杜聿明觉得大战将至，再这样下去会带来不良影响。新一军也是东北的顶梁柱，如不安抚一下孙立人，孙立人老与他抬杠、顶牛，仗就更难打。他决定任孙立人为长春警备司令，并上报了蒋介石，蒋介石也深以为然，同意了。9月21日东北保安司令长官部下令：以新一军中将军长孙立人兼长春警备司令部司令，新六军撤出了长春地区。

时任国民党长春警备司令的孙立人视察防务

然而，孙立人、杜聿明并未因此而尽弃前嫌，通力合作，在戍守怀德问题上，两人意见参差，纷争又起。

公主岭是长春与四平间的一个重镇，而公主岭北侧的怀德则是屏障公主岭的一个战略要点。杜聿明认为怀德突出于中长路北侧，在长春市之西、公主岭之北，恰为三角的尖端，面对着广大的解放区，为国军在此区域内的顶点，肩负拱卫此地区中长铁路畅通的重大责任，因此命令新一军派一个团前往驻守，以震慑共军的骚扰，遇有大股共军来攻时，亦可就地作坚强的抵抗，以待国军增援部队，借以保中长铁路安全。

孙立人则认为，怀德为屏卫中长铁路要点是绝对正确的，但问题是怀德在地形上及当时国军分布上，如果屯驻重兵，有先天上无法克服的缺点：1. 怀德四郊没有可资布放岗哨的据点；2. 怀德通往公主岭或长春途中，亦缺少接援据点，怀德有警时，唯有靠公主岭方面国军大部队增援；3. 怀德位于沙土地带，本身物产不足，驻屯大军亦属不易。因此，孙立人认为，只能把怀德作为一个前哨据点，派上一排兵力就够用了，平时放哨监视共军动向，小部队来袭时可就近抵抗，倘大部队来犯，最好放几枪就退，并给公主岭、长春国军发戒备讯号，情形严重时，这一排兵牺牲了亦无关大局。

杜聿明下令让孙立人派了一个团到怀德。该团由项团长率领抵怀德布防驻守。此时东北解放军正全力扩军，整个东北国民党占领区大多无战事，怀德当然也少闻枪声。

之后，孙立人经反复思考，认为怀德无须驻大军，于是向东北保安司令长官部提出他的意见。东北保安司令长官部经过一番考虑之后，认可了孙立人的意见，准其所请，将项团调回长春，只在怀德留少数轻便部队驻守。谁知后来，因解放军开始活跃，杜聿明又命孙立人将调走的项团调回怀德，孙立人对这种朝令夕改的做法非常不满。

杜聿明不愿与孙立人过多争论，他为实现"南攻北守，先南后北"的战略，命令新一军及第六十军暂二十一师在松花江南岸加强各个要点的守备，并不断派遣小部队向我边缘蚕食。

参谋总长陈诚，或许由于登上了令人陶醉的权力巅峰，对内战的信心仿佛增加了不少，不断为蒋介石来回奔波。10 月 17 日他在北平中外记者招待会上宣称："国军实力强大，与共军决一雌雄，3 至 5 个月便能解决。"蒋介石信心也足，18 日他在南京召开军事会议，"宣布 5 个月内打垮共军"。19 日，为实现蒋介石的意图，陈诚在北平又召集熊式辉、杜聿明、顾祝同、李宗仁、王耀武等人开军事会议，策划和布置东北、华北的大规模内战。

10 月的关外，秋风萧瑟，原野一片肃杀凄凉。杜聿明立即部署，19 日，他命令国民党军 8 个师，兵分 3 路向南满东部地区进攻，其重点指向安东，以新六军沿海城、庄河公路迂回安东，以第五十二军（缺一九五师）沿安沈路进攻安东，以一九五师、二○七师、一八二师沿兴京、山城镇、柳河、金川一线推进，攻击通化，第七十一军（缺九十一师）向"西满"通辽进犯。

而"南满"地区的解放军只有肖华率领的从山东来的主力部队与冀东曾克林部队进入"南满"发展起来的新部队合编成的第三、四两个纵队，约4万至5万人。根据敌强我弱，敌之分路进攻情况，"南满"解放军决心不保守城市，而集中兵力歼敌。暂时放弃一些地方，诱敌深入，迫敌分散，然后集中优势兵力攻敌一路或小股，力求全歼。

10月22日，国民党新六军占领盖平、析木城，第五十二军二师、二十五师一部占草河口，二十五师2个团占碱场并企图迂回安沈路解放军。为争取时间，掩护后方转移与歼敌，我军遂决心集中第四队全部在安沈路以东山势险要，便于隐蔽的新开岭地区，歼灭十分骄横的国民党军第二十五师，而以第三纵及"南满"独一、二师，保三旅牵制其他各路敌军。

我军十一、十二两师主力于10月24日攻占赛马集，威胁敌之侧后，敌二十五师遂掉头北上，企图重占赛马集。我军一部节节抗击，诱敌深入，30日，敌二十五师进至新开岭、黄家堡子、硯阳边门地区。解放军四纵主力附炮兵两团于31日拂晓四面发起攻击，重点进攻老爷山，另以一部断敌退路与打援。

10月31日，是蒋介石的生日。在南京，蒋介石大庆60寿辰，他满脸春风，迎候贺宾。在生日庆会上王宠惠献颂词曰："黄钺宣威，苍生托命，川岳重光，人天顺应，与国同庥。"王宠惠完全把蒋介石当成帝王一样吹捧。蒋介石也踌躇满志，大有就要一统天下之感。殊不知正是在他的指挥下，他的部队一点点被解放军消灭。

东北，新开岭，11月2日拂晓，解放军集中火力猛攻老爷山。上午8时将该点攻下，并将敌师部打乱。敌军被我突破，失去指挥能力，乃全线崩溃。至中午国民党第二十五师8千余人全部被歼，师长李正谊被俘。

在沈阳的杜聿明并未从失败中吸取教训，他认为这不是战略上的错误，只是个别将领无能造成的损失，仍坚持既定的方针，继续向临江进攻，以实现对"南满"进行重点进攻的战略。

孙立人在长春作壁上观，看杜聿明的笑话。他一向认为杜聿明不会打仗，没有战略眼光。在杜聿明新开岭战败之时，11 月 6 日，孙立人又接受了一枚美国颁发的自由勋章。

国军风雨飘摇强支撑，缅战英雄孙立人难言勇
蒋介石中途换马，无可奈何花落去

东北国民党军在其第二十五师于新开岭被歼后，进行短期休整。蒋介石再指示杜聿明立即实现"南攻北守、先南后北"的战略计划，国民党军东北保安司令长官杜聿明据此计划将东北民主联军"南满"部队压迫于长白山区狭小地带，一举摧毁"南满"根据地，而后转攻"北满"，吃掉东北民主联军。他集结其精锐新一军、新六军、第五十二军、第六十军、第七十二军主力各一部，共 10 万人，分 3 路向"南满"解放区进攻，相继攻占通化、桓仁、安东、庄河等地，用铁桶合围方式，步步紧缩。杜聿明还令孙立人率新一军主力扼守松花江以南各要点，阻止"北满"我军过江南援。

此时"南满"解放区只剩下长白山麓的临江、濛江、抚松、长白四县。1946 年 12 月，杜聿明指挥国民党军大规模向临江地区进攻，新六军朝长白山铁壁合围，扬言要把"南满"东北民主联军"撵到长白山顶去啃石头，赶到鸭绿江去吃冰块"。

"南满"解放区是"北满"的前哨屏障，与北满唇齿相依，它的战略地位十分重要。临江位于长白山南麓，是鸭绿江畔的一座小县城，地处偏僻山沟，山地荒芜，人口稀少，物资奇缺。1946 年冬，这里挤满了我"南满"党政军领导机关和所属部队，正面是气势汹汹的敌人，背后是长白山脉的原始森林，侧翼是隔江相望的朝鲜。或撤或留已到决定"南满"命运的关键时刻。"南满"吃紧，"南满"告急。

为加强对坚持"南满"斗争的领导，东北局经中共中央批准成立了"南满"分局，派陈云兼任分局书记和辽东军区政委，肖劲光任分局副书记、辽东军区司令员。

为统一"南满"全党全军的思想，确定正确斗争方针，1946 年 12 月 10

口在七道江召开部队师以上干部会议。在大雪封山、滴水成冰的隆冬，热烈而紧张的讨论在进行。有的同志主张坚持"南满"斗争，有的主张把大部队拉到"北满"去，小部队留在"南满"；也有的主张在"南满"打一仗看看，打不赢就北上，打得赢就坚持下来不走。会议在去留攸关的问题上僵持不下，作战问题更难确定。

13日晚，陈云冒着大风雪连夜赶到七道江，耐心听取各方面意见后，精辟分析了敌我态势，权衡了去、留的利弊。他指出："南满"的战略地位相当重要，坚持"南满"，可与"北满"呈犄角之势，牵制敌人的大批部队，使其不能集中力量去进攻"北满"，相反，如果放弃"南满"，不仅失去了这个有利的战略态势，而且我之损失也不一定比留在"南满"少。陈云的讲话统一了认识，最后确定坚持"南满"，保卫长白山，坚持敌后三大块，扩大根据地的方针。此决定得到了东北民主联军总部的批准。

12月13日中共中央军委致电东北民主联军首长："'南满'方面应集中主力各个歼灭敌人，收复失地，于拖延敌对'北满'进攻必有帮助。"遵照中央军委和毛泽东主席的指示，东北民主联军总司令兼政治委员林彪，决定采取南打北拉，北打南拉，"南北满"密切配合，迫使国民党军两面作战，集中兵力各个歼敌的作战方针，以粉碎敌人的进攻计划。

因此，东北民主联军"南满"部队从1947年1月5日至4月3日期间，胜利地进行了四保临江的作战：1947年1月7日至3月10日，东北民主联军"北满"部队为了配合"南满"的保卫战，三次出击松花江以南，在吉林、长春以北地区进行了胜利的战斗。

东北国民党军在攻占安东、通化地区后，重新调整了兵力，从1946年12月17日开始，向临江地区发动了第一次进攻。杜聿明调集了8个师分三路进攻，其中以一九五师正面进犯临江，以第二师进攻集安，以九十一师向六道沟进犯，以新三十师、新二十二师分两路向八道江进犯，以一八二师暂二十一师向濛江进犯，第十四师集结宽甸、灌水为预备队，企图首先打通通集线，而后将我军压迫至长白山脚下，消灭或困死。

"南满"东北民主联军则实行内外线配合作战，以一部在通化、临江地区进行运动防御，以一部深入本溪、抚顺、桓仁敌后地区。

蒋介石在南京仍在闭门造车。12 月 30 日，他发布侍天字第 70 号密令，指示部下："至 36 年度上半年各部队作战目标，应是打通陇海、津浦、同蒲、平汉与中长铁路诸线、肃清冀、鲁、晋、陕等地境内股匪"，并声言在一年半内消灭共军。对东北，蒋介石是放心的，有孙立人在嘛。然 1947 年一开始，就对蒋介石极为不利，蒋介石已失去民心。

1947 年 1 月 1 日，上海全市两万群众举行抗暴游行，高呼"美国兵滚出去"的口号。上海人民团体联合会等 11 个人民团体发表反对中华民国宪法的联合声明。上海交通大学等 20 多个学校 4 万学生示威游行，抗议美军暴行，杭州大中学校学生 2 千余人，天津南开大学等 30 余所学校学生万余人亦举行游行示威。

2 日，南京中央大学、金陵大学等 6 院校 5 千人举行示威。国民党处在风雨飘摇之中。

东北，东北民主联军为配合和支持"南满"作战，减轻敌对我"南满"根据地的压力，乘"北满"之敌分散各要点守备的时机，集中第一、第二、第六 3 个纵队，于 1947 年 1 月 2 日越过松花江，向中长路两侧长春、吉林以北广大地区展开巨大攻势。

1947 年的早春，1 月的北国寒风怒号，大雪漫舞，远不见物，近不见人，气温已降至零下 40℃。在长春新一军军部，身为军长兼长春警备司令的孙立人却在忧虑，"北满"局势太险恶了。杜聿明为实现蒋介石"先南后北"之战略，将"北满"国军主力都抽调"南满"，"北满"仅剩新一军及地方保安团，而且新一军尚不完整，新三十师也被杜聿明调到"南满"。孙立人看着地图：新一军第五十师集结在农安、德惠地区，新三十八师集结在老爷岭、乌拉街、其塔木和九台地区。其中第三十八师防守战线最长，兵力分散，位置也突出，最易遭到打击。

反观"北满"东北民主联军则力量已非昔日可比。3 个野战纵队：第一纵队辖第一、二、三 3 个主力师；第二纵队辖第四、五、六 3 个师，第六纵队辖第十六、十七、十八 3 个主力师，一师 1 万至 1.2 万人，3 个纵队计 10 万多人。尚有 7 个独立师，共 6 万人。相比之下相差太悬殊了。而东北民主联军在"南满"仅有第三、四纵队和 3 个独立师，4 万至 5 万人。

孙立人看着窗外纷飞的大雪，觉得肩上的担子太重了。我孙立人也不能撒豆成兵，这点兵使用起来捉襟见肘，只能处处被动，这分明是杜聿明嫉恨我以前不听命令，这时想看我笑话。想到这，孙立人就愤愤然。他好强，他不能让杜聿明取笑。怎么办呢？最近"北满"共军已开始活动，不能不防，兵是少点，士气高点也能起作用。孙立人随即下令，让各部队搞好伙食，多进行体育活动，以提高士气。

1月3日，长春下着鹅毛大雪，下午4时，上海路的青年酒家灯火辉煌，乐队吹奏着明快的军乐，一群身穿罗斯福呢美式军装的青年军人在这第一流的西餐厅举行酒会。酒会刚进行一会儿，只见一辆雪佛莱小轿车驶到酒店门前停下，从车里走下新一军军长孙立人、副军长贾幼慧，孙立人和贾幼慧特来为大家助兴的。孙立人坐在首席上，不住地点头微笑，举杯向大家祝酒，勉励大家做一名模范的革命军人。全场的军官不约而同地起立，向孙立人军长致敬、干杯。酒过三巡以后，孙立人说："公务在身，不能奉陪，祝大家玩得愉快。"随即起身告辞，大家起立相送。孙立人坐在车里，觉得士气还不错，稍稍安心。他看着漫天大雪，说了句："瑞雪兆丰年啊。"

正如孙立人所担心的，东北民主联军重点打击的目标就是新一军新三十八师。我军计划用1师兵力包围其塔木之敌，调动敌军前来增援，然后我主力在运动中歼灭敌人。

松花江畔，到处是白茫茫的一片，在这银色的世界里，一支迎风冒雪的部队前不见头，后不见尾，行进在冰冻三尺的松花江上。东北民主联军并没有像杜聿明司令长官想象的在严寒季节进入冬眠，而是顶着像剜肉一样的刀子风英勇前进。东北的冬天也确实冷，地上的冻土硬得很，稍不小心，手脚、鼻子、耳朵就会冻出毛病，枪上的大栓也冻得拉不开。然而大自然的严酷也是国共两军进行的一场意志较量。

1月5日，东北民主联军第一、二、六纵队抵达松花江南岸，然后按计划行动。6日下午，我军第一纵第三师对其塔木守敌第三十八师——一三团一个营发起攻击，守敌一面抵抗，一面呼救求援。孙立人得知情况后，沉思半晌，终于决定增援。他令德惠第五十师、九台新三十八师各出一部前去解围。

232　　九台之新一军第三十八师——一三团（缺1营）及两个保安中队兼程北上，

于 7 日进入张麻子沟一带我军设伏地区。东北民主联军第一纵第一师突然发起攻击，仅经 3 小时激战，即将该敌全部歼灭。

由德惠来援的新一军第五十师一五〇团（缺 1 营）与一个炮兵连及两个保安中队于 7 日上午进至焦家岭地区，被我第六纵第十六及十八师一部包围。

暮色苍茫，大地沉睡，这是一个严寒的夜晚，北风卷着雪花旋转飘舞。敌新三十八师一五〇团发现被围，于 7 日晚零点左右紧缩阵地，完全控制焦家岭、方场子、老焦家、老王家、老史家诸大院，凭借院墙碉堡并加修地堡，企图固守待援。

我第六纵第十六师决定以第四十七团担任主攻，先以山炮摧毁敌火力点，打开院墙突破口，而后以爆破筒开辟道路，逐次向村里攻击。第四十六团进入孤狸洞，以一部兵力牵制方场子、老焦家之敌，团主力由焦家岭西北角配合第四十七团攻击，第四十八团控制天井围、大干沟、上屯断敌退路。

8 日，天刚破晓，总攻开始，我军第四十七团突击队发起冲击。敌拼命抵抗，并做数次反击，均被我击退。第十六师我指挥员令配属之合江炮兵团另一炮兵连投入战斗，于黄昏前紧缩包围圈，向敌展开攻击。以第四十七团全力攻焦家岭之敌，第四十六团攻击方场子、老焦家之敌。第四十七团第三营勇猛接近敌院墙时，敌人将墙外草堆点燃，趁火光用六〇炮，轻重机枪疯狂扫射，我爆破手冒着弹雨冲上去爆破，将院墙炸掉半边，敌人见快要失去依托，便集中所有轻重火器封锁道路，我军数次冲锋未获进展。

我第四十六团对方场子、老焦家之敌再次攻击，冲进距敌只 70 米~80 米远时，轻机枪因天冷油脂凝结故障而不能连发，中断火力支援，我军战士仍英勇战斗不怕牺牲、前仆后继，连续 7 次冲锋，先后伤亡 500 余人，终于攻下方场子、老焦家，歼敌一个加强连，断敌左臂。

纵队领导命令第十八师第五十二团投入战斗，配合第四十六团攻击老王家之敌。经两小时激战，歼灭大部守敌，控制了老王家大院。

9 日 8 时，我第十六师第四十七团在炮火配合下，向焦家岭之敌发起猛烈攻击，3 分钟突破前沿，占领第一座房子，以爆破开辟了前进道路。在山头小村进入巷战，敌副团长周云和营长乘乱逃跑时，被我击毙，残敌大部投降，唯有敌团长谭荣生率第三营及团属炮兵连仍在老史家顽抗。

黄昏，第四十六团在炮火掩护下与第十八师第五十二团同时展开猛攻，敌人乘夜暗分 3 路向西北方向突围，遭我阻击，大部敌人束手就擒。敌团长谭荣生被俘。

同时，我军第一纵第三师于 8 日晚猛攻其塔木守敌，将新三十八师一一三团一个营全歼。

东北民主联军乘胜扩大战果。12 日，第六纵将驻守城子街之敌保安第十七团歼灭，13 日又拔掉九台东北沐石河据点，全歼敌保安第十三团。第二纵在战役开始时，以第五师从扶余向德惠进击，第六师向农安挺进，于 14 日攻克伏龙泉。第四师向四平、郑家屯一带进击。我各路部队将农安以北、德惠以东，九台以北的敌人全部歼灭，共歼敌 4600 余人。

遭此打击，孙立人急得团团转。本来手里仅两个师，瞬间被歼两个团，要反击，手中又没有部队，气得他大骂杜聿明。骂完之后，他即致电沈阳要求杜聿明增派援军，然后下令收缩兵力避免损失。

杜聿明接电，心暗喜，虎将也有求人时。他也惧怕长春有失，引起蒋总裁震怒，遂从"南满"抽调新一军新三十师、八十八师、九十一师北援。

东北民主联军因出兵牵制敌人的目的已经达到，又加上寒流侵入"北满"，气温骤然降到零下 40 摄氏度，我军官兵出现许多冻伤。1 月 19 日，我主力部队返回松花江北休整。

"南满"我军乘敌人兵力减少之际，按照中共中央"只有采取勇敢地进攻才是胜利之道"的指示，以第三纵队在正面实施运动防御。以第四纵队深入敌后，转战 10 余日，攻克国民党据点 20 余处，歼敌 3 千人。1 月 20 日，正面之敌被迫撤回通化。国民党对临江第一次进攻，宣告失败。

对第一次进犯临江的失败，杜聿明并不甘心，在他看来，要夺取东北，必先夺"南满"。他准备重新部署，再次对"南满"发动进攻。孙立人对杜聿明的指挥嗤之以鼻，他强烈要求杜聿明在"北满"留足够的机动部队，以应付"北满"东北民主联军的进攻，因"北满"东北民主联军太强大，兵太少是难以自保的。杜聿明却不愿意，重点进攻"南满"是蒋介石亲定计划，如完不成，没法交代。第一次进攻"南满" 8 个师尚不敷用，少了就更不行。但孙立人强烈要求增兵，杜聿明考虑到"北满"东北民主联军强大，对进犯临江是个威胁，于是同意增调两个师，即新一军新三十师和第九十一师，这两个师布防于九台和公主岭地区，以增强"北满"的防御。

部署完毕，1947年1月30日，杜聿明以其主力4个师即暂第二十一师、第一九五师、第二师、新二十二师，二次进犯临江。

东北民主联军从2月5日开始反击，第四纵第十师在通化临江两侧正面防御，并佯攻通化。第三纵集中力量在高丽城子歼敌第一九五师5个营，并于7日歼增援之敌第二〇七师第三团，迫使敌军其他各部不敢再冒犯前进，胜利地粉碎了国民党军第二次对临江的进攻。

这时"南满"解放区的敌情，也如自然气候一样，发生了骤然变化。1947年2月13日，国民党东北保安司令长官杜聿明纠集了6个师的兵力，分四路向临江地区进犯。敌军狂妄地叫嚣："这次三打临江，一定要把共产党赶进鸭绿江去喝凉水，赶到长白山去啃树皮！"国民党军以第九十一师为一路，从三源铺经通化以北的大北岔、高力城子向临江进犯；以第二师为一路，从通化经老岭地区，和第九十一师为伍，向临江推进。以暂第二十一师为一路，经金川、通沟东进；以新二十二师为一路，从桓仁进至通化以南的热闹街；以第一九五师为预备队，以第十四师一部在沙尖子一带封锁浑江，阻我西进。

"南满"我军在二保临江胜利后，未能休整，异常疲劳。敌重兵压境，军情紧急。中共中央辽东分局，辽东军区联名给中央军委并东北局林彪急电曰：现敌七十一军之九十一师又到梅河口，准备第三次进攻长白山，我正准备粉碎其进攻。目前辽东敌是新六军、五十二军全部、七十一军九十一师及六十军暂二十师全部，六十军一八四师两个团，并有几个省防师。我们将利用松花江开冻前积极歼敌，求得改善"南满"形势，并准备应付松花江开冻后"北满"欲援不能，而敌集中大量兵力对"南满"时的困难情况。

为粉碎国民党军的阴谋，东北民主联军总部决定："南满"我军先消灭敌人一路，使我军能获得极大的机动区，再乘胜向柳河方向前进，或向通化、桓仁方向推进。"北满"我军力争在松花江解冻前，收复几座城市，将"北满"敌军拖住。

南京，蒋介石站在窗前，注视着窗外淅淅沥沥的雨水，若有所思。内战已一年多了，还没有决定性进展，金融倒出现了危机。一进入2月，国统区金价、物价不断暴涨，法币币值继续暴跌。8日，南京黄金每两由开盘51万元，涨至55万元，11日，黄金每两价更突破93万元大关。8日每石米价：福州13万元，上海7万元，杭州10万元；到11日每石米价，福州16万元，南京8万元，广州19万元。其他如布、食品无不涨价。金融危机已席卷整个国民党统治区。

蒋介石力图摆脱军事、经济的不利局面。2月11日，蒋介石在南京召集行政院院长宋子文及国民党政府经济金融要员开紧急会议，商讨应付金价与物价飞涨、币值暴跌的对策，决定实施物价管制，恢复公教人员实物配给。12日，蒋介石又主持召开国民党中常会，讨论金价、物价飞涨及经济混乱问题，决定设立经济政策研究委员会。

2月间，蒋介石巡视徐州、郑州、济南等地，蒋介石感到各战场兵力缺乏、分散，难以形成优势，全面进攻已不可能。经反复考虑，蒋介石决心将主要战场置于华东之苏北和山东，欲占领华东后，再进据河北等省，使华东、华北连成一气，恢复津浦、平汉诸线，进而完全占领东北。为此，蒋介石派陈诚亲临徐州指挥鲁南决战，蒋介石声称"只许成功，不许失败"。东北在蒋介石的大棋盘上暂时处于不重要地位，被蒋介石遗忘了。只有杜聿明、熊式辉在东北独立支撑。蒋介石觉得东北的精锐部队够多了。

东北民主联军"南满"部队根据总部指示，反击国民党军进攻。我军第三纵队七、九两师于18日由金川以南，向进抵通沟之敌暂二十一师六十三团（欠1营）及山炮营实施迂回包围，激战6个小时，将敌全歼，并乘胜击溃从柳河来援之敌六十一团。21日，第三纵挥戈南向分割包围了大北岔之敌第九十一师二七二团、工兵营及第二师六团一个营，战至22日黄昏将该敌全歼。当晚，我军乘胜合围高丽城子地区之敌第九十一师主力及第二师四团，激战至23日黄昏，该敌乘夜晚突围逃往通化。第四纵第十一师于16日再向抚顺、本溪间进击，突袭碱厂，于21日全歼守敌第二〇七师二团一部，并破安沈路。敌军遭沉重打击后，全部撤回通化，进攻临江计划破产。

与此同时，东北民主联军"北满"部队于2月21日再渡松花江，二下江南，吸引"南满"敌人增援和拖住"北满"敌人，支持"南满"我军作战。此次我军也集中 12 个师的兵力，用围城打援的方法，计划是：第一步，以一部兵力围困城子街之敌，主力歼灭从九台和德惠增援的敌人；第二步，以一部兵力将德惠的敌人包围起来，吸引长春、农安之敌增援，我以主力歼灭敌援兵。

当时，"北满"国民党军仍以防御的态势，分兵守备各个据点。为了巩固吉长地区的前哨据点，新一军新三十八师八十九团于 2 月 5 日奉孙立人之命，调往城子街加强守备。孙立人心里很清楚，自己兵少，仅新一军三个师加第八十八师，而地广，东北民主联军又善于围城打援，以大吃小。因此，孙立人决定尽量集中力量，以避免被歼。而对于前哨据点如城子街的部队，孙立人则令发现有被进攻迹象，就立即撤退，不要恋战，以保存实力为主。孙立人心里也在埋怨老头子蒋介石。1945 年 9 月时，戴季陶曾约何应钦、白崇禧、张治中、朱家骅，在陈立夫寓所商讨东北战局。之后戴季陶向蒋介石进言，力主不要匆忙派兵出关，以免兵力分散被各个击败，但蒋介石不听，以致有今天被动之局面，现在是打也不是，退也不是，骑虎难下，远征缅甸屡建战功的精锐新一军也如同水牛落到井里，有劲使不出，但自己受老头子之托，也只好独力支撑，勉为其难。

为抓住敌人，东北民主联军于战前将主力部队隐蔽集结在松花江北岸，于 21 日以神速的动作越过松花江，以一夜 120 里之急行军速度，奔袭城子街，孙立人得报后，急令城子街部队向德惠撤退，但为时已晚。我军第一纵第二师，第六纵第十六师已连夜赶到城子街南、西方向堵住了敌人的退路，新三十八师八十九团只好退回城子街，东北民主联军第六纵第十八师在 22 日黄昏将敌完全包围。第一纵急进至九台以北地区，第二纵第五、六师挺进至德惠以东南地区，独三师进抵九台西北之沐石河地区，完成了围城打援的部署。

孙立人见新三十八师八十九团难以撤回，不忍心轻易丢掉这个团，遂决心派第八十八师由长春增援。当由长春出援之第八十八师进至德惠以南的哈拉哈时，得知 23 日城子街守军已被全歼，遂仓皇退回。

24 日，东北民主联军第一纵乘胜向九台方向前进，第六纵向德惠前进。

长春，新一军军部，孙立人看着地图出神。东北民主联军主力大举南下，欲歼灭国民党军主力，夺取城池。孙立人可不敢小看围城打援之术，为今之计，只有收缩兵力，避免被动。他看看地图，九台、农安不太重要，应下令撤退。德惠呢？不能放弃。德惠位于长春以北，松花江以南中长铁路上，为长春北部重镇，是进攻"北满"的前进基地。如守住德惠，则进攻长春的东北民主联军有后顾之忧。况且，德惠守军力量也较强，有新一军第五十师师部率一个山炮营、两个步兵团及第一五〇团残部和两个保安团据守，环城筑有碉堡，市郊有野战工事，新五十师又为新一军善于守备的部队。孙立人决心一下，即令九台、农安部队撤回，德惠守军坚守待援。

25日，九台、农安之敌分别弃城撤回长春，东北民主联军乘胜扩大战果，转兵北上围攻德惠，并准备打击由长春北援之敌。在白茫茫的雪原中，第六纵第十六师如铁流滚滚，似惊涛拍岸，于27日扫清德惠外围，直抵城西南二道哈塘一线。下午3时，第十六师师长王东保等率领精干的前进指挥所，抵近城垣，观察敌守备情况，只见德惠城区附近地势平坦，没有凸起丘陵，西南稍高，距城4里~5里处有一道漫岗，西北离城约12里有个高地，名叫老虎林子，守敌第五十师在此设立望哨。铁路穿过市区，西侧是商业区和市民集居地，德惠县政府在市区边缘西北角、铁路东侧、居民很少。敌守城战壕延伸弯曲地围绕在城郊周围，每个突出角落都筑有一个碉堡，最外面架有铁丝网，网内是第一条战壕，中间又架一层铁丝网，网外是第二条战壕，壕与壕犬牙交错，靠里面的壕壁堆满弹药箱。

国民党新一军第五十师师长
潘裕昆，后出任新一军军长
（1947年4月）

守敌新一军第五十师师长潘裕昆接沈阳长官部电话指示后，即加强战备，接孙立人电后，即企图固守待援。

面对守敌环城工事重重，深沟高垒，满街地堡，纵深配备，东北民主联军进攻此顽敌扼守的坚固城垣，尚属首次，攻坚将无疑是一场恶战。28日下午3时，我民主联军遮天盖地，四面合围攻城。第六纵第十六师由城西南向拉拉屯、角窝棚、山东屯攻击，战斗十分激烈。

当时协助第五十师潘裕昆守城的县警察局局长郭德辉记忆犹新："我记得县城开火的一

天，正是旧历除夕，枪炮声一阵激烈，一阵消沉，枪声时起时伏，直到天明。第二天民主联军合围后，便从四面进攻了，仗打得很激烈。除全面进攻外，还有重点进攻，我们在屋子里便可以辨别出哪个方向是重点。因为那里的枪声最密，炮火也集中，烟尘飞起，半个天空都红了。枪炮声恰似旧历年除夕放的鞭炮，十响一咕咚。"

"白天还平静，长春派来的侦察机、轰炸机整天在德惠四周百里内，进行侦察寻找轰炸目标，可是飞机联络报告总是说：'连个共军的影子都看不见。'飞机低飞擦房而过，坐在屋里可以看到座舱里的驾驶员。天色一黑，民主联军马上开始进攻，夜夜如此。"

"我碰见一五〇团的一个连长，他操着一口湖南话说：这几天共军攻得很厉害，他们用人拼，我们用子弹拼。在他们攻击时，我们总是放近百米左右再打。他们人再多，还经得起我们重机枪和冲锋枪吗？每次他们逃回去的都不多，不过，这些家伙不怕死，冲进火网的死了，后面还是向前冲，火力集中点的地方，死尸都堆成了堆。我们隐蔽在战壕里，他们暴露在地面上，他们是无法冲上来的，可是每夜他们都要发起3次到4次冲锋。约在第二十天的夜里，四周好像增加了新的主力军，四面都拼命地冲锋，战斗的激烈超过往常，夜里整个天空都红了。"

"第二天早晨，潘裕昆对我说：'根据昨天夜里的情况，共军是要做最后的决战了，我们也要做决战的准备。'"可见战斗已到白热化程度。

我第六纵第十六师为扩大战果，以4个连兵力于28日夜零时，由独立师之突破口进入城内，以便扩大阵地，而后由城内配合我进攻角窝堡之部队夹攻铁路以西环城堡之敌。部队入城后，仅占领200余米地段，俘敌20余人，由于环城堡未能攻下，突破口于29日拂晓后被敌炮火封锁，将我交通切断。我突进城内的部队仅占领一部分房屋，无制高点及坚固建筑物可据守，经一天拼杀，伤亡较大，有两个连自行撤出，城内只有少数部队，故于29日晚将城内部队全部撤出，全师转入拉拉屯、角窝堡与敌对峙。

这时，沈阳的杜聿明、长春的孙立人同时接到南京蒋委员长手谕："德惠战事关国际信誉和党国命运，只许胜利，不许失败。"

孙立人接到手谕，苦笑一下，委员长又想起了东北，可是自己手中部队

239

太少，只好电请沈阳长官部派兵增援。在沈阳的杜聿明一脸不悦，老头子常说不重城市之得失，今可能自己又忘了。本想集中力量再攻临江，可蒋介石有手谕，不得不执行，南攻只好放一放再说。

杜聿明一面电令孙立人部坚守德惠，一面令"南满"的新六军新二十二师，第七十一军九十一师、八十七师、八十八师北上增援。孙立人复派新三十师、新三十八师同以上4师一起由长春沿中长铁路分3路并肩北上。在新一军出发前，孙立人特地对官兵训话："敌人说我们只能靠马路作战，我们这次就走小路作战，敌人说我们只能白天作战，我们就在夜晚作战，如果我打败了，我也没有生命回来，你们愿意跟我来的，就跟我来。"

东北民主联军部署在布海以南中长路两侧地区的第一、二纵队顽强阻击援敌，歼敌一部。但因敌兵力强大，且齐头前进不便各个击破，德惠又一时难以攻下，我军战役意图已经实现，于是"北满"我军于3月2日停止进攻德惠，一部分节节抵抗，主力部队迅速撤回松花江以北，诱敌深入，寻机歼敌。

在东北民主联军"北满"部队向松花江以北撤退后，杜聿明乘机宣传"德惠大捷，歼灭共军10万"。蒋介石在南京闻讯大为高兴，认为我军是惧怕被歼而逃跑，遂妄图与我军决战于松花江两岸，一举而收东北。蒋介石直接命令正在追击前进中的新一军和第七十一军渡松花江追击。杜聿明也命令七十一军向北扫荡。新一军、第七十一军（欠九十一师）及地方团队沿中长路及其两侧地区向北进攻。孙立人率新一军向德惠以东及其东北地区进击，以一部兵力扩大番号渡江进犯大于屯、五棵树、岔路口一线，陈明仁率第七十一军由德惠以西向北进犯，占领靠山屯、德惠西北之大房身，一部进至江北之五家站、莲花泡、杨家店、孟家围子一线。国民党军狂妄叫嚣："共军不堪一击，不战自退"，"十日以内保证拿下哈尔滨"。

然而杜聿明对所谓大捷心中有数，对蒋介石的追击令，感到万分紧张。他赶紧打电话给新一军军长孙立人及第七十一军军长陈明仁，要他们撤回原防，孙立人、陈明仁却坚持执行命令，非渡江追击不可。杜聿明又不便在电话中告以真相，只好亲自乘车赶到德惠，向孙立人、陈明仁当面说明："共军在德惠并未受到多大损失，这次撤退是受我军虚张声势所迷惑。现据情报，共军从我们被俘的人员中已知我们力量不大，有卷土重来之势，必须迅速撤回原防，准备对付共军下一步的攻势。"明白真相后，孙立人、陈明仁均很恼火，闹了半天原来是被自己上司骗了，如此这般，国军焉能打胜仗。孙立人、陈明仁遂下令后撤。

东北民主联军乘胜于3月8日再渡松花江，向国民党军展开全面反击，开始了三下江南作战。国民党军见我攻势甚猛，惧怕被歼全线后撤至德惠、农安、长春。我军先头部队第二纵第五师，于平安堡将敌第七十一军八十八师后尾掩护部队二十六团的一个营歼灭，继以神速的动作将撤至靠山屯之八十八师二十六团第二营5个连包围起来。10日下午，第八十八师从德惠出发增援靠山屯，第八十七师从农安出发经圭子沟、哈拉海迂回靠山屯。此敌来援正是我军要捕捉的目标，我军迅速调整部署，以我第二纵、第六纵和独一师负责歼灭敌第八十七师，以第一纵和独三师负责歼敌第八十八师。

10日夜，我第二纵五师将靠山屯守敌1300人全部歼灭。此时，在德惠的孙立人眼见第七十一军八十八师处境危险，就主动派新一军第五十师前往增援。10日，新一军第五十师行至德惠以北的朝阳堡时，与民主联军第六纵十六师两个团遭遇。民主联军为保证围歼第八十八师，在朝阳堡坚决阻击。阻击战从早上打到中午，我第十六师四十六团第十二连，战至全连伤亡只剩下最后一人，阵地仍屹立未动。第四十七团守卫在达家沟一线，使敌人寸步难进。新一军本想救第七十一军出来，可是自己却损兵折将。第五十师恼羞成怒，便使出最后的杀手，派出4辆坦克，以此突破民主联军阵地。当发现敌人坦克向我阵地行动时，第四十六团副团长吴纯仁立即命令第一营刘营长将坦克炸掉，一场惊险的恶战肉搏坦克开始了。

第一营第三连李连长传达了营部命令，指挥着第一班打，第五班为预备队，小炮班一组配合。当敌坦克3辆冲到五家子的东北角时，敌步兵已狼狈逃回朝阳堡。但敌坦克依然向我冲来。班长于德泉、副班长崔自山一声呐喊，跳过墙头，跳上坦克，寻找可以投进炸弹的洞子。王从和、魏廷林也冲上来。4个人无从下手，连一个洞子也没找到。忽然坦克开动了，这时，排长在下边大声喊："揭盖子呀！"崔自山听到喊声，用力一拉，盖子揭开了，急忙塞进手榴弹，又忙盖起来，只听"轰"的一声，肚子里的手榴弹爆炸了，石学勤又放上一包炸药，一声响，乌龟盖飞到地下。第二、三辆坦克，也被我军用手榴弹、炸药包炸毁。一个俘虏过来的坦克兵说："如果民主联军都这样勇敢，爬到坦克上打坦克，往后，我这坦克兵不当了。"

新一军援军被阻于朝阳堡，第七十一军八十七、八十八师知悉靠山屯失守，遂于11日黄昏分两路向农安方向逃窜。在德惠的杜聿明见我军来势凶猛，暗想大事不好，他马上与孙立人匆匆告别，当夜即乘小汽车向长春赶，行至半路，在郭家屯正遇上东北民主联军从东向西断敌退路的迂回部队。杜聿明见事情急矣，急令小汽车加大油门向前冲，他心里已凉了半截，恐怕今晚难逃矣。随即四周枪声大作，喊杀声不断。仗着夜黑车快，杜聿明侥幸脱难，但他后面随行的卡车大部都被民主联军俘虏。

东北民主联军第一纵快速追击，当夜将在德惠以西四道沟之敌军第七十军特务营、工兵营、运输营及八十八师直属部队歼灭，12日晨又将敌第八十八师包围压缩在德惠、农安之间的郭家屯、姜家屯、孟家城子等地，激战竟日，将敌全歼。民主联军乘胜于当晚将农安包围起来，准备打长春、德惠援兵。是夜，天色凝重，伸手不见五指，突然，信号弹腾空而起。民主联军对农安之敌发起猛攻。陈明仁率国民党第七十一军八十七师一部仓促应战，一时间枪声四起，刺刀、枪托短兵相接。激战一夜，国民党军伤亡惨重，第七十一军军长陈明仁不禁垂头丧气、叹息不止。连电沈阳长官部要求增援。

杜聿明回到长春后，看到长春只剩一些地方部队，兵力空虚，如此时民主联军攻长春，长春很难守住。同时杜聿明收到陈明仁求救电，感到目前的兵力不足以击退民主联军，于是令从热河、"南满"抽调第十三军第五十四师、新二十二师主力北援。15日，第五十四师、新二十二师协同新一军主力北援农安。孙立人此次指挥非常谨慎，兵力集中，行动谨慎。东北民主联军见敌集中不便分割歼灭，我任务已达成，乃乘松花江即将解冻之前，于16日回师江北，敌人亦南撤。

蒋介石此刻已顾不上东北了。1947年3月1日，宋子文辞行政院院长职，蒋介石兼任。3月15日又召开国民党六届三中全会，蒋介石宣布实施宪政并公开对中共宣战。他大谈中共是"政治民主与经济建设之障碍"，必遏止之。此时，蒋介石开始实施重点进攻，具体指向为山东和陕北两个解放区。蒋介石命顾祝同指挥60个旅进攻山东，胡宗南指挥34个旅进攻陕甘宁边区。

其他战场，蒋介石则令转为守势。

3月19日，胡宗南占领延安。消息传出，国民党大发号外，大肆渲染。蒋介石很高兴，他的战略这么快就奏效了，他向胡宗南拍去贺电："宗南老弟，将士用命，一举而攻克延安，功在党国，雪我十余年来积愤，殊堪嘉尚，希即传谕嘉奖，并将此役出力官兵报核，以凭奖叙。戡乱救国，大业仍极艰巨，望弟勉旃。"实则，此时正是蒋介石军事失败的开始。

"北满"我军撤退和松花江解冻后，杜聿明亲自指挥8个师于3月26日向我"南满"解放区发动第四次进攻，结果仍是失败，4月3日，中路敌军被歼7500人。其他各路敌军撤回。杜聿明气得脸色发黑。

孙立人却很轻松，长春外围战虽很险恶，但新一军的实力仍存。由于其指挥得当，蒋介石也较满意，他特颁孙立人三等云麾勋章一枚。摸着胸前的勋章，孙立人笑了，笑得很开心。

杜聿明却在闹心，蒋介石交代的战略未完成，倒搭上了4.3万人和11座城市。连自己也差点儿成了共军俘虏。怪谁呢？思来想去，就怪孙立人。他一回国就不执行自己的命令，还处处与自己作对，不把他这个最高长官放在眼里。让他负责"北满"的守备也未尽职，必须治治他。

4月1日，东北保安司令长官部会议室，众将云集，杜聿明主持作战检讨会。会议一开始，就显得很紧张，没有了往日会议上的说说笑笑的轻松气氛。人们似乎都预测到将发生什么事情，每个人都板着脸，瞪着眼，身子坐得笔直。果然，杜聿明的作战检讨一开始就火药味极浓，他先指责了一些部队作战不力，然后话锋一转，大声说："这次农安解围之战，如果孙立人军长遵照长官部的作战指导采取行动，则所收战果绝不止此。"孙立人听到这话，觉得有无数双眼睛盯着自己。他看着杜聿明，一字一板地说："我的任务是解围农安，解了围就是任务达成，至于如何行动，是我自己的事。"杜聿明马上说："因你没有遵照作战指导行动，所以只达到解围的任务，而没有收到歼灭敌人的效果。"孙立人反驳说："上级指挥官，只能授予下级指挥以任务，而不能限制其行动。"杜聿明从口袋里拿出作战纲要，朗读总纲中一条说，军以作战为主，作战以歼灭敌人为目的，并接着说："你不仅违背长官部的作战指导，且违背了作战原则。"孙立人立刻以退席表示反对。

杜聿明立即宣布："新一军军长孙立人违抗命令，贻误戎机，着即撤职，其所遗缺额由潘裕昆师长升代。"

散会后，杜聿明立即派参谋长赵家骧乘专机飞往南京，向蒋介石报告了有关情况。蒋介石早就不满孙立人，只是东北战局需要这位战将支撑。如今这位战将也不灵了，且与杜聿明闹得不可开交，这可不妙。孙立人太犯上，目中无人，是该处理一下。不过蒋介石比较有心计，他采取了明升暗降的办法，这样既可夺孙立人兵权，又可保住孙立人的面子。蒋介石遂指示赵家骧，同意将孙立人免去新一军军长职务，将他调任东北保安司令部副司令长官，其新一军军长之缺，由坚守德惠的第五十师潘裕昆升任。赵家骧自南京返回沈阳后，东北保安司令长官部随即发表了新的任命。

孙立人闻知新任，明知是杜聿明搞的鬼，心中愤愤不平：杜聿明排挤我，难道蒋介石也糊涂了吗？在东北民主联军三下江南作战中，我率4师之众，力抗12个师之进攻，基本保住了地盘，伤亡仅1.5万人，而他杜聿明动用8个师兵力，不仅未占到便宜，反而损失了2.8万人，谁功谁过不是很清楚吗？他心里不服，遂致电南京蒋介石申诉。4月3日，蒋介石回电，孙立人打开一看，上书"嘱遵杜长官之意"。这是为什么？为什么？难道为蒋介石出了这么多力，就这么轻易地被抛在一边？他心中郁闷，走到窗前，看着漫天大雪，寒风枯枝，想起了一段往事。

蒋介石的导师张静江贵为国民党元老，曾任中央党务会议主席，为蒋介石统治大出其力，然后因其政治独立性难容于心胸狭隘的蒋介石，被蒋疏远，权力丧失，使张静江深感"狡兔死，走狗烹"之凄凉，每当看到年轻的亲友、僚属，张静江总是说："不要做官，没有做头。"1936年8月，印光法师抵上海，张静江专程拜访，法师与其频频耳语。离别时张静江突然大哭，自觉大彻大悟，花甲之年皈依空门。想到这，孙立人心里舒展了。正想着，副官报有人求见，孙立人即召见。来访者为长春市参议会副议长霍战一，他是代表市民来挽留孙立人："孙将军你是辽北长城，你离开长春，辽北难保，辽北一失，整个东北保不住。林彪等人，因你被调走，他们在哈尔滨开庆祝会，所以你不能走，不要移交。"孙立人从容答道："军队是国家的，不能不移交，军人服从命令，上级要我怎样，就得服从呀。"

四

分歧：内外有别

　　孙立人想开了，4月3日他致电杜聿明："此次战役未建尺寸，深负所期，呈请准辞所兼职务。"杜聿明回电："辞职未准。"孙立人不愿在东北待了，他尤其不愿在杜聿明手下看他脸色。4月11日，他致电国防部陈诚参谋总长，表示"极欲来京"，并向杜聿明请假，要求休息。谁知两头都遇阻，杜聿明回电："希在潘裕昆就职后再请假"，陈诚回电："来京一事已请示。"孙立人拿着电报心想，凡事就怕请示，这一请示公事公办，还不知拖到什么时候。4月21日，他分别致电参谋总长陈诚、国防部长白崇禧："拟于日内至京。"南京还未回音，杜聿明又来令了，让孙立人仍留长春指挥所指挥。孙立人可没那工夫，都成了无权之人，还指挥什么，去他的吧。4月24日，孙立人连向蒋介石上函，一请拨150万以帮助五所华人学校，二为请建国军在缅甸阵亡将士公墓。蒋介石可没有时间应付孙立人，他忙于改组国民政府。4月23日，国民政府委员会宣告成立，张群为行政院长，王云五为副院长。24日，国民党国防最高委员会宣布撤销。蒋介石更关注山东、陕北。

　　此刻，与孙立人争斗获胜的杜聿明并不高兴，在"南满"国民党军连连失利。杜聿明估计，如果"北满"东北民主联军再度南下，将无足够的兵力应付战局。他打电报给蒋介石要求增兵，并派郑洞国到南京见蒋介石，要求增加两个军，至少要把第五十三军调回东北战场。

　　郑洞国奉命立即飞赴南京，觐见蒋介石，把东北战局的严重情形向蒋介石报告，并请求增兵。蒋介石闻听紧皱眉头，一筹莫展地对郑洞国说："东北固然重要，南京更为重要，各个战场的兵力都不够用。不但不能增加两个军，就是第五十三军目前也不能调回东北。"郑洞国无法，又去见国防部长白崇禧，做同样要求。白崇禧则认为华北比东北重要，郑洞国说："东北守不住，华北更守不住。"结果谈话不欢而散，郑洞国不得要领而返。

　　4月26日，孙立人在长春将新一军军长之印授予新军长潘裕昆。孙立人对新一军极富感情，这是他一手创建的部队，为这支部队，他倾注了大量心血。他曾率这支精锐之师转战缅甸，痛击日军，如今虽依依不舍，也只好告别了。不知怎的，孙立人心中有一种不祥的预感，他深为新一军的前途担忧，为此他思考了数日，也没有眉目。带着对新一军的忧虑，孙立人离开长春回到沈阳。5月初，孙立人即给蒋介石上书建议：新一军的战力要在兵员、

245

编制、武器，以及器材四方面加以补充；作战指挥宜把握两点，一为不争一城一地之得失，而在消灭共军之主力，二为不分散守备。然而蒋介石没有回音。

杜聿明在沈阳忙得正欢，整日开会、研究调兵遣将。老头子蒋介石不增兵，杜聿明只好做少米之炊。他积极整补部队，全线转入防御，以确保其占领区，以新一军守备吉林、长春、德惠、农安、怀德，凭松花江阻"北满"我军南下，以第七十一军及第十三军五十四师守四平、公主岭、郑家屯、控制长沈段；以第十三军、九十三军控制热河与北宁路关内外通道；以新六军、第五十二军、六十军、二〇七师、青年军第二师、二十师，占其整个东北半数以上的兵力，控制沈阳及"南满"地区。这一部署的弱点是：正规部队多以团营为单位分散守点，机动兵力不足，从而造成它在"北满""东满""西满"广大地区上兵力分散与空虚，这就便于我民主联军在各个战线上各个击破其孤立据点，并以围城打援的方法，在运动中消灭敌人。

为了从根本上扭转东北的战争形势，结束东北解放区被分割的局面，在战役准备工作就绪之后，根据东北局"五五决议"的决定，并经中央军委批准，东北民主联军发起了强大的夏季攻势。

东北我军从1947年5月13日，同时从几个方向对敌发起进攻。"北满"第一、二纵队，独立第一、二师由扶余、大赉地区出发，从农安以西向长春、四平两侧地区展开长途奔袭，"南满"我军第三、四纵队，独立第二师从通化以北三源浦、柳河地区，奔袭沈吉路中段。两大主力同时行动，南北对打。"东满""西满"我军在吉林以东和郑家屯地区对敌展开进攻，配合主攻方向。

5月13日夜，第二纵四师包围了怀德守敌新一军第三十师九十团及保安十七团。孙立人曾不主张在怀德驻屯大部队，1947年3月时，孙立人为长春地区作战需要，未报告杜聿明，即将驻怀德的九十团调回长春。民主联军三下江南之战结束后，杜聿明发现驻守怀德的一团人已调到长春，颇为不悦，并立即命令该团火速回防怀德。这一团人像皮球似的，在长春、怀德间被踢来踢去，弄得人困马乏。而5月16日民主联军攻城战斗打响，敌守军因是王牌军，抵抗异常顽固。经过31小时激战，于17日15时将该城攻克，全歼守敌5千余人。

怀德是敌人防守的重点，守备部队又为敌主力，怀德被围后，长春、四平之敌分别从南、北两个方向出援。长春方面新一军以第五十师和新三十师共4个团兵力于5月15日由长春出动，被我独一师阻击在长春以西之龙王庙、于家窝棚一线。由四平北援之敌第七十一军，由陈明仁率军部、第八十八师、第九十一师于公主岭集结后，即向怀德急进。根据敌情状况，考虑长春之敌为王牌军，且离长春较近，四平之敌则孤军深入，我军决定以独一师继续阻击长春之敌，而集中我主力围歼四平之敌。5月18日民主联军向大黑林子地区的第七十一军发起猛攻，经12小时激战，将八十八师全部、九十一师大部共1.2万人歼灭，第七十一军军长陈明仁率少数人乘车逃走，我军继占公主岭、郭家屯等地。第七十一军主力被歼后，西线之敌兵力空虚，纷纷撤向四平、昌图，我第二纵队遂绕过四平奔袭昌图，29日包围昌图之敌。此形势震动了沈阳，杜聿明忙令沈阳10万居民、三千辆大车赶修沈阳城防工事，同时星夜从锦州方面抽第九十三军2个师来沈阳。

东北野战军向沈阳火车站发起进攻

杜聿明还恐有失，即致电蒋介石要求调第五十三军回东北增援。蒋介石在南京正大发其火。陕北 5 月 4 日，蟠龙之战，国民党被歼 6 千余人；山东，5 月 16 日，五大主力之一整编七十四师被歼。真是噩耗不断。如今东北又要出事，蒋介石放心不下，5 月 30 日，蒋介石亲至沈阳视察。杜聿明、孙立人前去迎接蒋介石。两人心态不同，杜聿明急得如火上房，而孙立人闲得无事做。前不久，孙立人主持新一军印缅作战阵亡暨接收东北殉职官兵追悼大会。杜、孙见蒋介石后，杜聿明急切要求调第五十三军回援，但蒋介石仍不同意。孙立人遂建议集中兵力重点守备，蒋介石听后深以为然，决定"重点防御，收缩兵力，维持现状"。随即放弃安东、通化、赤峰等地。

6 月 2 日，东北民主联军攻克昌图，歼敌一团。

"南满"我军也同时攻击，5 月 14 日攻占山城镇、草市，25 日攻占东丰城，28 日占梅河口，6 月 3 日克西安，控制了沈吉路中段，与"北满"我军会师于四平以南。夏季攻势经 20 天作战，解放广大地区，使"东、西、南满"连城一片，敌退守大中城市之中。鉴于四平之敌已完全孤立，我军决定夺取四平。

东北民主联军以第一纵队、辽吉纵队全部及第六纵第十七师共 7 个师及"东总"直属炮兵 5 个营组成攻城部队，以第十七师部署于四平以南，阻击沈阳之敌，另以独一师、三师、四师，"东满"独立师、"西满"骑兵师于四平以北，阻击长春之敌。

6 月 1 日，军务局局长俞济时致函孙立人，询问有关东北情形，8 日孙立人回函：东北战局无不可转捩。

6 月 9 日东北民主联军向四平外围集结，11 日开始扫清外围战斗，14 日 20 时发起总攻。国民党军以第七十一军第八十八师、第十三军第五十四师两个团等部拼命顽抗。陈明仁 14 日致电杜聿明："13 日夜，共军集结主力猛扑四平，自晨至晚，炮弹未停，职已激励士气，以成功成仁之精神，保卫四平，以副军座之厚望。"由于陈明仁率部死守，首先冲入城内的民主联军牺牲殆尽。国民党中央社大造舆论，吹嘘"四平英勇守军，今午完全消灭城内残余共军"。为此熊式辉、杜聿明特赏守城官兵一千万元。

15 日，民主联军第一师突破敌阵地，扩大突破口，并同第二师一道逐屋逐巷冲击，一直逼近核心区七十一军军部。在国民党军飞机轰炸下，民主联军以强大的炮火，无数次的冲锋不断攻击，正如中央社所描述的："共军以数十人从之数百冲锋队，用波浪式攻势，前仆后继，踏尸猛冲，尸体堆积如山。"19日，我以第十七师接替伤亡较大的第一纵第一师，继续向铁西市区之敌展开攻击。20日夜，我军突破敌核心守备区，全歼第七十一军特务团和军直机关，敌七十一军军部撤入铁路以东市区，铁西战斗结束。

20日，蒋介石从南京致电沈阳，命令杜聿明，限他于6月30日以前，必须解四平之围。第五十三军也经蒋介石批准开赴东北。蒋介石心想陕北战败，山东战败，东北可不能再丢失了。他实在不放心杜聿明，20日他又派儿子蒋经国带其亲笔信到廖耀湘新六军铁岭军部，将信交给廖耀湘、李涛、龙天武、郑庭芨，要他们抱定必死的决心，协助死守四平。

孙立人觉得东北之所以有今日完全是杜聿明造成的。他不愿过多参与。杜聿明也不让他参与。21日，民主联军将第三师调铁西区与第十七师并肩由西向东攻击，当晚突破敌人防御，占领一块狭小地区。第七纵打过路东后，攻击失利，伤亡较大，被迫退回路西。国民党军第七十一军一部退入路东以后，阵地缩小，兵力更集中，民主联军进展更加困难。鉴于连续10天的战斗，第一纵队伤亡很大，我乃改以第六纵第十六、十八师接替第一纵第一、二师，由六纵司令员指挥，再次向路东之敌发起攻击。

蒋介石不断接获第七十一军陈明仁求援电，他觉得非常疲倦，从来没有过的疲倦，他感到从来没有像今天这样孤独，内外交困。但他是一党的总裁，他不能倒下，他硬撑着给陈明仁发电："子良弟，你坚守四平，苦战甚坚，官兵奋勇杀敌，壮烈牺牲，实可嘉奖。望贤弟激励三军，坚守阵地，配合外围兵团，聚歼来犯之敌。我在此祷告上帝，同时有总理在九泉之灵保佑，贤弟定能以寡敌众，获取全胜。中正。"呜呼，堂堂总统，关键时也想起上帝来了。陈明仁接到蒋介石电文，如获至宝，立即打印，将圣旨向全军传达。陈明仁还致电杜聿明："如四平解围不成，我以身殉国，死而无憾，请抚育好子女。"此时，蒋介石已完全忘记孙立人。

25日，国民党中央社记者陈嘉骥在沈阳走访空军第一军区司令张廷孟，适张廷孟外出，乃复访问副司令易国瑞，得知空军在四平上空看到"四平大部市区已沦落，仅东南角一隅地在国军据守中，仍可看出双方作战痕迹，车站一带火光熊熊"。

陈嘉骥走进空军第一军区司令部前，曾遥见孙立人偕其随从参谋，在铁路宾馆前广场徘徊。大概一个小时后，陈嘉骥访问易副司令出来，孙立人仍站在铁路宾馆台阶上作无目的之远眺，似乎正有所思，其有所失落的情形亦不难想象。陈嘉骥乃趋前与孙立人握手接谈，未数语，孙立人约陈进入铁路宾馆二楼他下榻的房间详谈。陈嘉骥问："孙副长官已到长官部办公了吗？"孙立人答："我办什么公？我有什么公好办？"陈嘉骥想，当时长官部可能尚未给孙立人准备办公室，以致孙立人临时住铁路宾馆。陈问："你看四平情形如何？不知道能不能解围，长官部已两天未发战报了。"孙立人答："四平情形现在我不大清楚，我未参与指挥，他们也根本没有人来问我的意见。目前已不是四平一地失与守的问题，问题是由这些无军事常识的人来指挥作战，不只四平，就是整个东北也早晚被他们断送。"

陈嘉骥问："那么如何扭转目前局势？"

孙立人说："他们在东北指挥，扭转局势很难。如想挽救四平，目前战局只有一条路好走，但我说出来，杜聿明也不敢去做！就是命令长春、吉林所有部队，现在立刻以全部力量，渡松花江去打现在是空城的哈尔滨。果能如此，四平之围自然可解。但我相信杜聿明绝无此胆量。"

陈嘉骥问："如这样一来，长春、吉林等地再丢了，不更糟了吗？"

孙立人说："你这想法与杜聿明想法可能一样，你是新闻记者，当然难怪。杜聿明一向就是这样畏首畏尾，所以坐失许多良机。共军战术一向是阻援打点，他们可能留有兵力准备阻挡长春国军南下支援四平，但是绝对不会，而且也想不到我们长春军队北上去打哈尔滨。同时，国军如去攻打哈尔滨，共军必全力去救哈尔滨，哪有心还去攻长春？再者，就是长春丢了又有什么关系，沈阳国军不会跟进再收复吗？我们今天不能与共匪死拼，他们有的是人，我们需要的是战胜而不是死拼，作战最忌畏首畏尾。"孙立人有一点不好说，就是他对老头子也不满，没有蒋介石支持杜聿明，他也不会落到今天这个地步。实则蒋介石与杜聿明的战略一致，都重一城一地的得失。

陈嘉骥问："通化东边道的作战，我们损失那么大，真划不来，干嘛在冰天雪地中越长白山去打临江？"

孙立人说："这完全怪杜聿明指挥不当，他哪里配作指挥官！"

陈问："孙副长官，你为什么不把现在打哈尔滨的计划向杜长官建议，他也许会采纳。"

孙立人说："杜聿明这种人有胆量去做吗？我绝不相信！"陈嘉骥对孙立人所说深以为然，可叹国军向来内部不和。

25 日，东北民主联军攻克东南角坚固支撑点天主教堂。四平危急。

杜聿明为救四平，完成蒋介石的任务，抽调一切可能抽调的兵力，集中正规军 10 个师，分由长春和沈阳两个方向驰赴四平增援，沈阳方面有新六军第十四师、新二十二师和第一六九军、第九十三军暂二十师、暂二十二师，第五十二军第一九五师及刚从关内调来的第五十三军一一六师、一三〇师。长春方面，有新一军新三十师、第五十师一部沿中长线南下，26 日进至陶家屯一线，遭民主联军阻击。沈阳之敌，虽遭我二纵及辽吉纵队顽强阻击，但仍极力向四平推进。由于敌军集中，齐头并进，使我难以在运动中歼敌，为避免被动，我军决心结束攻势，从 6 月 30 日开始，我军撤出战斗。夏季攻势遂告结束。民主联军共歼敌 8.3 万人，收复城镇 42 座，解放了东北国统区 45% 以上土地，彻底改变了东北解放区被分割的局面。

杜聿明虽勉强完成了蒋介石的任务，但他如同大病一场，身体完全垮了，蒋介石也对他的指挥不放心。杜聿明因屡遭失败一筹莫展，以致忧郁成疾，不能视事，电请蒋介石准其离职治病，蒋介石考虑后回电同意。1947 年 7 月 8 日，杜聿明垂头丧气地离开东北，赴沪养病，郑洞国代理保安司令长官之职。

蒋介石已有意在东北换马。7 月 12 日，陈诚以参谋总长身份到东北巡视，对新六军官兵训话，并向该军高级将领授勋，还接见了苏炳文等东北的知名绅士，为代替熊式辉做准备。

孙立人看着杜聿明走时的狼狈相，心里好笑，没想到杜聿明走到自己前头了，真是自取其果，害人终害己。蒋介石也因美国人讲话而不再冷落孙立人，但蒋介石对孙立人不放心，仍未给予实权。7 月 15 日，蒋介石下令，任命孙立人为代理陆军副总司令兼陆军训练司令。美国人对蒋介石的用人极不以为然，美国记者格兰姆·贝克写道："在缅甸战役中崭露头角的孙立人是最有才干的将军之一，但蒋介石却任命他担任训练基地司令这一闲职，搁在一边不予重用。被他安插在国民党军队关键职位上的人，都是些除了绝对忠于蒋介石之外一无所长的家伙。蒋介石重用常败将军汤恩伯，使他得以继续创造他打败仗的新纪录。"这是蒋介石的悲剧，孙立人的悲剧，但孙立人心里感到安慰的是，他又可以练兵了，他可以重新开始。一种新的部队又将在他手下诞生。

五　决裂：政见不同

孙立人凤山练兵得心应手，蒋介石兵败大陆无可奈何
危难中，蒋介石又想到了孙立人

　　1947年7月，国民党政府任命郑洞国代替杜聿明为东北保安司令长官的第二天，又任命孙立人为陆军副总司令兼陆军训练司令。由一个握有重兵、大权在手的封疆大员，到担当一个空有其名远离战场的闲差，孙立人的心情是可以想象的，但他又无可奈何。蒋介石虽一再说孙立人大材可用，并许诺将来还会任用他。但饱受国民党内派系倾轧的孙立人，心里是非常清楚的。

内战后期在南京赋闲的孙立人

　　孙立人虽留恋战火纷飞的战场，但练兵也是他的拿手好戏。既然兵权已释，面对国民党军队的惨败，又没有回天之力，到后方练兵习武，也不妨是一个明智的选择。

　　孙立人接受任命的当天，立刻在南京国防部所在地附近的香灵寺成立训练司令部，积极展开工作。首先向各方面物色各种各样的军事训练所必需的人才，前来协助重建整训国民党军队的基地。在很短期间内，完成了决定训

练对象、选择训练基地、草拟训练计划等初步工作，凡是参与这些工作的成员深受孙立人的感召，都尽心尽力投入到这一重建新军的行列中去。

先是训练基地的选定，国民党当局原打算在南京、汉口等原有训练基地选择其一，但是孙立人独具卓识，力争选择台湾。他认为：台湾气候良好，从环境看不受任何外来因素的影响，适宜训练，容易成功。最后获得了最高当局的批准。孙立人首先派副司令员赴台湾巡视，然后亲自前往视察，最后决定把高雄附近的凤山镇作为军队训练的基地。

孙立人及其部属在香灵寺与美国顾问草拟了训练计划。孙立人认为训练成败的关键在于干部。所以在部队训练之前，预先实施干部训练，以统一战术的思想、战斗的动作、教育的方法等，再由经过这种训练过的干部，把他们所学的东西带回到自己的部队中去，实施有系统的部队教育。因此在草拟训练计划中，就把干部训练计划作为一个重要方面，同时也制订了部队训练计划。干部训练计划，在军训班内附设干部训练班，负责实施。部队训练计划，交给各部队自己去实施。物色教官、编集教材等基础工作按规定时间在短短的 3 个月内完成。1947 年 10 月，陆军训练司令部正式迁驻凤山，孙立人开始了他又一段人生旅程。

陆军训练司令部成立后，孙立人为了实施有效的干部训练，又请准在台湾成立军官训练班，自己兼任主任。军训班，包含学生总队、特科总队、干训总队，以及入伍生总队 4 个单位，其教育内容是根据当时需要与孙立人历年练兵经验而制定。分基本教练、兵器、战术、一般课程、政治教育、夜间教育和生活教育。孙立人的军事训练倒是非常顺利，但整个中国大陆上的军事、政治、经济形势却不断恶化，国民党政府一步一步地走向总崩溃的绝境。

蒋介石发动全面内战一年后，敌我力量对比发生了重大变化。国民党不但在军事上丧失了大量有生力量，政治上也日益孤立，经济上也发生严重危机。

1948 年上半年，人民解放军继续发动攻势，在各战场大量歼敌。在中原豫东战役和襄樊战役的胜利，完全打乱了蒋介石在中原的防御体系。在华东，向胶济线两端和津浦路中段出击的结果，解放了除济南、青岛、临沂等少数据点以外的山东全境。在陕北、宜川、瓦子街一战，全歼国民党二十九军，击毙军长刘戡，为西北的解放奠定了基础。在华北，解放军分别出击察绥、保定以北和晋中，孤立了平津保之敌，包围了太原。东北野战军在冬季攻势中歼敌新五军等部 15 万余人，解放四平。

国民党在发布"戡乱总动员令"后，加紧准备实行所谓"普选"和召开"行宪国大"。而总统选举的滑稽戏，加深了国民党各派系的矛盾，正如新华社社论中指出的："蒋介石统治中国 21 年所追逐的最后一出戏，已经演出了。""这出戏是演得这样难堪，以致人们不知道他们是在做喜事，还是出丧。所有蒋管区的中外报纸刊物和通讯社，包括国民党各派的报纸刊物通讯社在内，毫无例外地每月不停地宣扬和嘲笑着'国大'的各种丑剧。"在经济上，国民党政府的财政收入连年入不抵出，出现巨额赤字，财政经济也陷入总崩溃的境地。在军事上，国民党军队虽在数量上还占优势，精锐尚存，但固有的矛盾日益加深，士气更加低落。它在战略上已没有完整的战线，主力被解放军分割为东北、华北、中原、华中、西北 5 个孤立的集团。蒋介石妄图以重兵集团固守战略据点和交通线，来挽救在战场上的惨败。

战事被人事扰乱了！战术被权术破坏了！

到 1948 年 7 月，在人民解放军的痛击下，国民党军被歼灭了 260 多万人。在整个华北、东北地区，仅剩下孤零零的几个据点。在国民党统治区，物价飞涨，通货膨胀，广大人民陷于水深火热之中，人民为了求生存，展开了反饥饿、反内战、反迫害的斗争。国民党政府人心惶惶，不可终日。在这种形势下，蒋介石在南京国民政府国防部大礼堂，召开了蒋家王朝灭亡前的最后一次全面军事会议。

参加会议的有蒋介石、何应钦、顾祝同、白崇禧、林蔚、杜聿明、宋希濂、孙立人等 120 余人。会议由蒋介石、何应钦、顾祝同三人轮流主持。

蒋介石在会议开幕时的发言，充满了沮丧，对前途完全丧失了信心。他把两年来军事上的惨败，完全归咎于许多战场指挥官的贪污腐化、贪生怕死、指挥无能。他感慨地说："我们在军事力量上本来大于'共匪'数十倍，制空权、制海权完全掌握在政府手中，论形势较过去在江西'围剿'时还要有利。但由于在接收时许多高级军官大发接收财，奢侈荒淫，沉溺于酒色之中，弄得将骄兵逸，纪律败坏，军无斗志。可以说：我们的失败，就是失败于接收。"最后，他声嘶力竭地说："现在'共匪'势力日益强大，'匪势'日益猖獗，大家如果再不觉悟、再不努力，到明年这个时候能不能再在这里开会都成问题。万一共产党控制了中国，则吾等将死无葬身之地。"

会议头两天的内容主要是检讨 1948 年上半年几个较大战役的失败。会议的第 3 天，由何应钦作军事形势的报告，报告的第三段毫不隐讳地公开了两年来作战损耗的数字：兵员的死伤、被俘、失踪总数共 300 余万人；步枪 100 万支，轻重机枪共约 7 万挺，山炮野炮重炮共 1000 余门，迫击炮、小炮共 1.5 万余门；还有战车、装甲车、汽车以及大批的通讯器材和大量的各种弹药。何应钦这番话的用意，一是推卸自己的责任，再就是向蒋介石和陈诚泄愤。

会议的第五、第六两天，多为参加会议的人发言。其内容多为要武器、要新兵、要军粮、要器材、要车辆、要弹药……宋希濂在发言中谈了三个问题：一是他由新疆两次来南京，路经兰州、西安、武汉等地，见到不少军官，他们都认为与共产党的仗很难打，前方部队充满了悲观和厌战的情绪，师出无名，士气不振；二是物价不断飞涨，现在几百万元的法币抵不上一块钱，弄得老百姓叫苦连天，人心惶惶，人民对政府的离心力一天一天地加大；三是由于物价飞涨，待遇太低，士兵吃不饱，穿不暖，面黄肌瘦，精神萎靡，许多中下级军官每月所得，不能维持其家属最低限度的生活，自杀者有之，卖淫者有之，弃儿鬻女者有之。他建议，以后所有官兵的副食费一律改发现洋，以维持官兵们的生活。宋希濂的发言得到了与会者很多人的同情，孙立人、黄百韬等在发言中都支持宋希濂的意见。

闭会后的第二天下午 7 点，蒋介石和宋美龄在"励志社"宴请参加会议的人，面对满桌的美味佳肴，孙立人并没有品尝出什么滋味；对蒋介石鼓劲打气的讲话，孙立人也没有什么兴趣。会上听到的和会下看到的，都在孙立人的意料之中。他和其他高级将领一样，都知道解决这些问题的答案，但又谁也解决不了。大厦将倾，独木难支，只有尽快赶回台湾，练好兵就算对蒋介石尽忠了。实际，这种悲观情绪，已笼罩着国民政府的党、政、军各界人士。

孙立人走了，他待的地方在国民党统治区，应该说还是"太平盛世"，而他身后的大陆，危机却越来越严重，一发不可收拾。

　　1948年9月16日，解放军对济南发动全线进攻，揭开了战略决战的序幕。在山东籍的国民党军官中，流传着三李不如一王的说法，三李指黄埔一期的李延年、李仙洲、李玉堂，一王则为王耀武。王耀武1939年曾任第七十四军军长，在蒋介石亲信俞济时的推荐下，颇得蒋介石赏识，被任命为第二绥靖区司令官，坐镇济南。9月23日，解放军攻占济南外城，王耀武对坚守失去了信心，曾多次打算突围，但蒋介石下手谕，要王耀武"抱定与济南共存亡的决心"，死守待援。24日黄昏，解放军攻克济南，全歼守敌10万人，王耀武化装成商人逃到寿光县，被我地方武装俘虏。

　　既然序幕已经拉开，决战马上开始。

　　1948年9月的东北，国民党军队有55万人，主要驻守在锦州、沈阳、长春、营口、葫芦岛等地。在辽阔的东北大平原上，就如同几根孤零零的高粱秆立在那里，是守是退，举棋不定。

　　正在这时，林彪、罗荣桓指挥的东北野战军70余万人，发起了规模巨大的辽沈战役。按照"攻锦打援""关门打狗"的战略决策，攻势首先在北宁路锦榆段展开。东北野战军相继攻克绥中、兴城、义县等地，驻守锦州的国民党军虽然依仗坚固工事和美式武装负隅顽抗，但抵挡不住东北野战军主力的强大攻势。经过31个小时激战，10万国民党守军全部被歼，无一漏网。锦州失守，东北境内国民党军在陆上的退路完全被封闭，这就决定了其全军覆灭的命运。

东北野战军向锦州发起总攻

在台湾练兵的孙立人，密切注视着东北战局的发展，他几乎每天都与李鸿等人有电报往来。锦州失守，孙立人心急如焚，他一手造就的新一军，虽然被陈诚分割成两个军，新七军三十八师是他一手建立，跟随他转战多年的子弟兵，已被困在长春多时。孙立人致电蒋介石，请求将他空投长春，亲率新七军突围。孙立人有点过于天真了，从整个东北战局看，他就是真的到了长春，也不过是在解放军的俘虏营中多一位高级将领的床铺，其他什么也办不到。

蒋介石比孙立人还急。就在锦州失守的当天，蒋介石再次飞抵沈阳，派飞机到长春空投手令，命令被围困已久的郑洞国部火速向沈阳突围。但厌恶内战的第六十军2.6万人，于10月17日毅然起义。新七军官兵看到大势已去，也纷纷向解放军投诚。在郑洞国率领下，长春守军于19日向解放军投诚，长春和平解放。

从沈阳出动一直迟疑逡巡的西进兵团，在黑山、大虎山一带被人民解放军东北野战军分割包围。在北平指挥的蒋介石一筹莫展，无可奈何地哀叹："东北全军，似将陷于尽墨之命运。寸中焦虑，诚不知所止矣！"经两日一夜激战，国民党军嫡系精锐廖耀湘兵团10万余人全部被歼，其中包括蒋介石自诩为"五大主力"中的两个：新一军和新六军。这样，沈阳守敌已成惊弓之鸟，斗志全无。第五十三军向解放军投诚。青年军第二〇七师负隅顽抗被全歼。国民党在东北战场彻底失败。

随着东北国民党军被全歼，华北的国民党军面临着人民解放军东北野战军和华北野战军联合

国民党军东北"剿总"副司令兼第一兵团
司令郑洞国向解放军投诚后抵达哈尔滨

打击的威胁。华北"剿匪"总司令部傅作义集团 50 余万人，主要集中在以北平、天津为中心，东起北宁路的山海关，西至平绥路的张家口，长达 500 余公里的铁路线上，形成一字长蛇阵，也是或走或守，六神无主。

国民党第六十军军长曾泽生长春起义后与东北野战军
第一兵团司令员肖劲光（中）、政治委员肖华（左）在交谈

国民党军正犹豫不决之时，东北野战军主力兼程南下，提前秘密入关。将华北之敌分割在张家口、新保安、北平、天津、塘沽五个地区内。战至 1949 年 1 月 31 日，除太原、大同、新乡以及归绥外，华北地区全部解放。

在华东、中原战场，淮海决战使国民党政权更遭致命的打击，战役在以徐州为中心，东起海州，西抵商丘，北至临城，南达淮河的广大地域内进行。从 1948 年 11 月 6 日开始，至 1949 年 1 月 10 日，经 66 天的大会战，国民党军 55 万多人被歼。至此，蒋介石赖以维护独裁统治的主要军事力量被基本消灭，"戡乱建国"决策彻底破产，只剩下危在旦夕的半壁江山。

三大战役后，国统区的形势正如蒋经国所描绘的，"在战场上的军心涣散、损兵折将，在政坛上的动摇怕死、变节投降，在经济上的物资匮乏、金融紊乱，真是败象之征，江河溃决"。连蒋介石的一些忠实的追随者也对国民党的前途感到绝望。

先是蒋介石的"文胆"、首席幕僚，后任国策顾问的陈布雷，在发出"油尽灯枯"的悲鸣后，于 1948 年 11 月 13 日晚服毒自杀。接着，蒋的"至交""好友"、主要谋士，担任国民政府考试院院长达 20 年之久，后改任国史馆馆长的戴季陶也因心灰意冷而服用大量安眠药，于 1949 年 2 月 12 日在广州离开人世。

这两位蒋家王朝重臣的自杀，给行将覆灭的国民政府投下了更加浓重的阴影。据合众社 1949 年 1 月 22 日消息：国民政府 90% 的机关及平均 80% 的人员，已经撤离南京。蒋介石的大部分家庭细软、文件和 3 辆高级"白卡尔"轿车已运至台湾。国民党的党政军首脑人物的眷属，也多数逃到台湾。汉阳兵工厂和南京 4 个工厂的主要装备，转移台湾。

"戡乱"失败，"美援"无望，蒋介石身陷绝境。以李宗仁为首的桂系，又大造逼蒋"下野谋和"的舆论。在内外交困的形势下，蒋介石考虑"引退图新"，草拟一篇下野谋和的《新年文告》。然而，蒋介石决不甘心真正下台，在《新年文告》发表之后，做了各种"妥善"安排，控制实权，使李宗仁"战不能，和不成"。

在人事安排上，蒋介石在下野前任命了一大批亲信、心腹执掌尚在国民党控制下的东南、西南半壁江山的军政大权。如任命陈诚为台湾省主席兼台湾警备总司令，蒋经国为国民党台湾省党部主任委员，1948 年底孙立人兼任东南长官公署副司令长官及台湾防卫司令。蒋介石把他的命根子，也就是最后的落脚点交给孙立人守卫，由此可以看到蒋对孙立人的器重。

孙立人在台湾训练美式装备的新兵

在经济方面，派蒋经国将国库价值 5 亿美元之巨的黄金、白银、外汇移存台湾；将中央中国银行存在美国的外汇化整为零，存入私人户头。

在军事方面，拟定出一份"和谈"计划，争取 3 个至 6 个月时间，在江南重新编练 200 个师 200 万人的计划，以便卷土重来。

以上三个方面的安排，两项与孙立人有关：守卫台湾，是蒋介石根本所在；编练新兵，孙立人正竭力进行，孙立人的地位又随蒋介石的意愿在提高。

台湾训练的部队开始增援华北战场。

在各方面布置稳妥之后，蒋介石在 1949 年 1 月 21 日决定身先引退。于是，在"行宪国大"当选总统刚满 9 个月的蒋介石就此"引退"，并于次日回到他的家乡浙江溪口镇。但他仍然以国民党总裁身份牢牢控制着党政军大权。代总统李宗仁只不过是他手中的傀儡而已。是战是谈，李宗仁毫无作为。

在大陆孙立人是蒋家王朝的"卒子"，到台湾成为"车"
为蒋氏父子看家护院，难免矛盾重重

蒋介石将落脚点确定到台湾后，逐步形成了由陈诚主政、孙立人主军、蒋经国管党的格局。因蒋经国以更多的时间陪着蒋介石，台湾的党、政大权自然落到陈诚手中。陈诚虽对蒋介石忠心耿耿，但实力上升太快，也就引起了蒋介石的猜忌和防范。特别是陈诚一直成为美国拉拢的对象，早在 1949 年 2 月，美国即派出驻华使馆参赞莫成德飞往台湾，向刚接任台湾省主席的陈诚提出五点建议：（一）由陈诚负责使台湾政治与国民党政府分离，经济贸易与中共绝缘，台政由陈诚主掌；（二）形式上，联络菲、澳、印度、巴基斯坦等国，各出一些象征性的兵力，会同美军占领台湾，希望在两周之内，在台召开政权转移会议，苏联和国民党政府亦可参加；（三）会议决定后，美国即对台海之海上及空中担任巡逻与联系之活动，以免外来军队之来袭，同时遣送不受欢迎之大陆在台分子；（四）通知蒋介石，如愿留台湾，当以政治避难者之身份相待；（五）邀请孙立人参加台湾新政权。这个建议遭到陈诚的拒绝。莫成德向国务院报告称：陈诚是蒋介石亲信，不能指望他背叛蒋介石，而按美国意旨行事。但既然陈诚被美国人所瞩目，蒋介石不得不防。

宋子文也对陈诚极为不满。1949年4月8日，宋子文和夫人张乐怡从香港坐包机到台北，此行的主要目的是探望他最赏识的老部属、在台湾负责组训新军的孙立人，并看看台湾的实际情况。4月14日，宋子文自台北飞厦门再飞香港。宋一行下榻草山宾馆，每天会晤络绎不绝的宾客，其中包括台湾省主席陈诚、陆军训练司令孙立人和美国驻台领事艾德加。宋子文一向看不起陈诚，陈诚则痛恨宋子文，认为孔宋家族把党国搞砸了。然而，陈诚的政治行情跃升，却反照了宋子文的权势消退。宋子文与艾德

20世纪50年代初期执掌台湾军事的孙立人

加会谈时，毫不掩饰地批评陈诚，并称陈诚没办法把台湾治好，艾德加则不愿表示意见。宋子文一面大骂陈诚，一面盛赞孙立人，强调孙立人的部队保台没问题。4月10日，宋子文一行飞赴屏东、凤山，由孙立人亲自陪同视察他所训练的新军，当天返回台北后赴香港。

蒋介石在人民解放军百万雄师渡长江后不久，决定去台湾，但却一直驻在马公。有人认为这是在观察陈诚的态度。5月21日，陈诚、俞鸿钧、蒋鼎文3人到马公谒蒋，当天下午陈诚只身飞回台北。但耐人寻味的是，5月26日，蒋介石赴台湾，并没有去陈诚控制的台北，而是去了孙立人控制的高雄。孙立人亲自前往迎接，蒋介石劈头第一句话问："我在此地安全吗？"孙回答："由我们保护，有什么不安全？"因孙立人保驾有功，蒋介石即在一张纸上写下"新台币二十万，蒋中正"。孙立人将这笔钱充了军费。可见，当时蒋介石对陈诚留了一手。

据说陈诚曾命令其下属特务机构，对来台活动的蒋经国进行24小时的"全天候"监视。陈诚也对蒋氏父子"留了一手"。

对陈诚不太放心，并不等于蒋介石就完全信任孙立人。1949 年初，麦克阿瑟曾派专机将孙立人接到日本，在他的公馆中密谈。据陶百川回忆："关于上引美国邀请孙立人参加'美国占领的新政权'问题，孙立人对我们说，民国 38 年上海快失守时，孙所部新军已调来台湾整训。盟国占领日本的统帅麦克阿瑟将军突然邀请孙将军赴日本晤谈要务。孙不敢擅专，乃请那时正在台北养病的陈诚先生代他请示退隐溪口故乡的蒋总统，答复孙可接受邀请。麦帅随派专机接孙赴日，寓于麦帅公馆。孙将军对我们详述两人会谈经过，说麦帅告诉他，大陆快将失陷，国民政府势必垮台，美国对它已不存在多大希望，但美国不能让台湾这艘不沉的航空母舰为中共夺去，所以有意要请孙将军负起保台的责任，而由美国全力支持，要钱给钱，要枪给枪。孙立人将军的答复是，他忠于蒋总统，不应临难背弃，他将请示他，在他指导之下挑起保台重担。孙说，他回台后就将详情告诉陈诚先生由他转告蒋总统。"蒋介石性情多疑，对此话既信又疑，也枉费了孙立人一片忠心。

蒋介石台南阅兵

但美国政府出于对蒋介石的不满，对孙立人寄予很大希望。曾读遍美国官方解禁档案的台湾旅美作家林博文指出，1949 年 6 月 22 日，美国国务院政策计划处主任肯楠向国务院提出处理台湾问题报告书，其中主张："联络菲、澳、印度、巴基斯坦、新西兰等国，派遣一些象征性的兵力，会同美军占领台湾。""邀请孙立人将军加入占领军的新政权，如孙愿接受，则美国分化国民党政府军队之工作，即告成功。"1949 年以后约一年间，美国主要的政策就是赶走蒋介石一伙人，将台湾交予联合国托管并扶植一个亲美政权，因而也在不断拉拢孙立人。1949 年 12 月，美国驻"台湾大使馆""代办"斯特朗和美国前驻台北"领事"克伦兹抵台，与孙立人接触，明确表示，如果孙立人愿意控制国民政府，美国将予以全力支持，但孙立人婉拒。1950年6月，美国国务院的一项计划更加具体，其要点为：（一）如美国要"防卫台湾"，则蒋介石及其党羽必须离开台湾，民事或军事将交予美国所指定的大陆人和台湾人领袖；（二）上述步骤完成后，美国海军将"驻防"台海以防中共攻台或台湾反攻大陆；（三）如蒋介石抵制上述计划，则美应派遣密使以最严密的方式知会孙立人，如他愿发动政变以军事控制全岛，则美国将给予必要的军事援助。对此，孙立人却并未领情。

退台之初，这个弹丸小岛，一时兵马拥挤，机构庞杂，人心浮动，军心混乱，蒋介石急需人帮着收拾残局、站稳脚跟。孙立人与美国的特殊背景，是蒋介石争取美援的一张牌。一则可以帮蒋收整残部，二来可通过孙立人加强同美国人的联系，所以，1949年8月蒋介石升孙立人为台湾防卫总司令，负责制订实施台澎防卫计划，构建全岛防卫工事体系，整训撤台的80万败军。1950年3月1日，蒋介石复任"总统"的当天，同时发表孙立人为台湾陆军"总司令"的命令，可见当时蒋介石对孙立人还是需要和重视的。

孙立人接任陆军"总司令"后，对陆军进行大刀阔斧的改革，兴办"军官训练班"，颇费心机。他以美式的训练，新一套领导干部为主体，为国民党陆军做了换血的工作。他大胆起用青年军官，淘汰了大陆时代的残兵败将，打破了军阀部队的余风，对军队的现代化影响很大。

20世纪50年代初期孙立人（中）出席台湾军方外事活动

孙立人生性刚正弘毅，不苟且、不徇私，但个性张扬，喜怒形于色，有点"恃才傲物"，加之他素不按"官场术""潜规则"出牌，得罪了不少同侨和达官贵人。据一位跟随孙立人多年的老部下对孙的评价："孙立人是个非常优秀的带兵军官，指挥打仗很有一套，但他不是一位领袖。"讲人际关系，同辈中几乎没有人与他合得来，但他对部下，大有爱兵如子之风。孙立人在任陆军总司令期间的每周军事汇报会，他从未准时出席，其理由非常可笑：他不愿意向当时的"参谋总长"周至柔敬礼，迟到则能避免，因为有蒋介石在场，只给"总统"一个人敬礼就可以了。

1952 年孙立人陪同美军太平洋舰队总司令雷福德观看台湾的军事演习

孙立人的傲慢，虽有其理由，他有学识，屡立战功，是蒋的爱将，美军的宠儿，但他不能与人和衷共处，就会孤立无援，甚至受到群体的打击。《孙立人在台兵变经过》一文，有如下描述：当陈诚任"行政院长"、周至柔任"参谋总长"、王叔铭任"空军总司令"、桂永清任"海军总司令"时，屡当蒋介石召开会议时，"陆军总司令"提出的问题或意见，总是遭到了三票对一票的否决，有时弄得蒋介石亦左右为难。例如空军与海军提出，在"防卫台湾"及反攻大陆的战争中，空军海军如何重要，如何优先，须获得优先装备，反正是一切优先。

又如空军提出，空军官兵的待遇要超出陆军两级，飞行员待遇要超出陆军10 倍，空军官兵要新式美观服装。海军提出，海军是国际兵种，须按国际标准待遇，一般官兵要超陆军一级，另有航海津贴，要有海军自己的舞厅、歌厅等。以上诸不平等待遇，20 年后的今后，仍是外甥提灯笼（照旧）。可怜的陆军，四面是海，可怜的总司令，孤掌难鸣，陆军提出的许多问题，都遭到空海军的联合杯葛、阻碍。

有时孙立人气急了，就在会议上向蒋介石报告说：既然海军、空军如何好，如何如何行，那么请"总统"将陆海空三军测验一下，比一比，看究竟

266

哪一军好。先从我们三军总司令考起，比文也好，比武也好，比立正稍息也好，比 X+Y 也好，由你们海空军决定好了。同僚们则讥讽他："太小孩气，有什么了不起呢，不就是在美国镀了两年金嘛！"像这样的情形，最后还是由老蒋打圆场。至于孙立人在老蒋面前请求批准进军校再受训一词，更是家常便饭。由此可见孙立人与陈诚、周至柔、王叔铭、桂永清等黄埔系高级将领间之矛盾有多深。

和这些人有矛盾，还说得过去，但与蒋介石及其儿子蒋经国有矛盾，可是犯了一个致命的错误。其时，蒋介石不断叫嚣"反攻大陆"。孙立人则不以为然。他主张面对现实，先将台湾的事搞好再说。正如后来《时代周刊》一篇文章所谈到的："55 岁的孙立人，能干、勇敢，是最西方式的军事领袖。台湾很多政界人士深为不解，孙将军何以能屹立那么久？孙坚信，在现有的领导下，台湾无法幸存，私下谈及大陆之失，纯由于蒋氏坚持政府私人化，反共大业和他自己相连在一起……主张面对现实，放弃反攻希望。"孙立人的观点，恰又得到美军顾问团团长蔡斯的支持。蔡斯对蒋氏父子也不满意，同样主张撤销军中政工制度。蒋介石认为孙立人是"挟洋自重"，与当局唱反调，遂起戒心。至 1954 年《美台共同防御条约》一签，孙立人这座美、台之间的"桥"便已完成使命，蒋介石开始考虑过河拆桥了。当蔡斯提议让孙立人任"中美联合作战中心"台方指挥官时，遭蒋拒绝。蒋对孙的戒备心理越来越重，以致胡适、蒋廷黻回台，以及叶公超间或去孙公馆聊天，蒋介石获悉后，都会申斥孙立人："你少跟那些政客来往！""我要孤立你呀！"等等。

孙立人同时竟然不屑于蒋经国。在一次宴席上，蒋经国说黄笑话，众人大笑。但说着说着忽然中止。大家请他继续，蒋经国却说："有人不高兴，不好意思讲了呀。"原来只有孙立人一人正襟危坐，表情严肃，一脸的不快。而后，孙夫人说丈夫太不给蒋经国面子，让人下不了台。孙立人却说："我们在座的都是'国家'领导阶层，应该为民表率，怎么和市井粗人一样，何况还有女眷在！"

孙立人还抵制蒋经国的政工制度。1950 年 3 月蒋介石"复任总统"之后，在整编军队的基础上，进一步整军建军。其中关键步骤是重建军队政工制度。

国民党自黄埔建军开始，因受到苏联军制影响，在军队中设有党组织和政工机构。蒋介石背叛革命后，国民党军队中的政工干部实际成为负有特殊使命的"监军"，特别是在地方部队中，政工人员几乎都是蒋记特务系统派到军事指挥官身边的眼线和钉子。解放战争时期，国民党为制造"行宪"的假象欺骗全国人民，曾一度取消军队中的党务组织。1947年1月，国民党颁布伪宪法，其第138条明文规定"全国陆海空军，须超出个人、地域及党派关系之外，效忠国家"。这等于宣告了"以党领军"的原则违宪。蒋介石败退台湾，总结在大陆惨败教训时，认为这是国民党军队被各个击破和迅速瓦解的主要原因。

基于这个教训，蒋介石在1950年3月宣布成立"国防部政治部"，任命蒋经国为"国防部"政治部主任。随后蒋军各部队都层层设立了政工机关。并颁布了《国军政治工作纲领》，各部队的政治官员正式开始工作。其任务就是"建立统一的思想和坚定的信仰"。

按蒋介石说的，国民党"一般将校的脑子里，就很少有三民主义的思想和三民主义的信仰的影子存在，有的都无非是一些全身家、保妻子的观念和争功诿过、升官发财的根性……结果就是上不信下，下不信上，既不信战友，且不信自己，那还有什么团结一致可言……过去我们大陆'剿匪'的军事失败，就是失败在这没有思想和没有信仰的上面。"为此他提出："今日国民革命军建军的统一思想，就是三民主义！建军的坚定信仰，就是要信仰实行三民主义的领袖，我们唯有以主义来凝固全军的思想，那才是统一的思想，对领袖抱坚守不移的信仰，那才是坚定的信仰。"按照蒋介石的逻辑，信仰主义就是信仰领袖，而这个"领袖"正是他自己，所以信仰蒋介石就是信仰三民主义。以此为根据，政工人员所做的第一项工作，就是在全军举行宣誓仪式，要求人人誓死效忠"总统"即蒋介石。此项工作，成为入伍军人的必经程序。政工人员还挑动某些军人写血书，或在身上刺写"誓死反共"之类的字样，煽起法西斯式的仇共反共情绪和对蒋介石的愚忠心理。政工人员在军队中迅速建立起国民党各级组织，各级组织又成为政工人员侦探军队思想动向的监听枢纽。蒋经国这样做的目的，就是为了控制军队，在台湾军队中建立特务活动方式的政工制度。对此，孙立人很不以为然，按美式训练方法，孙立人厌烦的就是这一套。

1950 年 12 月，孙立人召开的"新年第一次年终扩大良心会"，"让许多高级长官来听取士兵们的良心话。"孙致辞说："现在社会黑暗，人心不古，不但做事骗人，说话也骗人，所以社会动荡不安，就是彼此不能坦诚相见，埋没了良心之故。"孙立人在军队中组织"良心会"，让高级长官听士兵的"良心话"，这实际是在政工方面另搞一套。蒋经国获悉后，针锋相对，组织"庆生会"相抗衡，在部队密布特务组织，以抓"匪谍"为名，以在军内外达到镇压威慑效果。

对孙立人来说，由于得罪了蒋介石父子，危险早已来临了，"李鸿策反孙立人案"就是一个证明。李鸿，字健飞，湖南省湘阴县人，1904 年 1 月 4 日出生，毕业于黄埔五期工兵科。李在中央军事教导队当班长时，孙立人是排长。李鸿练兵重视单兵训练，对每个士兵的战技培养和基础教育十分注意，经常带领士兵越野行军和实兵对抗。孙立人对山此十分赞赏，自此开始了李孙之间的友情，渐成生死之交。后来，李鸿随孙立人在税警团参加了"八一三"淞沪抗战。1938 年，税警团调贵州整训，李鸿曾任独山专员公署干训所教育长及都匀税警团干部教练所教育长。到重建税警总团，孙立人任总团长，李鸿为团长 1942 年春，孙立人率新编第三十八师（辖陈鸣人第一一二团、刘放吾第一一三团、李鸿第一一四团），进驻缅甸与盟军并肩抗日。抗战胜利后，新三十八师（师长李鸿、副师长陈鸣人）随孙立人新一军由美海军舰运到东北。孙立人兼东北第四绥靖区司令官，李鸿兼任吉林城防司令。1948 年，东北"剿总"副总司令官郑洞国兼任第一兵团司令官和吉林省主席，指挥新七军、第六十军和兵团直属部队共近 10 万兵力，死守长春，李鸿兼长春警备司令。1948 年 10 月 15 日，当锦州范汉杰集团被全歼后，17 日曾泽生率第六十军起义。17 日晚郑洞国赴新七军军部探望中将军长李鸿，相对黯然。郑洞国见大势已去，遂召集营长以上军官当众含泪宣布：由本长官负起历史罪名，即日起解散部队，任官兵依各人志愿，自择出路。李鸿闻讯自病床惊起痛哭倒地，但听四面楚歌，更无力回天。10 月 19 日上午，解放军开入长春，郑洞国、李鸿由解放军护送去俘房营集中。李鸿被俘后，受到解放军礼遇，得到精心治疗，伤寒症很快痊愈。1949 年秋恢复自由，返湘省亲，居住于长沙市内公馆"健庐"。

1949年12月，在台湾的孙立人笃念旧谊，特派心腹潜来大陆，促李鸿赴台。李鸿在返湖南以前，在北方时就有重返国民党军队的想法。郑洞国曾劝诫李鸿，以蒋介石那样的性格，回去恐会自找麻烦。但李去意已决，与郑挥泪告别，李鸿乃偕旧部陈鸣人、彭克立、曾长云等十几人奔赴台湾。1950年2月，李鸿一行抵达台湾，孙立人立即设宴为其接风。3月1日，蒋介石在官邸召见李鸿，对李鸿归来深为嘉许，语多慰勉，态度极为亲切，并许诺将委李鸿为军长或任陆军官校校长。不料事隔不到一年，不但蒋介石许诺作废，还将他逮捕施以酷刑逼供，与李鸿同时被捕的还有陈鸣人、彭克立、曾长云、钟山、刘益福、孙慰民、潘德辉、胡道生8位原新三十八师军官。李鸿起初被拘押于军法局，后来移到桃园南坎特务机关监狱。经过长达4年岁月，不杀、不放、不审也不判，直到1955年孙立人被诬陷的时候才移送军法单位进行侦查，接着又拖了十几年，到1968年才侦查终结。以叛乱罪提起公诉，他们被起诉的理由是：1948年"弃守长春"，在被释放后又接受中共社会部部长李克农指示来台，策反国军高级将领孙立人，掌握兵力以备策应解放军攻台。由此，李鸿被判处无期徒刑，后减刑期为25年。1975年4月5日蒋介石去世后，李鸿等人被释放，来到台北，生活窘迫，晚景凄凉，中风后长期卧于病榻，1988年8月15日在屏东医院辞世，终年85岁。

然而孙立人并没有意识到危险所在，他还是一如既往地忠诚于蒋介石。但是，蒋介石已暗怀杀机，他一方面表面上委孙立人以重任，比如1951年孙立人与周至柔、桂永清同时晋升二级上将；另一方面对孙立人很不放心，因而任命黄埔系的周至柔出任"参谋总长"，以牵制孙立人。港报对此评论称："孙立人仍旧是一个'木偶司令'，不经蒋介石同意不能任免一个营长，没有蒋介石的命令也不得调动任何部队。蒋纬国的装甲部队更不容孙过问。孙的陆军'总司令部'的决议，每次均被周至柔控制的国防部加以删改，双方常打公文官司。陈诚的亲信原任国民党第六军军长戴朴等陈诚系军官，竟拒不出席孙召集的台湾防卫会议。此外，当时孙立人虽名义上仍兼陆军训练司令，可是，校官以上的训练全由阳明山革命实践研究院陈诚系的将领万耀煌、彭孟缉负责，高级政工干部的训练又由蒋经国的政工干部训练班主持，孙立人的凤山军官训练班，只能训练尉官以下的人员。"

这期间，孙立人到浙江沿海岛屿视察国民党军，并上书蒋介石，由孙主持反攻海南岛，以进犯大陆，未获采纳。艾森豪威尔上台以后，孙立人的"门面"作用减少，他与军中众多将领结怨，有碍军队内部团结，且他担任陆军"总司令"，又不利于蒋经国主持政治工作。加之美蒋关系随着朝鲜战争爆发，已经度过了令人可怕的被抛弃阶段，同吴国桢一样，孙立人的作用也时过境迁了。1954年3月孙立人的"陆军总司令"两任期满之际，蒋介石借"任期制度"削去了他的兵权，调任总统府参军长。

蒋介石疏者位尊而大权旁落，亲者位卑而独揽一切
孙立人与蒋经国过不去，厄运降临

"为政不得罪于巨室"，这是中国官场的护身符和"潜规则"。但国民党的巨室权臣，孙立人几乎全得罪了。特别是孙立人竟然在"太子"蒋经国头上动土，俩人"始善而终恶"，其矛盾核心不外是权力之争。蒋经国认为孙立人没有党性。蒋介石则看得更远，把孙立人看成是"蒋太子"顺利接班的障碍。孙立人被剥夺兵权，当一名蒋介石的"副官"，就是理所当然的了。

孙立人吃了黄连，却不想当哑巴。孙立人在交卸陆军"总司令"时，曾命令"陆军总部"督训组副组长于新民造册，把各军、师、团单位的联络人，主要是孙立人在大陆时期的旧友部下名单送上来。1954年8月和10月，孙立人两次召见郭廷亮，了解一些旧部属的情况，并表示了对郭廷亮的关怀之意。

除郭廷亮外，还有5人积极为孙立人活动。江云锦，37岁，曾任陆军军官学校干训总队大队长，到台湾后任陆军总部"第五署督训组副组长"。江云锦活动能力极强，他借到各部队督训机会，在每个团中，指定职阶较高、学识较优、年资较深的军官学校同学旧友为负责人，与部队中各同学联络。田祥鸿，30岁，四川人，时任上尉情报官，接受郭廷亮的指示，"把在去台湾后的军训班全体同学联络起来，组成一股力量"，向台湾国民党当局提出改革事项。刘凯英，29岁，安徽合肥人，曾与郭廷亮同在一个部队任职，

任第4期军官训练班学员联络人。陈良埙，福建人，是孙立人的随从参谋。李成亮是中校督导官。郭廷亮等联络的大多数是从大陆去台湾的青年军官。

孙立人调任有职无权的"参军长"后，曾指示田祥鸿注意掌握军中交通和通讯。同时指示郭廷亮三点：（一）各同学要多联系；（二）各同学要把兵带好；（三）各同学不要随便轻调。据后来郭廷亮、田祥鸿、刘凯英等供认，他们已通过孙立人的谈话和暗示，明白孙立人要"建立好领导部队的力量，硬性向政府提出改革事项"。

这时蒋介石也在疏远孙立人。1955年初，人民解放军解放一江山岛，大陈岛置于解放军炮火之下，战况紧急。孙立人曾向蒋介石建议："一江山若不撤退，即应以海陆空军增援，助守军将来犯之敌击退。"蒋介石听后颇感不悦，即答道："让你去守如何？"孙立人当即答称："若令立人去守，自当服从命令，但请将海空军统一指挥权交立人支配。"蒋介石听罢，拂袖而去。可见，孙立人不识时务，掌握陆军蒋介石都不放心，怎会将海空军的控制权交给他？这又怎能不引起蒋介石的疑虑？从这年5月蒋介石召见孙立人的谈话中，可以看到蒋要对孙下手了。

对这一情况，孙立人后来是这样回忆的："民国44年5月28日上午10时，总统召见我第一句话问我：'近来看些什么书？'我回答：'南宋史。'他说：'那很好，很好。'他接着又说：'你没有什么，你以后少跟政客们来往。'我回答他说：'是的，我一生最讨厌玩政治和与政客打交道。'他随即说：'这次我要把你给孤立起来。'同时他面色变得很气愤，随即又面转微笑地说：'你对于训练部队很好，不过打仗不行。'我当时听了这话，几乎迷惑了，真是使我啼笑皆非，不知从何说起。我当时直言以对：'不然，将不知兵，何以为战？盖兵战实为一体两面，而不可分离。窃职结发从军，追随钧座30余年，转战国内外，大小凡百余战，从来不辱钧命，而攻无不克，战无不胜，守无寸土之失。殊不知钧座所言打仗不行何所指也？若言争权夺利、欺世盗名则职不屑也。'言毕敬礼而退。"

不管孙立人如何表白，也不管后来的所谓兵变案，蒋介石要收拾孙立人了。

孙立人也在积极活动。他要江云锦向各联络人传一句话，以检验其小组织之间的联络通讯是否畅达。郭廷亮到台北见孙立人，报告联络工作进展情况并建议采取行动。郭廷亮所建议的"行动"，是要趁蒋介石6月初赴台南检阅军队之机，效法张学良进行兵谏，将其控制，呈上对军队不良现象的意见书及改革方案，迫蒋接受。

关于意见书及改革方案的具体内容，台湾当局一直讳莫如深。从各方面透露的情况，主要有以下几个方面：（一）反对蒋介石一人包办党务和"反共事业"，要求结束政府私人化局面，实行美式民主；（二）虽希望"反攻大陆"，但在美国不肯支持的情况下，要求面对现实，放弃"反攻大陆"口号，努力把台湾搞好；（三）反对蒋经国的特务政治，铲除"政府"和军队中的贪官污吏；（四）反对军队政工制度和师级以上主官任期制度；（五）要求蒋介石任命孙立人为"参谋总长"。

据有关资料记载，6月初，国民党军队在台南地区举行"总统"亲校检阅仪式，孙立人等高级将领都要陪蒋介石参加这次检阅。郭廷亮选定有关部队将在5月22日至6月2日开始教练，休息时间为采取行动的最佳时期。孙立人计划他本人于5月25日左右南下，设立指挥所，定于5月底或6月初有所行动。但情况有变，孙立人定于28日去台南，但又奉蒋介石命令于30日与蒋同坐一架飞机。郭廷亮已在25日被捕，仅由陈良埙于28日乘车南下，沿公路通知各路人马，但陈出城不久，便落入特务机关张好的网中。同时，江云锦、田祥鸿、李成亮、刘凯英等也先后被捕。

1955年6月6日，南部地区7万多部队举行检阅，来宾有专程从韩国抵台湾的美国第八军军长泰勒中将和蔡斯团长。受检阅部队，规定于清晨4时半前，抵达东屏机场受检位置，预定上午9点半正式开始检阅，但延至11点30分才开始举行。检阅台前，工兵两度用扫雷器进行反复检查。据说郭廷亮等谋事不机密，已先后有20余人向台湾当局告密，特务机关早就掌握了同谋人的动态，于是毛人凤奉命乘专机南下，事败案发。

6月中旬，孙立人也被软禁。随后，国民党在军中大搞清洗，逮捕审查少壮派军官300多人，后证实参与此事的共103人。6月中旬以后，孙立人也从公开场合和报纸上消失了。

"孙案"在岛内外引起轩然大波。消息传到美国，立即引起了强烈反响。纽约《世界电讯与太阳晨报》发表社论指出："一个四星上将竟以所宣布的这么琐碎的理由受到惩处，这是荒谬的，如果不是可笑的话。"美国和港澳的大量报刊，还连篇累牍地载文介绍孙立人与蒋经国的矛盾，"宣称孙曾坚决地反对台湾目前普遍实行的警察控制，因此直接和总统的儿子蒋经国将军发生冲突"，并断言，"孙立人是被他在军队中的具有反美情绪的长期敌人逼倒的"。

为应付舆论，更为堵住美国人的嘴，台湾当局必须把此案性质从"兵谏"变成"叛乱"。但孙立人名声太大，且反共态度坚决，打成"共谍"无人信服。于是特工机构便逼郭廷亮就范，由郭承认自己是"共谍"，交易做成后，放出风声，使人们知道孙立人亦与"郭案"有关。

在孙立人被免职后，应台湾岛内外新闻记者邀请，8月20日，"台湾新闻局"长吴南如正式发表简要谈话，对孙立人的辞职与郭廷亮案的关系，作了一个较为具体的说明，其谈话内容如下："最近'政府'曾破获'匪谍'案，其为首分子郭廷亮为孙将军多年之部属。郭匪自三十六年随新一军调赴东北，即与'共匪'发生关系。东北沦陷后，该匪又接受'匪方'密令，利用其与孙立人将军之关系来台从事渗透与颠覆工作。三十七年底，郭匪抵台，先在孙将军所主办之训练班供职，嗣调陆军总司令部服务，经潜伏一个时期后，于四十三年开始活动，凭其与孙将军接近之地位，一面资为掩护，一面勾结'陆军总司令部'督训组之江云锦等，形成组织，图作不法之行动。自去年8月'共匪'叫嚣攻台以来，郭匪等之渗透分化工作，更加积极，至今年5月间，乃竟企图制造事端，从事颠覆活动，经事先发觉，郭匪等均已依法就逮。关于'匪谍'部分，郭匪已直认不讳。至于全部案情正在审查中。孙将军以郭匪廷亮等为其多年信任之干部，乃以旧属关系，致被其利用；痛感疏于觉察，暗于知人，几致贻祸'国家'，因向'总统'辞职，并请查处，业经照准。另由，'总统'明令组织调查委员会，秉公彻查，报候核办。"

吴南如还向新闻界透露，孙立人已在8月3日向蒋介石引咎辞职，并自请查处。在此之后，有些报道指出，实际上孙立人早在6月初郭廷亮被捕不久，即自行提出辞呈，但为蒋介石所慰留，因孙立人"辞意甚坚"，最后蒋介石只好准其辞职。

孙立人辞呈的内容是这样的：

窃职才识庸愚，惟知忠义，自游学归国，预身宿卫以还，念八年间，自排长以迄今职，纯出于钧座一手之栽培，恩深谊重，虽父母之于子女无以过之。对于钧座尽忠效力，不惜贡献其生命以及一切，冀报万一，为职此生唯一之志愿。屡当国家危难，奉命练军，"匪祸"方深，求效心切，但问事功，未虑得失，于人才方面，急于搜罗，疏于甄选，竟至贤愚未辨，瑕瑜互收。近者陆军部队发生不肖事件，奉副"总统"谕示郭廷亮案情，日昨黄、傅两局长奉命交阅江云锦等供词资料，职涉有重大之罪嫌！钧座未即付之法司，仰见格外爱护之恩德，天高地厚，感激涕零！职随从垂30年，尽忠效死，唯恐不及，乃竟发生郭廷亮及江云锦等案情，不但五内如焚，急悚万状，且愧对钧座，直欲剖腹以明心曲。连日深切反省，职实有过错，应向钧座坦率自陈，请予惩处者：

一、郭建亮为职多年部下，来台以后，又迭予任使，乃竟是"匪谍"，利用职之关系肆行阴谋，陷职入罪，职竟未警觉，实为异常疏忽，大亏职责。

二、两年前鉴于部队下级干部与士兵中，因反攻有待，表示抑郁者，为要好心切，曾指示督训组江云锦等于工作之便，从侧面联络疏导，运用彼等多属同学友好关系，互相策勉，加强团结，以期领导为"国"效忠，原属积极之动机，不意诲导无方，竟致变质，该江云锦等不但有形成小组织之嫌，且甚至企图演成不法之举动，推源究根，实由职愚昧糊涂，处事不慎，知人不明，几至贻祸"国家"，百身莫赎。

上述二事，均应接受钧座严厉制裁。伏念弱冠之年，即追随钧座，今已两鬓俱斑。无日不在培植之中，感激知遇，应有以上报，乃今日竟发生此种不肖事件，抚衷自省，实深咎愧！拟请赐予免职，听候查处，倘蒙高厚，始终保全，俾闭门思过，痛悔自新，则不胜感激待命之至，谨呈"总统"。

事实上，孙立人的辞职书是被迫写的。"总统府"第一局局长黄伯度在拿到郭廷亮的"自首书"后，要孙立人引咎辞职，写辞呈。孙立人迫于无奈写了，但因不合上面的要求，被迫"修改"了6次。定稿的辞呈严重违背事实，孙立人拒绝签字。黄伯度威逼说如果他不签，将要危及他300位部下的生命。这击中了孙立人的要害，"不能连累他人"，孙立人只有牺牲自己了。

孙立人案发生后，艾森豪威尔、麦克阿瑟曾致电蒋介石，希慎重处理此事。其后，美国国务卿杜勒斯也致电孙立人的学长、时任"外交部长"的叶公超等人，请他们说明此事看法。叶公超间接保证孙立人的"安全"，表示该案由蒋介石处理，蒋亦有"维护"之心。蒋的所谓"维护"就是：不杀、不审、不问、不判、不抓、不关、不放的"七不"立场。蒋介石既已表明此等立场，美方已不便坚持己见。

8月20日，蒋介石发布"总统令"：（1）"'总统府'参军陆军二级上将孙立人因'匪谍'郭廷亮案引咎辞职并请查处，应予照准，着即免职。关于本案详情，另组调查委员会秉公调查，报候核办"。（2）"派陈诚、王宠惠、许世英、张群、何应钦、吴忠信、王云五、黄少谷、俞大维组织调查委员会，以陈诚为主任委员，就'匪谍'郭廷亮案有关详情彻查具报"。

8月26日，调查委员会向孙立人调查。委员之一许世英故做文章，以长辈身份大骂孙立人"为什么这样胡来"？孙立人怒发冲冠，慷慨陈词："我孙立人，生平只晓得国家民族，忠于领袖，从不胡来，如果我要胡来，三十七八年，大陆兵荒马乱，政府自顾不暇，我在台湾，可以胡来；我当陆军'总司令'，六十万部队，我一手训练的，兼台湾'防卫总司令'，有指挥作战权，如果我胡来，那时可以胡来；现在我一兵一卒都没有，还想胡来，三岁小孩都不会这样蠢……"又说："只要有事实和根据，枪毙我就是！"许世英听罢对陈诚说："辞修，孙立人没错呀，不该杀，你如果杀了他，我和你拼老命。""司法院长"王宠惠流泪说："我站在法的立场说，凡事要讲事实，人证物证，这件事，大家只说是上面交下来的，可是没有事实及人证物证；而孙将军说的都是事实，有人证物证，这事我们怎么好办。"王云五想大事化小，小事化了，他说："这事既是上面交给我们处理，我们不能不向上面有个交代，本案孙将军本人虽然没有罪过，可是他的部下是'匪谍'，他管教不严，有失察之过，也应受点处分。"

经过一个多月的调查，包括几次与孙立人本人的"详谈"，调查委员会公布了一份长达16000字的调查报告，指明此案主犯是"共谍"郭廷亮，孙立人则是对"共谍失察"，客观上被敌利用。报告的结论分为两部分：

甲、事实部分：

（一）郭廷亮为"匪谍"并利用其与孙立人将军之关系执行"匪谍"任务，阴谋制造变乱，其本人业已承认不讳。

（二）孙立人将军对于郭廷亮信任甚深，不仅未觉察其为"匪谍"，且因孙将军企图利用郭廷亮在军队中建立个人力量，乃至堕入郭廷亮"匪谍"活动之阴谋而不自觉。

乙、责任部分：

（一）孙立人将军在军队中，对第四军官训练班部分结业学生发动联络组织，其动机并不正常，虽据称此非有形之组织，但详查此项联络活动之发展过程，以及此事之迄未报告"国防部"，实不能诿为非一种以个人为中心的秘密性质之组织，又孙立人将军在调任"总统府"参军长后，对此项联络活动仍继续进行，且更加积极，显然企图形成以个人为中心之一种力量，虽据称用心无他，然在行为上实有在军中违法密结私党或秘密结社集会之嫌，孙立人将军对此应负其责任。

（二）孙立人将军就任"总统府"参军长后，为加强上项联络组织，加派郭廷亮等更积极展开此项违法之秘密活动，赋予郭廷亮以主持此项活动之核心任务，并给予活动费用，实为郭廷亮利用以进行"匪谍"活动之重大因素。孙立人将军虽然不知郭廷亮为"匪谍"，但有应觉察之机会，而偏信不疑，直至郭廷亮之被捕，迄未作任何适当之防范，孙立人将军对于"匪谍"之活动于其左右，至少应负失察之责任。

（三）关于郭廷亮阴谋变乱之计划，本委员会除郭等6人供辞证言之外，尚未发现出自孙立人将军或其他方面有关其为此项变乱行动主谋的证据。但详按本委员会查明之各点，孙立人将军不容诿为对郭之阴谋不知情，孙立人将军既未举报，亦未采适当防止之措施。又孙立人将军以"总统府"参军长之重要地位，自承对部之不法言行，恒采循情姑息之态度，尤为养成其亲信人员行动乖常之因素，孙立人将军此种对亲信人员不法言行之知情不报以及其平日之管束无方与训导失当，实难辞酿成郭廷亮阴谋之咎，孙立人将军对此应负其责任。

（四）孙立人将军于6月2日晚间刘凯英来见时，知其为在逃嫌疑犯，虽据称曾劝其复回部队，然既经刘凯英说明不敢回去，仍从其脱逃并资助其路费，实有循情包庇之嫌。

（五）本案关于郭廷亮、江云锦、王善从、陈良埙、田祥鸿、刘凯英、历次所个别供认而有关孙立人将军之其他种种情节，以郭廷亮暨江云锦等均未提供出自孙立人将军或其他方面之证据。本委员会亦尚未发现其他直接证据，因均不予置论。

关于孙立人将军应负之责任，本委员会已作如上之陈述；惟念孙立人将军为"总统"多年培植之人才，且曾为抗战建功，孙立人将军在8月3日上"总统"签呈中曾历陈愧悔自责之情，在9月19日答复本委员会询问时，亦痛切自承错误，一再声述愿负全责。且已引咎辞去"总统府"参军长职务并奉政府令准免职。本委员会谨建议"总统"于执行法纪之中，兼寓宽宥爱护之意。以上所陈各项，是否有当？

敬候　"总统"钧裁。

9月20日，"监察院"部分委员联名提出议案，要求由"监察院"依照"宪法"授权成立调查委员会对此案调查。即成立以曹启文为首的五人委员会，到11月20日完成调查，不料当调查报告定稿之后，当局竟不让该报告公布于众，后尘封于"监察院"，列为"极机密"的文件。事隔多年之后，5人小组成员之一陶百川要求借阅，也遭拒绝。陶百川曾坦言：5人小组调查结果"与其他机关提出的报告颇有出入"。另一成员曹启文曾私下对海外访客称："这一切都是陈诚有计划的阴谋，连他们黄埔系的人看了都觉得心寒。"除上述两份关于孙立人案的调查报告外，还有四份调查报告。一份是时任"参谋总长"、蒋介石父子的心腹彭孟缉主持的调查报告；一份是由"国防部"副部长马纪壮主持调查的；一份是"军法局"审讯300多名军官的笔录，由时任"军法局长"、后任"司法院"副院长的汪道渊汇集而成；

再一份是"国安局长"郑介民召集各情治首脑成立"立人专案小组"的会议记录。其余有关孙立人的资料，当年在孙立人被撤职后，彭孟缉奉蒋介石指令，悉数焚烧了。有人认为，孙立人事件是"老总统或陈诚的阴谋"。

10月31日，蒋介石阅后的调查报告正式对外公布。根据9人委员会的调查报告，蒋介石又发布"总统令"称："以孙立人久历戎行，曾在对日抗战期间作战立功，且于案发之后，即能一再肫切陈述，自认咎责，深切痛悔悟，既经令准免去'总统府'参军长职务，特准予自新，毋庸另行议处，由'国防部'随时察考，以观后效。"这一轰动岛内外的大案，最后由蒋介石的一纸命令作为收场。从此，孙立人被软禁起来，成为台湾"第二个张学良"。孙立人案与张学良案不同的是："张案"坑的是张少帅一个，而"孙案"害的是一群人。被判死刑、20年等不同刑期者35人，被处分、降职、监视者200余人，累及家属成千上万。当年一一三团团长刘放吾在缅甸仁安羌战役中立了大功，被孙案株连后落魄到只能在凤山推车卖煤球。孙立人的清华同学魏振武，本在陆军子弟学校当体育教师，却被判了死刑。孙的旧部、少将军法处处长周芸雨被以莫须有的罪名枪毙，丧尽天良的是还令他10岁的儿子去刑场收尸，而且连判决书都没有。

孙立人被软禁后，居住在台中市一座日式宅院的家中，台湾当局派了"安全人员"严格"看守"。孙立人以莳花除草、拜佛读书打发自己的后半生。孙立人无不良嗜好，不烟不酒。昔日，有人说"官久必富"，孙立人听了说："为官哪有工夫去发财啊，只有官久必穷。"孙立人用有限的积蓄买了块山地，幽禁在家的岁月里，他栽花弄草，培育果树，种植玫瑰，由夫人张美英踏着三轮车上街卖给水果摊、小花店，补贴家用。不久，台湾兴起养鸡业，孙立人饲鸡，夫人卖蛋。家中荤食，以蛋为主。鸡蛋、皮蛋、咸蛋，人称"三蛋司令"。后因饲料价格暴涨，改养金丝鸟。夫妇二人为生计忙碌，过着地道的平民生活。但孙立人不改军人本色。一次有客来访，他记错了时间，闻客到后，他跑步到门口迎接、致歉。

此间，孙立人的生活发生困难。据黄杰在《行参戎重》一书中记载："1958年4月2日，'总统府'第二局长傅亚夫，转呈'参谋总长'王叔铭签'前总统府'参军长孙立人，自1955年10月交'国防部'察看，虽已无职，并未夺职，孙员生活情形颇为困难，拟请自 1955 年 10 月起，发补助费 3000 元以助孙员。"该文呈请黄杰签署意见时，黄杰生怕蒋不同意，只好将此事告知宋美龄。宋氏家族对孙立人一直是十分关心的，宋子文生前到台时曾向蒋提出约见孙立人，但遭婉拒。通过黄杰联系宋美龄，蒋介石对此件的批示于 4 月 5 日转给黄、王：（1）"不必补发，自本年（1958 年）4 月份开始发给可也"；（2）"以'国防部'名义发给之"。由此可见，蒋介石对孙立人仍不能见谅。

1985 年，蒋经国任"总统"后，出于某种目的，曾派"总统府"秘书长马纪壮拜访孙立人，问他愿不愿意出来做事。孙以"老了"为由推辞，并表示"现在天塌下来我也不管了"。蒋经国表示要送他一幢小楼，也遭拒绝。因孙所居的房子太破旧，只接受了当局对厨房和浴室的改造。1987 年，宋美龄召见了孙夫人，询问孙立人的健康情况。

1988 年 2 月的一天，孙立人在被软禁后首度于家中接受记者访问，孙立人说："我只希望在我余生之年，'政府'能还我清白，如此，亦将含笑九泉。"他的夫人抱怨说："孙立人都 89 岁了，他能怎么样？为何还得不到充分的自由？"

当孙立人完全恢复自由后，在他回答记者的采访记录中，似乎能了解一点"庐山真面目"。

《自立晚报》记者采访孙立人内容要点如下：

记者问：称呼您将军、"总司令"或孙先生？

孙立人答："总司令"是我的部属们到现在还习惯这样称呼我的，你叫我孙先生好了。

问：外界盛传当年美国方面要您当台湾的"元首"，后来才引发军事上的权力斗争。

答：并非这样，当时麦克阿瑟将军约我在东京会谈，主要是讨论台湾的"防卫"问题，我一向效忠老"总统"的，也忠于"国家"，就算美国人要支持我们，但是我们自己也要有骨气，我和麦克阿瑟会谈后，就将情况告诉陈诚转报告老"总统"，外界的谣传并不对。至于权力斗争，我不懂，我是个军人，对政治权谋没有兴趣。

问：您从台湾"卫戍司令"、"陆军训练司令"、"陆军总司令"以迄

"总统府"参军长，到最后爆发您军中僚属"郭廷亮'匪谍'案"，牵连许多您的部下，您的感想如何？

答：我这个年岁，名利一向就淡然了，何况是现在，只是我内心最过意不去的是好多优秀的部属，因为我而黯然下台，或前途受阻，牺牲了继续为"国家"奉献心力的机会，这是我一生最大的歉疚。

问：传出所谓"兵变"后，老"总统"找过您吗？

答：他召见过我，他叫我不要理会政治，我回答他——我不会搞政治，也不懂政治，对政治永远没兴趣，此后，他就没找过我了。

问：经国先生过世后，您的看法如何？

答：我最担心台湾的安全，当揭钧 1 月 25 日从加拿大滑铁卢大学回"清华"担任客座教授，第三天他赶来看我，分析台湾的政情，认定中共还不敢攻打台湾，台湾也正朝民主化发展时，我就放心了。

问：您的案子很多人认为内情疑点太多，好像不少人想为您"平反"？

答：从未"反"过，何"平"之有？我只希望在我的余生之年，"政府"能还我清白，如此，我会含笑九泉。

问：当年案发，风声鹤唳之时，听说您可以到美国，也可以率众抗拒？

答：我是中国人，做事又光明正大，既然相信"政府"的调查，又何必去美国或抗拒"政府"。

问：蒋宋美龄去年召见孙夫人，为了什么？

答：她只是问我的健康情况而已。

问：您目前气色很好，健康情况一定很好？

答：前些日子静脉瘤开了刀，身体大致还可以，不过早年打仗时左腿、肩膀的弹片还残存着，不太舒服，还有牙齿全部脱落，假牙又不太能套好，所以吃东西只能吃面食或糊状食物。

问：您刚才说希望"政府"还您清白，有什么办法吗？

答：《孙夫人和揭钧代答》，可能不容易吧！当年的 9 人调查小组、"监察院"的 5 人小组，还有孙先生被传到阳明山宾馆的问话等都被视为"极机密"，如果不公开，怎能还孙先生的清白？又何况不久前"立委"黄明和、蔡胜邦的质询，还不都是没有结果吗？

问：谁安排您离开台北来台中住？

答：当"总司令"时，我住在台北市南昌街招待所，地方很大，后来何应钦要住，彭孟缉另外安排一户每月要付8千元房租的房子给我们，太贵了，付不起。后来案子发生，"国防部"就协调中兴大学和省政府，要我们搬来这里。

问：那么这栋房子不是您的？

答：四十二年一月二十六日搬来时，这栋495坪的房子的地上物，包括房子、桌椅、围墙、电器、花树，我花了4万多元买了下来，土地有70坪是省财政厅的，425坪是中兴大学的，当时政府曾表示要我们永远住下去。

问：在台中住了35年，老"总统"和经国先生都没有来过？

答：都没有来过，只有经国先生在3年前派马纪壮代表来看我，表示关心之意。

问：您为何饭后要吃10颗健素糖？

答：帮助消化啊！我已吃了40多年了，当陆军"总司令"时，打靶眼睛不好会影响成绩，后来我和新营糖厂总理沈镇南研究，把蔗渣制造成健素糖，不但帮助消化，又增加视力，20万新兵都吃，每人每月才扣薪饷两毛，结果眼睛好，打靶成绩也特别好，只可惜沈镇南后来听说牵涉和"共匪"联络，被枪毙了。

问：您长廊上摆置的座椅有血迹是什么？

答：那是大象的四只大脚，我们参加印缅远征军打仗，回国后带回三只大象一只鹿，一只叫"林旺"送给圆山动物园，一只埋掉了，另一只生病后没办法医治，死时，我们锯掉四只大脚做椅子坐，至于那只鹿流失哪里记不清了。

问：为什么所有电话打进来都要经过安全人员？又为什么我们进来，您的副官、参谋要东问西问？难道您年纪这么大了，他们还是这么有戒心吗？

答：不怪他们，不怪他们……

孙立人虽谈得很慎重，但我们基本可以弄清"兵变案"的来龙去脉。孙立人究竟是不是清白的，关键是孙案中的案中案，郭廷亮"匪谍"存在与否。

案中有案，还有一个死不瞑目者
那份充满血和泪的"陈情书"，却昭告人们一个事实

孙立人案件虽轰动台湾岛内外，但"孙案"的"庐山真面目"究竟是什么样子？关键是孙案本身存在的案中案，也就是郭廷亮"匪谍"案。而郭廷亮案不搞清楚，孙立人案的平反也必然蒙上一层阴影。

1955 年 8 月 20 日，蒋介石发布的"总统令"，也将郭廷亮"匪谍"案与孙立人案密切联系在一起。在陈诚等 9 人调查委员会提交的"报告书"中，说明了郭廷亮"匪谍"的来龙去脉，及与孙立人的关系。

郭廷亮是云南河西人，1938 年毕业于云南省立昆华师范学校，在抗日烽火中，投笔从戎，于1939 年考入设于都匀的税警团干部教练所学员队 2 期，次年 3 月毕业，留所任教。也就是从这一时期起，成为税警总团团长孙立人的部下。入缅远征军组成后，孙部改编为新编第三十八师，后三十八师扩编为新一军，郭廷亮始终跟随孙立人，先后担任排长、连长、军衔至少校。

解放战争时期，郭廷亮随孙立人到东北，1948 年初，郭廷亮部驻沈阳，这期间经三义和米栈老板白经武介绍，郭与李玉竹结为伉俪。4 月，郭部赴前线作战。在辽沈会战中，东北野战军克锦州，迫长春守敌六十军起义，新七军放下武器，围歼廖耀湘兵团，又乘胜包围沈阳。10 月底，在一片混乱中，郭廷亮只身逃回沈阳，此时，大局已定，解放军取得了辽沈决战的胜利。沈阳解放后，郭廷亮请求白经武想办法向解放军取得路条，以便投向国统区。当时，白经武的哥哥白经文在解放军吕正操部任联络科科长。郭廷亮由白经武陪同，先后 4 次至沈阳铁路饭店会晤白经文，白经文了解到郭廷亮为孙立人的旧部，在国民党军中关系很多，遂嘱郭去台湾为中共从事"兵运"工作，"长期潜伏，掌握部队"，同时伺机策应解放军进攻台湾。

郭廷亮表示，愿为中共从事"兵运"工作，并填写了自己的详细履历及有关文件。后又由解放军一位马科长与郭谈话，当面约定：以"沈阳铁西二道街义和米栈白经武先生收"为通讯地址；中共派去台湾与郭联络的人员则

以"白先生要我来看你"为暗号。郭廷亮接受上述约定之后，马科长就交给郭一张路条和黄金 10 两。

郭廷亮 1948 年底携带妻子李玉竹抵达台湾，投奔任"陆军副总司令"的孙立人麾下。据说他曾按照解放军马科长约定的联络方法，写信向中共方面报告抵台情形，但未得到回音。

1954 年 9 月的一个晚上，忽有一名不速之客来到郭廷亮凤山家中。来人操北方口音，大约有 30 多岁，自称姓李，对郭说："白先生要我来看你。"郭从此暗语中知道，对方系中共派来的秘密联络人员，遂向其报告了自己的工作情况，并称已联络到部分同学。对方又说："白先生要你积极进行，不久他会到台湾来的。"郭最后表示："请白先生放心好了。"来人随即向郭廷亮告辞，起身离去。从那以后，郭就以第四军官训练班学生为活动对象，加强联络，图谋"变乱"。

1955 年 5 月 25 日下午 6 时，郭廷亮正与家人及朋友在家中吃晚饭，一位军官前来对郭说："郭教官，校长请你立刻到他办公室去一趟。"郭廷亮一踏进陆军军官学校校长吴文芝少将的办公室，便立即被押上一部吉普车，关押在凤山郊外的一栋对外绝对保密的房屋里，接着就被绑上老虎凳，进行严刑逼供。郭廷亮自述："如此经过 10 昼夜不停地刑求、拷问、逼供，至 6 月 4 日才将我从老虎凳上放下来，奄奄一息地躺在地上作生死的挣扎。"此时，郭廷亮的妻子李玉竹正怀有身孕，她与 4 岁的儿子郭志忠、2 岁的女儿郭志强，亦遭囚禁，家中被抄。

6 月 6 日，郭廷亮由南部的凤山被移送到台北保密局监狱，在这里又经受了一年多的威逼利诱。1956 年 9 月 29 日，郭廷亮被台湾"国防部"判处死刑。当天，郭廷亮的死刑判决，竟惊动了"总统"蒋介石，蒋介石亲自出马，为他核减为无期徒刑。无期徒刑的日子更为难过，郭廷亮在台湾保密局的小黑牢房里，被单身囚禁了 10 年，在这间不足 2 平方米的黑牢里，他活动一下身体都很困难，每天上下午各放风才只有 15 分钟。1966 年 6 月，郭廷亮结束单人囚禁，由保密局的小黑牢被移送到"情报局"桃园看守所服刑，郭廷亮在这里又被关押了 10 年。

1975 年 4 月 5 日，蒋介石去世。台湾当局对所有在押犯实施减刑。当 1975

年7月14日实施减刑条例时，许多与郭廷亮一样被称为"叛乱犯"的人，都如期获释。郭廷亮依减刑条例规定，由无期徒刑减为有期徒刑15年，而此时他已经先后在"保密局"小黑牢和"情报局"桃园看守所共服刑整整20年。"国防部"代监字第0067号释放证明书明令郭廷亮于7月14日零时准予开释回家。可是，郭廷亮未能出狱回家，而是被发配到了太平洋中的一个只有17平方公里的小岛上，此岛名为绿岛，他在这里又被监禁了长达7年之久。

郭廷亮上岛后方知，他到岛上的工作，根本不是"担任英文教官"，而是管理车辆和图书。他虽然在岛上可以得到月薪5000元新台币，但没有休息日和节假日，不准过海到台湾。这名为"分配工作"，实际是囚禁的延长。

1982年7月1日，郭廷亮才获准离开绿岛，回到桃园县平镇乡儿子郭志忠的家里。军方告诫他："回家以后，平平静静地过生活，做一个与世无争的隐士。"郭廷亮回家后，开始陆续向有关部门呈递"陈情书"，要求澄清自己的冤案。他不但未能如愿，反而在1983年中秋节后，又被迫与绿岛签约，登岛养鹿。且担任绿岛养鹿中心主任，月薪由2万元台币增至6万元台币，但始终被迫与绿岛继续签约，不能回家安度晚年。郭廷亮获释返家仅一年多，又以变换了的形式将其监禁在偏远的绿岛上，这对郭来说实在是太残酷了。台湾新梅出版社出版的《孙立人冤案平反》一书披露，郭廷亮在被监禁期间，郭廷亮的家属竟于1956年初，搬进特勤室主任毛惕园在圆山的家中居住；台湾"警备司令部"又于1981年出资30万元新台币，买下永和一处房产，将产权交给郭廷亮的儿子郭志忠；当1982年7月，郭廷亮离开那17平方公里的绿岛回到桃园县儿子家中时，台湾"警备司令部"又以"生活补助费"的名义一次拨给郭60万元新台币。这种过分"仁慈"与27年囚禁的"残酷"相比，实在令人费解。

在郭廷亮长达27年的监禁中，曾经代表9人调查委员会向郭廷亮作过核查的王云五先生，曾对政治大学李瞻教授说："我告诉你一句话，你就明白了，孙立人和郭廷亮是'中华民国'的模范军人，这样你就了解了。"孙立人在被解除幽禁获得自由之后，发表文章指出："郭廷亮是一位勇敢忠贞的军官，我始终对他有信心，他不会是'匪谍'。"当年作为"监察院"五人调查小组成员之一的陶百川在1984年出版的《困勉强狷八十年》一书中写道："孙（立人）并说，不独他个人无辜，连郭廷亮也是冤枉的，请求我们救救他们。"郭廷亮自从登上绿岛后，就不断地向有关部门呈递"陈情书"，同时也一直在不停地向社会各界呼吁："我绝对不是'匪谍'，我从来就没有与任何共产党官员有过接触。"

1991年11月16日上午，郭廷亮在参加筹备孙立人将军周年忌辰活动后，自台北乘上109次列车。在返回桃园家中时，他本应在中坜车站下车，但奇怪的是，当列车在该站已经缓慢启动并向前行驶30多公尺时，郭突然从车厢中坠落在站台，当即昏迷不醒。郭廷亮先被送到新国民医院治疗，后来又先后转送到省立桃园医院、台北荣民总医院，依靠药物和医疗器械来维持生命。由于严重的脑水肿、脑干完全衰竭，昏迷指数只有三分（荣民总医院值班主治医师何治军诊断），所以郭一直昏迷不醒，病情不断恶化。1991年11月24日下午1时45分，郭廷亮的心脏停止了跳动。他从坠车到离开人世，没有再说过一句话。

对于郭廷亮坠车事件，人们疑窦丛生，各界众说纷纭。郭廷亮的大女儿郭志强认为：她父亲"平日身体健康，不致构成他中午午睡过站跳车的行径或者失足"；他"平日随身携带一些有关'孙案'、不利于当局的重要文件，坠车原因恐是怀璧其罪"。郭志强怀疑其父是被人"谋杀"。台湾铁路警方则坚持认为，郭是在火车上睡觉，过站后才惊觉，遂致跳车摔伤。1月19日《台湾时报》以"郭廷亮意外中的意外"为题，报道一则耸人听闻的消息：省"议员"黄玉娇透露，郭廷亮身上携带35份关于孙立人案翻案的文件，均不翼而飞。这就使众说不一的郭廷亮坠车事件，更加扑朔迷离。

郭廷亮自从他部分获得自由后，就连续地上书陈情，不断地奔走呼吁，以澄清他是"匪谍"的罪名。郭死后留下了厚厚的翻案书，这些珍贵的资料是澄清、平反"郭案"和"孙案"的重要证据。

1988年3月23日，台湾《自立晚报》作为独家新闻发表了郭廷亮第一份公开发表的"陈情书"，这是郭写给前"孙案"调查委员会张群和"总统"蒋经国的。这份"陈情书"的内容是：

主旨：为"国防部情报局"前故局长毛人凤上将，曾数次当面亲许，绝对保证陈情人之军籍、军职不受本案之影响，继续保留存在。但由于毛人凤上将之逝世，致其诺言不但没有实践，反而使我身陷囹圄27年之久，直至七十一年七月一日始获恢复自由。素仰钧座贤明之领导，宽恕之风范，仁慈德政，惠施全民。为此恳请体念陈情人风烛残年，赐予恩准履行前项诺言，恢复军籍，随即复职补薪，并依法办理退役手续，发给退役金等，俾能度过晚年生活，实感恩德无涯矣！

说明：陈情人原就读国立云南大学，于民国二十八年；月考入财务部税警总团官警教练所学员队，二十九年三月一日毕业后，奉派该所任准尉教育班长、少尉区队附、区队长等职。三十一年初奉调陆军新编三十八师任中尉排长，不久即随军远征缅甸。部队转战至印度后，考入美国朗伽炮兵学校。毕业后，奉调新一军重炮营任观测员、连附、连长、副营长等职。在印缅诸战役中，曾4次负伤。抗战胜利后，又随军北上参与东北战役。三十七年底来台，先后任入伍生总队第三团第三营长、第四军训班示范营长、陆军官校教导营长、陆军总部巡回示范大队长、搜索大队长等职。四十四年初，于步兵学校高级班十九期毕业后，即留该校任战术教官。同年五月二十五日下午六时，忽奉校长吴文芝少将召见，竟出乎意料之外，当我进入其办公室即遭扣押。在南部经过十昼夜之严酷刑求后，于六月六日被押到台北"国防部情报局"侦防组，再经过月余之侦讯，于七月十四日下午八时，即随该局特勤室主任毛惕园少将同往北投毛公馆，晋谒毛人凤上将；旋蒙毛上将亲切接见，谈话两个多小时，当时毛上将对我训话要点为：

一、在你担任陆军官校教导营长时，我曾随侍"领袖"在南部看过你指导的野战演习，那次你的表现很好，"领袖"非常满意，所以特别和你们演习人员合影留念。因此，我知道你不但是训练的好手，而且由你过去的抗战、戡乱各战役中之英勇战绩，也证明你很勇敢善战，我非常喜爱年轻有为的人才，所以我保证你再为党"国"效劳，将来在带兵作战上还要贡献心力。

二、为了使这次的案情不要扩大而能圆满解决，只有委屈你了，所以我要毛主任劝告你，站在党"国"的立场和我们密切合作，这不但是

287

为了当前党"国"的利益，也是为了处理参军长孙上将的唯一办法。因为他自弱冠追随领袖以来，即竭智尽忠为党"国"立下不少功勋。所以，领袖不但器重他，而且也很爱护他。再者，孙上将任税警总团长时，我就与他相识交往，可说是我多年好友，于公于私我都必须做妥善之解决。但是如果你不听我的劝告，不愿与我们密切合作，那我也就无能为力。

三、你总认为与"共匪"有任何关系，都是一种奇耻大辱，这不但表示你对共产"匪党"的厌恶鄙视，而且也表现了你对三民主义信仰之笃实与反共意志之坚强。但是你要知道，作为一个革命军人，不但在战场上要勇敢的为党"国"牺牲，以完成任务，而平时在某一项政治事件中，如果为了党"国"利益，上级需要我们扮演任何角色，或采取任何行动时，就要把个人的荣辱得失完全置之度外，毫无迟疑地遵照上级的指示去做，以达成政治上的任务。我看你的党龄已将近十五年，而且在抗战、戡乱诸战役中，曾为党"国"负过伤、流过血，这种牺牲小我，完成大我的精神，应当是具备有的。

四、本案是以你的自首来办理，所以既不公开，也不起诉，仅在"政府"内部办个手续，然后我将真实情况向"领袖"提出报告，以政治方式来解决。所以你不必再有所疑虑。从现在开始，在案情方面你必须完全听毛主任的指导。

五、我保证你的军籍、军职和事业前途，绝不会因本案而受到任何的影响。等到案情结束后，我就给你调职。

六、你的家眷现在安全处，只要你照我的话去做，我就立即派人送他们回家。你必须多为你的妻室儿女着想。

当时我听了毛上将的训示，为了党"国"的利益，只有遵照他的指示去做。因此，后来所有的自首书和口供笔录，都是以当时案情发展的需要，由毛主任等所杜撰编造。

四十四年九月十二日，毛主任告诉我说："你的自首业已经'政府'批准，本来很快就可将所有被捕的人释放了，但是由于部分本党从政同志和无党派人士，不相信你所说的是事实，因而纷纷请求调查。所以，'领袖'已下令指派陈诚、何应钦、张群、黄少谷、俞大维、王宠惠、吴忠信、王云五、许世英等，组成九人调查委员会，专责调查本案。现在委员会已推选王云五委员，在最近要和你谈话。"当时听完毛主任的谈话，使我非常警愕！所以我对他说："目前，'领袖'特派陈'副总统'等地位崇高的党'国'大员来调查本案，很显然的案情已经扩大，我必须坦诚地向调查委员说明事实真相。因为你们替我所杜撰之自首书和口供笔录，既非事实又不合逻辑，不但无法瞒过调查委员，而且我根本就没有与任何'共匪'有过接触。加以多年来我为党'国'流血流汗的事迹，以及平时工作言行的表现，我的长官、同事、部属，没有任何人相信我会与'共匪'有关系的。而今既已引起党内外人士之怀疑，且由调查委员会推选王云五先生来和我谈话，我想最好将事实真相向王委员提出报告，并将所杜撰伪编的自首书和口供笔录等，加以说明和否定，以免犯下欺骗和伪证罪。"

毛主任说："你的想法也有道理，但是这件案子之所以如此办，我也是奉命行事，所以我只能将你的意思转报毛上将，再向他请示。"

九月十二日晚间十时许，毛上将倏然亲临侦防组召见我，并对我作了下列诸点训示：

一、明天上午调查委员王云五先生就要和你谈话。你的想法毛主任已报告了我，因此，我特地到这里来进一步地和你说明。

二、为使本案能圆满顺利地结束，你必须毫无迟疑地照我话去做，特别是王云五先生问话时，一定要根据我们为你所编的资料去回答，以免引起不良的后果。

三、王云五先生不但在学术界具有崇高的地位，而且也是无党派人士有力的代表人物，作为一个革命军人和忠贞的国民党员，绝不可在无党派人士之面前，说出有损党"国"利益之言论。所以王云五先生问话时，必须特别谨慎。

四、现在可以坦白地告诉你，我们之所以要你这样做，完全是执行上级的决策，因为我们不能因为本案之处理不当，而产生不利于"政府"的舆论，致影响到"中"美间之合作关系，更不能为本案在处置上有欠周之处，而导致军中意见之分歧，损及部队之团结。所以你必须站在党

"国"的立场，以大智、大仁、大勇的牺牲精神，将此案件承担起来。

五、只要你照我的话去做，不但你的军籍、军职和事业前途不会受到丝毫的影响，而且我保证你未来的事业前途将更光明、更远大。

当时在此情况和压力下，我除了向毛上将表示，照他的意旨去做外，别无考虑之余地。

毛上将非要作如此安排，依当时状况，显然"政府"对孙上将在处置上有所顾虑，惟恐外界发生不利于"政府"之舆论，而影响到"中"美合作之感情，伤害"国家"利益，故此一再嘱咐陈情人要扮演此一角色，并杜撰不实之自首书及伪编口供，其用意无非以另一方式归罪于陈情人以表明"政府"纯系基于反共措施，处理叛乱事件，并无其他政治因素，以正社会与国际间之视听。因此陈情人当时处此情势，在党"国"利益之前提下，亦惟有抱着牺牲小我，完成大我之意愿，即或明知承认此一毫无事实根据罪名后果之严重，亦在所不惜，故而遵照毛上将意旨而行。

四十四年十二月二十六日午后八时，毛上将又在其办公室召见我，其训示要点如下：

一、由于你能站在党"国"的立场，照我的话去做，这不但有益于党"国"，而且也解决了处置上之难题，"领袖"因念孙上将抗战有功，已明令免于议处。昨天孙上将和我还一同去晋谒"领袖"，当时，"领袖"对你在过去在带兵、用兵、作战、训练方面之成功，曾加慰勉。

二、我曾经对你说过，只要照我的话去做，本案仅在"政府"内部办个手续，对有关单位作个交代，即循政治途径解决，既不公开，也不起诉。但由于调查委员会的调查及新闻界的传播，上级不得不决定依法来处理。所以本案必须移送"军法局"办理。但无论将来案情如何发展，我再度向你保证，你的军籍、军职和事业前途都不致受到丝毫的影响，所以你不必因为要军法审判而有所忧惧。

三、将来无论"军法局"对你的判决如何，那都只是一个形式而已。所以在案情方面，仍然照我的话去做，等在"军法局"的手续办完后，我就完全恢复你的自由，并给你调更好的军职。

四、我一向言出必行，从不轻许任何人诺言，所以你尽量放心，如果我有意欺骗你，就不会一再和你见面，并将案情坦诚地告诉你。

五、你在本案中和我们合作的经过情形，明天我就去向"领袖"提出详尽的报告。

当时，我除对毛上将的坦诚训示，表示感激外，并誓言今后当永远效忠"领袖"，愿为党"国"利益而牺牲。在案情方面，将完全遵照毛上将的指示去做。只要我所作的牺牲，对党"国"利益有所贡献，能获得有关单位的了解，履行诺言，其他就没有考虑之必要了。不久，"军法局"的一位军法官曾上校来和我谈话，他首先拿出一份保证文件给我看，该文件的内容指明："我的自首有效，保证绝不判刑。"在该文件上，还有当时"国防部"总政治部主任张彝鼎中将，"军法局"长汪道渊中将，以及该两单位上校以上的长官十余员，分别盖有其职衔官章。

民国四十五年九月下旬，本案于"军法局"审判终结。陈情人经"国防部"四十五年九月二十九日（45）典字第零贰零号判处死刑在案。而就在同一天，经奉"总统"蒋公以四十五年九月二十九日台统（二）进字第一一六九号代电核定减为无期徒刑。然而不幸得很，毛上将却因公积劳咸疾，在审判定案不到半个月，于十月十四日与世长辞，这使我悲痛失望万分。由于毛上将之逝世，不但使他所说在"军法局"办完手续，就立刻给我恢复自由和调派军职之诺言未能履行，而反使我身陷囹圄二十余年之久。直至我们英明伟大的民族"领袖"、"国民革命军之父"、"反共先知"、世界伟人、"总统"蒋公，因尽瘁国事，溘然崩殂。

钧座在"守父灵一月记"中昭示："为追念'领袖'仁慈之心，并一本人性本善之理，以助在刑人改过为善，使之重新做人，家庭团聚，减除痛苦，特提请'政府'，依法定程序，从速实施减刑，以实践'领袖'仁政爱民之遗志与矜恤囚黎之至意。"陈情人始蒙恩典，依照减刑条例，由无期徒刑减为有期十五年。当时我已服刑二十年以上，超过应服刑期五年多，所以"政府"依法发给"国防部"代监字第零零陆柒号释放证明书，明令于六十四年七月十四日准予开释。不料就在我依法恢复自由，理应回家与妻儿团聚的当天，忽又立即将我由"情报局"看守所（设在桃园龙潭），远送到台东绿岛，交地区指挥官考管。

就这样，陈情人又被拘束在绿岛八个年头之久。由于年岁已大，加以饱受岛上恶劣气候之侵袭，致身心衰退，关节酸痛，每遇风雨阴寒之夜，则痛不成眠。且自被拘禁失去自由已二十八个年头，每思及妻离子散，家庭破碎之情，更是寝食难安。故在迫不得已之情形下，乃于七十年七月十二日，冒昧向钧座提出陈情，请求实践毛故上将之诺言在案。

七十二年六月二十八日，蒙"警备总司令"陈上将派刘静齐少将和肖桃庵上校，亲临绿岛，为陈情人解除困难，并发给生活补助费六十万元，使陈情人得于七月一日获得恢复自由，返回本岛与分别近三十年之家人团聚。陈情人除对政府暨长官的德意衷心感激外，实不欲再有其他请求，怎奈经八个多月来实际生活之体验，深深感觉到欲以六十九万之数，购一楼身之所，并维持度过晚年生活，实在非常困难。

素仰钧座一向仁慈为怀，勤政爱民，平素德隆望重，与人为善之风范，深受全"国"军民由衷赤诚的拥戴，故特冒昧再向钧座坦诚陈情，恳请体念前项所陈情节，依照毛上将生前秉承上级决策，亲许保证陈情人之军籍、军职，不受本案影响，继续保留存在之诺言，赐予恢复军籍，随即复职补薪（计二十八年），并依法办理退役手续，发给退役金（服役共四十二年）及保险金等，使陈情人藉此维持晚年生活，以度过残余之岁月，则当感激不尽矣，翘首企望，为祷。

郭廷亮的陈情书可以说是字字血、声声泪，揭露了台湾特务统治的重重黑幕，及蒋氏父子专制独裁统治的恶果。欲加之罪，何患无辞？台湾特工人员一方面对郭廷亮严刑逼供，一方面又令人不可思议地关心郭的家属，这对国民党来说，是空前绝后的。制造这一案件的祸首毛人凤早已死了，郭廷亮几十年来一直要求"平反"的呼声如石沉大海。

为孙立人伸张正义者，大有人在。后来成立的"监察院"五人调查小组认为："不使一人含冤，万世兴叹，务须依证据认定事实。""深恐主其事者，认防微之有术，喜扬历以为功，倒因为果，以人废言。""监委"陶百川说："白谤止冤，孙立人案是天下第一冤案。""监委"曹启文上万言书给蒋介石，蒋把他的万言书掷在地下，还用脚踩了几下，并下令禁止曹启文出境。当年孙家的水电工郑锦玉于1982年移居美国，致力于"孙案"相关材料的收集，1985年携《陈情书》回台，想呈蒋经国，恳请了断"孙案"。可回台时刚入中正机场，东西即被查没，被审讯24小时，责令不得泄露"孙案"内容一个字，还禁止其日后回台……

1987年7月15日，台湾解除戒严，9月，原中国驻印军老兵500余人成立联谊会，为首的新一军参谋长、曾任杜聿明第5军参谋长、陆军副总司令的舒适存将军，及原新38师，新22师各任团长，新一军战车营营长，共10位将军，即开始为老长官孙立人恢复自由而努力。

1988年1月13日，蒋经国去世，宣告了国民党一个时代的结束。孙立人案翻案的压力顿减，台湾"立法"和"监察院"中亦再起重新调查孙立人案的要求，1988年3月15日，孙立人义子揭钧教授上书当时的"行政院长"俞国华与"国防部长"郑为元，要求恢复孙立人的自由。5天后，郑为元携水果拜访孙立人，告知"今后你可以到任何想去的地方，见任何你想见的人"。3月20日，"监察院"在社会各界舆论的强大压力下，复检旧档，公布当年五人小组的调查报告，强调"没有发现违法情事"，被囚33年的孙立人始获自由。11月25日，孙立人以自由之身迎来他的九十华诞。"总统"李登辉颁赠寿屏，"行政院长"俞国华等赠寿联、花篮致意。旧日袍泽、老部下3000余人从海内外纷至沓来，为孙立人祝寿。当孙立人在寿堂出现时，旧属们群呼："司令官万岁！"寿联琳琅，陶百川的一副堪称代表，联曰："忠义可风，公道自在。"孙立人激动得热泪盈眶，他说："作为一个职业军人，最重要的是荣誉。"并呼吁：

1988年89岁高龄的孙立人在台中市家中庆寿时向昔日袍泽与故旧挥手致意

"'政府'应正式行文给我,对'国'内外公布我是无辜的,然后还给我应得的荣誉。"可是,台湾当局始终没有行文昭雪,理由是当初"没有判决书"。因此有人说"这迟来的正义根本不算正义"。对孙立人只是形式上的平反,却没有在政治上平反。

在生命的最后岁月,孙立人常说:"我现在除了牵挂一些受害的袍泽之外,还有就是能回到故乡,为祖上扫墓。另一件心愿:能回到弗吉尼亚母校去看看!"孙立人的心愿未能实现,他因帕金森症发生吞咽困难,被送到台中荣民总医院诊治。

1990年11月19日上午,孙立人昏迷。家属感到情况危急,要求出院。11时15分,已回家中的孙将军病逝,终年90岁,他合上了他人生的最后一页。

作家冰心曾在《纪念孙立人将军》一文中回忆说:

孙立人将军是吴文藻的清华留美预备学校的同班同学。我们是1923年8月17日同乘美国游船杰克逊号到美国去的,但那时我并不认识他。

我们的相熟,是在40年代初期1942~1944年之间。那时我们在重庆,他在缅甸抗日前线屡立奇功,特别是在英国军队节节败退之后,孙立人"以不满一千的兵力,击败十倍于我的敌人,救出十倍于我的友军",在世界上振起中国军人的勇敢气魄!

孙立人常常要来重庆述职(所谓之述职,就是向蒋介石解说"同袍"们对他的诬告。他不是"天子门生",不是"黄埔系",总受人家的排挤)。在此期间,他就来找清华同学谈心,文藻曾把他带回歌乐山寓所,这时我才得见孙将军的风采。在谈到他在滇缅路上的战绩时,真是谈笑风生,神采奕奕,他使我们感到骄傲。

1949年国民党撤到台湾,他出任"台湾防卫司令"。1955年6月,当他调任台湾"总统府参军长"才一年,因一名部属准备发动"兵变"而被罢黜、被看管。同年10月,孙立人将军被台湾当局免去职务,软禁了33年,直到1988年蒋经国去世后,才由台湾"监察院"公布调查案,孙立人将军才获得自由,这时他已是88岁的憔悴老人了!

1990 年 3 月，我曾通过台湾的许教授给孙立人去了一封信，希望他能回大陆一行，不几天就得到孙将军的复函。

婉莹嫂夫人大鉴：

许先生来舍，朗读手书，其于立人。尤殷殷垂注、闻之至为感篆。回忆同舟东渡，转瞬遂近七十年，昔日少年，俱各衰迈，且文藻兄且已下世，人事无常，真不可把玩也。立人两三年来，身体状况大不如前，虽行动尚不需人扶持，而步履迟缓，不复轻快，有时脑内空空，思维难以集中。比来除定时赴医院作复健运动外，甚少出门矣。故人天末，何时能一造访，畅话平昔，殆未可必然，亦终期所愿之得偿也。言不尽意，诸维珍卫。顺候箸安。

弟孙立人拜启

一九九〇年五月十五日

去年，在我的 90 岁生日（10 月 5 日）又得到他的贺电：

海内存知己，天涯若比邻，欣逢九十大庆，敬祝福如东海，寿比南山。弟孙立人拜贺

不料过了一个月，有一位年轻朋友给找寄来一张香港《明报》的剪报，上面载"因兵变案软禁三十三年，抗日名将孙立人病逝"。记者写的"昨日"是 11 月 19 日！屡次替孙将军和我之间传递信息和相片等的台湾许教授，前些日子又给我来信说："孙立人将军的丧礼确是倍极哀荣，自动前往吊唁者一万余人。今后在台湾大概不可能再有同样的感人场面了……"从许先生带来的孙立人的相片上看来，33 年软禁后的孙将军，显得老态龙钟，当时的飞扬风采已不复存在！本来应是 33 年峥嵘的岁月，却变成蹉跎的岁月。怎能不让人悲愤？

我少作的绝句其中有：风云才略已消磨，其奈尊前百感何。吟到恩仇心事涌，侧身天地我蹉跎。竟是为孙立人将军写照了！哀哉！

孙立人逝世当日，台北大小报纸进行了铺天盖地的报道。"总统""院长"前来致哀，宋美龄也送了花圈，孙立人的旧部集体跪拜……出殡前，行覆旗礼，先由"清华大学"代表覆盖"清华大学"校旗，继由美国弗吉尼亚军校

代表覆盖弗吉尼亚军校校旗，更耐人寻味的是，弗吉尼亚军校校旗的正反面都有字，是拉丁文，译成中文是："举世唯一人"，"暴君必亡"。最后由许历农、罗本立、温哈熊和"陆军总司令"黄幸强四名陆军上将覆青天白日旗。孙立人将军临终前的要求难以实现——他想死后穿上旧军服、旧长筒马靴，佩戴新一军的飞鹰肩章，把遗体运回广州白云山麓"新一军抗日阵亡将士公墓"长埋地下，好和当年并肩作战、为国捐躯的官兵弟兄长相厮守⋯⋯